신 대공황으로 고통받는 이들과 그 가족들에게

그리고 당당한 모습으로 길이 남을 사라 레슬리^{Sara Lesley}를 추모하며

신 대공황

THE NEW GREAT DEPRESSION

신 대공황

역사상 최대 위기, 부의 흐름이 뒤바뀐다

제임스 리카즈 지음 | 이정미 옮김

RHK
알에이치코리아

《신 대공황》한국어판 서문을 전할 수 있게 돼 영광이다. 나는 1981년 처음 한국을 방문한 이래 지금까지 여러 차례 한국을 찾았다. 그때마다 한국 사람들의 온정을 느끼고, 한국 경제의 역동성을 확인하고, 수준 높은 정책 토론에 참석하면서 큰 감명을 받았다. 가장 기억에 남는 토론 중 하나는 서울의 한 국제 통화 회의에서 벤 버냉키 전 연방준비제도 의장과 함께한 토론이었다. 우리 두 사람은 미국에서 7,000마일이나 떨어진 한국으로 날아가 국제 통화정책을 논의했고, 세계 경제와 통화 관련 문제에서 한국의 중요성을 다시금 확인할 수 있었다.

현시점을 기준으로《신 대공황》은 코로나19 팬데믹과 세계 경제를 한데 묶어 논의한 최초의 책이자 유일한 책이다. 앞으로 코로나

19 바이러스 확산에 관한 많은 책이 쏟아져 나올 것이다. 보통 경제학자들은 책 쓰기보다는 학술 논문 발표를 선호하지만, 일부는 2020년 경기 침체에 관한 책을 선보일 것이다. 그러나 코로나19 팬데믹에 대한 정책 대응이 새로운 불황의 원인임을 알지 못하는 상태에서 코로나19 바이러스의 영향이나 불황의 깊이를 제대로 이해하기란 불가능하다. 불황을 몰고 온 정책 대응으로 경제의 저성장 역시 장기화될 것이다.

코로나19 팬데믹, 정책 대응, 경제 간의 상관관계를 제대로 이해하려면 의학과 경제학이라는 전혀 다른 두 영역에 대한 깊이 있는 탐구가 필요하다. 의학이나 경제학 어느 한 분야에만 국한된 전문가 대부분은 이 같은 영역 간 연구를 수행하지 못할 것이다. 그러나 이 책은 두 영역을 넘나들며 심도 있게 분석한 내용을 두루 담고 있다. 현재 우리 주변에서 일어나고 있는 중차대한 변화들을 이해하고자 하는 투자자를 포함한 일반 사람들에게는 더없이 유용한 책이 될 것이다.

코로나19 팬데믹은 2021년 이후의 한국 경제에 어떤 영향을 미칠까? 코로나19라는 치명적인 감염병이 전 세계적으로 유행하고 있는 만큼 그에 따른 경제적 여파가 세계 곳곳에서 나타날 것이다. 한국 역시 다른 선진 경제들과 마찬가지로 코로나19 역풍을 피할 수 없을

것이다. 한국은 강력한 수출 주도형 경제 기반을 갖추고 있는 국가
다. 그러나 수출량은 봉쇄, 예비적 저축 증가, 과도한 부채로 저성장
을 겪고 있는 북미, 유럽, 호주 같은 경제 대국들의 최종 소비자 수요
에 좌우된다.

통화팽창은 유동성 함정으로 화폐유통속도가 떨어지고 있는 상황
에서는 효과적인 경기 부양책이 되지 못한다. 시민들이 세금 인상,
인플레이션, 채무 불이행을 우려해 소비 지출보다 저축을 선호할 정
도로 부채가 급격히 증가한 상황에서는 재정정책도 효과적인 경기
부양책이 되지 못한다. G20 국가들이 추세적 성장을 회복하지 못할
경우, 전자 제품, 가전제품, 자동차 수요가 점차 감소하면서 한국의
경제 성장세가 둔화될 것이다.

한국은 한 가지 강점을 갖고 있다. 바로 상대적으로 낮은 GDP 대
비 정부 부채 비율이다. 한국의 GDP 대비 부채 비율은 약 38%로 미
국의 130%와 비교하면 훨씬 양호하다. 이는 한국 정부가 케인스 승
수 효과가 큰 재정 부양책을 시행할 여력을 갖추고 있음을 시사한
다. 그러나 한국 수출품에 대한 수요가 줄어든 상황에서 한국이 재
정 부양책을 시행할 경우, 금리 상승을 불러올 물가 상승이 발생할
수 있다는 위험 요인이 존재한다. 현재 어떤 국가도 코로나19 바이
러스에 의한 전염이나 새로운 불황에 의한 경제적 전염에서 자유롭
지 못한 상황이다.

한국 경제는 어느 정도 성장세를 보이기는 하겠지만, 1980년 이후 경기 회복 추세에는 못 미칠 것이다. 실업률이 감소하기는 하겠지만 최근의 최저치 기록인 3.2%를 웃돌 것이다. 한국은 다른 선진 교역 상대국들과 비교하면 상대적으로 나은 경제 성장을 이루겠지만, 한국 제품을 수입하는 국가들이 저성장을 지속하면서 한국이 지닌 잠재 성장력을 제대로 발휘하지 못할 것이다.

한국 독자들은 《신 대공황》 6장에 실린 투자 전략과 자산 관리 전략이 과연 한국에 있는 투자자들에게도 유효한 전략인지 궁금할 것이다. 단도직입적으로 말하면 그렇다. 금이나 금광 관련주에 자산의 10%를 투자하는 자산 배분은 전 세계 모든 투자자에게 유효한 포트폴리오 배분 전략이다. 현금 비중을 30%로 정한 자산 배분 역시 누구에게나 적용되는 유효한 전략이다. 투자자가 자산의 30%를 현금으로 보유하고 있으면 포트폴리오의 변동성을 줄이고 새로운 투자 기회에 민첩하게 대응할 수 있기 때문이다.

점점 더 많은 시민들이 도시를 떠나 교외나 시골 지역에서 새로운 보금자리를 찾고 있는 추세라면 주거용 부동산이 매력적인 투자 대상이 될 것이다. 국채 투자의 경우, 금리가 더 내려가거나 마이너스대로 진입하면 자본 이익이 발생할 가능성이 더 커진다. 예측 모델을 기반으로 한 포트폴리오 배분은 자산의 10%를 주식에 투자할 것을 제안한다. 바이오나 정보 기술(IT) 같은 한국 투자자들이 가장 선호하는 업종에 투자해 성과를 노릴 수 있다.

예측 모델에 근거한 최적의 포트폴리오 배분은 인플레이션(금, 부동산), 디플레이션(국채), 변동성(현금)이 발생할 경우 완충 작용을 해 준다. 또 효과적인 주식 자산 배분을 통해서는 경제 성장에 기여할 수 있다. 핵심은 불확실한 상황과 예상치 못한 충격으로 가득한 세상에서 서로 상관관계가 없는 다양한 자산 투자를 통해 진정한 다각화를 실현하는 것이다.

물론 우리가 할 수 있는 가장 좋은 투자는 자기 자신의 교육이나 자녀 교육에 투자하는 것이다. 배움은 시간이 지나도 그 가치가 사라지거나 퇴색되지 않으며 계속 더 높이 쌓아올릴 수 있는 자산 중 하나다. 교육은 고등학교 교실이나 대학교 강의실 밖에서도 계속 이뤄지고, 독서, 경청, 존중을 바탕으로 한 토론을 통해 더 많은 것을 배우면서 평생 지속된다. 치명적인 바이러스와 경제 불황으로 얼룩진 위험천만한 세상에서 부를 지키고 번영을 누리는 데 있어 교육은 주식, 채권, 금보다 더 가치 있는 자산인지도 모른다. 일확천금을 노리는 투기 전략은 거품이 낀 시장에서 잠시 효과가 있을지 모르지만 결국은 실패할 수밖에 없다. 과학과 역사를 탐구해 얻을 수 있는 장기적 관점은 단순히 최근의 동향을 좇는 것보다 더 많은 부를 여러분에게 안겨 줄 것이다.

《신 대공황》을 읽음으로써 얻을 수 있는 진정한 가치는 바로 거기에 있다. 이 책에는 구체적인 투자 조언 외에 많은 것들이 담겨 있다. 특히 팬데믹과 코로나바이러스와 관련된 내용을 다양한 관점에서 신중하게 분석한다. 또 코로나19 바이러스의 기원과 봉쇄의 이점에 대한 상반된 관점도 균형 있게 다룬다. 통화 부양책과 재정 부양책이 실패할 수밖에 없는 이유는 과도한 화폐 발행과 과도한 부채에 관한 역사적 전후 사정을 통해 설명한다. 투자자들은 지나온 과거를 되짚어 봄으로써 미래를 더 명확하게 볼 수 있을 것이다.

이 책에서는 코로나19 팬데믹, 불황, 앞으로 나아갈 길을 냉철하게 분석한다. 이 책은 독자들이 주요 뉴스를 제대로 이해하고 21세기 최악의 세계 위기를 둘러싼 정치 선전과 정치화된 정책 조언에 휘둘리지 않고 꿋꿋이 나아가는 데 필요한 정보를 제공한다. 그렇다고 암울하고 무거운 내용만 담겨 있는 것은 아니다. 이 책은 전 세계가 직면한 경제 위기를 해결하기 위한 긍정적인 해법을 제안하며 끝을 맺는다. 정책 입안자들은 그 방법을 채택할 수도 있고 채택하지 않을 수도 있다. 그들이 그 방법을 택하지 않는다면, 여러분 개개인이 자신의 부를 지키기 위해 그 방법을 활용하면 된다. 그 해법은 이 책을 통해 얻을 수 있는 가장 가치 있는 조언이 될 것이다.

서문

역사적으로 팬데믹은 우리 인간이 과거와 단절하고
새로운 세상을 떠올릴 수밖에 없도록 만들었다. 이번에도 마찬가지다.
코로나19 팬데믹은 한 세상과 다른 세상 사이에 놓인 문이나 다름없다.
—아룬다티 로이Arundhati Roy, 〈파이낸셜 타임스〉 (2020년 4월 3일)

코로나19 이전의 세상으로 돌아갈 수 없다는 말이 계속 들려오는 걸 보면,
이전과 같은 일상으로 돌아가기는 어려울 것이다.
—라이오넬 슈라이버Lionel Shriver, 〈스파이크드Spiked〉 (2020년 5월 11일)

　이 책은 전 세계에 불황을 몰고 온 바이러스에 관한 책이다. 더 정
확히 말하면, 바이러스에 대한 우리의 대응이 어떻게 세계 불황을

야기했는지 살펴보는 책이다. 바이러스는 질병과 전 세계적인 유행병을 일으킬 수는 있지만, 경제에 직접적인 영향을 줘 붕괴시키지는 못한다. 즉 우리가 바이러스에 어떻게 대응하느냐에 따라 경제 상황이 달라질 수 있다.

코로나19 바이러스의 공격이 거세지면서 우리는 여러 대응책을 선택했다. 과학과 경제학에 근거한 정보를 바탕으로 선택을 내렸지만, 그 정보가 잘못된 정보일 때도 있었다. 신종 바이러스인 데다가 과학자들의 의견이 일치하지 않아 과학적 근거를 기반으로 한 대책마저 혼란스럽고 모순적이었다. 경제 대응책 역시 뒤죽박죽으로 엉망인데다가 앞뒤가 맞지 않았다는 것은 굳이 말하지 않아도 알 것이다. 그럼에도 불구하고, 과학자와 경제학자들은 선의를 갖고 문제를 해결하기 위해 노력했고, 코로나19의 갑작스러운 확산과 심상치 않은 치사율에 늘 상당한 압박을 받으며 일했다. 그들은 최선을 다했다. 그런 상황에서는 그 어떤 전문가들도 고전을 면치 못했을 것이다.

위기가 발생할 때면 늘 그런 것처럼, 이번에도 영웅들이 있었다. 간호사, 의사, 병원 직원들은 밀려드는 신규 확진자에 눈코 뜰 새 없이 바빴고 보호 장비, 치료 장비, 일부 필수 의약품이 터없이 부족한 상황에서 꿋꿋하게 견뎌 냈다. 많은 이들이 탈진할 정도로 최선을 다해 일했다. 일부는 코로나19에 감염되기도 했고, 안타깝게 세상을 떠나기도 했다. 코로나19로 고통받는 사람들이 의료 시설을 이용하지 못할 때는 가족들이 그들을 돌봤다. 방역 담당 직원들은 바이러스를 제거하기 위해 거리와 건물 안팎을 청소했다. 자선 단체들은 격리된 사람들에게 식사를 제공했다. 종교 단체들은 공터에 천막 병원을 세웠다. 미국 육군 공병대, 주 방위군, 그 외에 여러 군부대 역시 뉴욕시 재비츠센터Javits Center와 같이 규모가 큰 여러 공공장소에 야전 병원을 발 빠르게 세웠다. 미국 관세국경보호청(CBP) 요원들은 국내로 입국하는 여행객들을 검역하는 역할을 맡았다. 미국 해군은 병원선인 머시함USNS Mercy과 컴포트함USNS Comfort을 각각 로스앤젤레스와 뉴욕시로 급파해 집중 치료 병상과 수술실을 추가로 제공했다. 미국뿐 아니라 코로나19로 큰 타격을 입은 이탈리아, 스페인, 브라질, 영국을 포함한 전 세계 곳곳에서 비슷한 노력을 기울였다. 밖으로 드러나지 않은 숨은 영웅들이 더 많다. 그들을 위해 기도하고, 그들에게 고마운 마음을 가져야 한다.

그렇지만 코로나19 피해자들의 고통이나 그 피해자들을 돌보는 사람들의 희생에 또 다른 고통의 근원인 신 대공황이 묻혀서는 안된다. 팬데믹 상황에서 선택한 정책들은 미국 역사상 가장 큰 경제 붕괴를 초래했다. 이 같은 붕괴는 미국에만 국한된 것이 아니다. 코로나19 팬데믹은 중국에서 시작됐다. 의심스러운 통계이기는 하지만 중국의 데이터가 사실이라면, 코로나19로 가장 큰 인명 피해를 본 국가는 미국이다. 미국과 중국은 세계 양대 경제 대국으로 전 세계 GDP의 40%를 차지하고 있다. 코로나19로 인한 누적 사망자가 13만 명이 넘는 이탈리아, 프랑스, 스페인, 독일 등이 속한 유럽 연합(EU)을 단일 경제권으로 간주해 EU, 미국, 중국을 모두 합치면, 코로나19 봉쇄 조치에 영향을 받는 세계 총생산 비율이 60%가 넘는다.

　코로나19로 인한 경제 위기를 2008년 세계 금융 위기, 2000년 닷컴 버블 붕괴, 1998년 금융 위기와 비교하는 것은 문제의 핵심을 놓치는 것이나 다름없다. 당시 직격탄을 맞은 이들은 큰 타격을 입었겠지만, 지금 우리 앞에 닥친 경제 위기에 비하면 그 위기들은 아무것도 아니다. 1929년부터 1940년까지 지속한 1930년대 대공황이 그나마 현 상황을 파악하는 데 보다 나은 기준을 제시해 주기는 하지만, 그 대재앙조차 2020년에 일어난 일들과 앞으로 벌어질 일들만큼 심각하지는 않았다. 대공황 때 발생한 89.2%의 주가 폭락은 4년(1929~1932년)에 걸쳐 단계적으로 일어났다. 신 대공황 위기 속에서 불과 4개월 만에 미국의 일자리는 6000만 개나 감소했고, 앞으로 더 많은 일자리가 감소할 것으로 전망되고 있다.

이 책은 바이러스학이 아닌 경제학적 관점에서 쓴 책이다. 물론 바이러스 관련 주제와 경제 관련 주제가 서로 밀접하게 연결돼 있기는 하다. 코로나19 바이러스(사스코로나바이러스-2SARS-CoV-2)[1]에 대해 논하지 않고 신 대공황에 관한 책을 쓴다는 것은 허리케인 카트리나를 언급하지 않고 2005년 뉴올리언스에서 발생한 물적 피해와 인적 피해에 관해 쓰는 것과 같다. 코로나19 바이러스와 허리케인 카트리나는 동격으로 보면 된다. 코로나19로 경제 불황이 닥쳤고, 허리케인 카트리나로 도시가 파괴됐다. 우리는 전 과정을 이해하기 위해 바이러스와 불황 이 두 주제를 두루 살펴볼 것이다.

바이러스란 무엇일까? 과학자들도 이 질문에 확실하게 답하지 못한다. 물론 그들은 바이러스에 대해 많은 것을 알고 있다.[2] 그러나 한 세기에 걸쳐 엄청난 과학적 진보를 이뤘음에도 불구하고 바이러스가 무엇이냐는 물음에 대한 의학계의 의견은 여전히 분분하다. 존 M. 배리 John M. Barry가 그의 저서 《대 인플루엔자 The Great Influenza》에서 설명한 것처럼, 바이러스는 수수께끼 같은 존재다.

바이러스는 에너지를 얻기 위해 영양분을 섭취하거나 산소를 연소시키지 않는다. 바이러스는 그 어떤 대사 작용도 하지 않는다. 노폐물을 배설하거나 교배하지도 않는다. 우연이든 의도적으로든 어떤 부산물도 만들어 내지 않는다. 또 독립적으로 증식하지도 못한다. 바이러스는 완전히 살아 있는 생물체와 비활성 화학 물질의 집합체, 즉 생물과 무생물의 중간형이다.[3]

중요한 것은 과학자들조차 바이러스가 생물체인지 아닌지 정확히 알지 못한다는 사실이다. 어떤 과학자들은 바이러스가 한때 더 복잡한 형태의 생물체였다가 지금과 같은 형태로 진화한 원시 생물체라는 견해를 갖고 있다. 또 어떤 과학자들은 바이러스가 진화가 아닌 퇴화의 결과라는 의견을 내놓기도 한다. 바이러스가 더 고등한 생물체에서 오늘날 우리가 알고 있는 형태로 단순화되거나 퇴화했다는 것이다. 또 세포 유전체 일부가 세포에서 떨어져 나와 독특한 특징을 가진 바이러스가 됐지만 완전한 생물체는 아니라는 견해도 있다. 인류는 바이러스가 살아 있는 생물인지 아닌지도 모르는 상태에서 현미경이 아니면 볼 수도 없는 바이러스와 이제 막 싸움을 시작했다.

우리가 알고 있는 게 있다면 바이러스는 복제 능력이 뛰어나다는 점이다. 바이러스는 단독으로는 복제하지 않고, 살아 있는 세포에 침투해 숙주 세포의 에너지와 DNA를 넘겨받아 자신의 유전 정보(DNA보다 간단한 구조를 가진 RNA에 부호화된 유전 정보)를 저장한 다음,

숙주 세포가 수천 개에 달하는 바이러스를 복제하도록 명령한다. 복제 과정이 진행됨에 따라 숙주 세포벽이 파괴되고 복제된 바이러스들이 방출된다. 방출된 바이러스들은 똑같은 과정을 반복하면서 바이러스 개체 수를 크게 늘린다. 그렇게 증식한 바이러스 무리가 세포를 점령하기 시작한다.

바이러스는 유전 부호가 담긴 타원형 외피일 뿐이다. 바이러스 복제의 핵심은 그 외피의 표면에 돋아나 있는 돌기에 있다. 인플루엔자 바이러스의 경우, 표면에 두 가지 유형의 돌기가 있다. 하나는 창처럼 생긴 헤마글루티닌^{hemagglutinin}(H) 돌기고, 다른 하나는 가시나무같이 생긴 뉴라미니다아제^{neuraminidase}(N) 돌기다. 헤마글루티닌 돌기는 배리의 말처럼 '해적이 선박에 던지는 쇠갈고리처럼' 숙주 세포에 딱 달라붙어 침입을 시작한다. 뉴라미니다아제는 숙주 세포 표면에 있는 시알릭산^{sialic acid}을 제거하는 파성퇴(적의 배를 파괴하기 위해 뱃머리에 달아 사용하는 뾰족한 쇠붙이를 말한다_옮긴이) 역할을 한다. 숙주 세포 표면에 시알릭산이 남아 있으면 복제된 바이러스들이 세포 밖으로 방출되면서 표면에 엉겨 붙을 수 있다. 뉴라미니다아제 덕분에 시알릭산이 제거되고 새로 만들어진 바이러스가 건강한 세포를 자유롭게 공격할 수 있게 된다.

헤마글루티닌과 뉴라미니다아제의 약어인 H와 N은 인플루엔자 발생에 어느 정도 관심이 있는 사람이라면 낯익을 것이다. 과학자들은 헤마글루티닌 18종과 뉴라미니다아제 9종을 찾아냈다. 1918년 스페인 독감은 H1N1형이었다. 1968년 홍콩 독감은 H3N2형으로 오늘날에도 여전히 발병하고 있다. 코로나19 바이러스의 정확한 HN 구조는 밝혀지지 않아 그 구조와 행동 양식 등을 집중 연구하고 있다. 그런데 코로나19 바이러스가 팬데믹 초기 단계부터 빠르게 변이를 일으키면서 그에 대한 연구가 난항을 겪고 있다.

그렇다면 불황이란 무엇일까? 경제학자들은 이 질문에 제대로 답하지 못한다. 바이러스가 살아 있는 생물이냐는 질문에 정확히 답하지 못하는 과학자들과 별반 다르지 않은 모습이다. 그래도 과학자들은 그 질문에 어떻게든 답하려고 애를 쓴다. 경제학자들의 경우, '불황depression'을 정의하는 일은 단념한 지 오래고, 그 단어는 입 밖에도 잘 내지 않는다. 그러한 태도는 현실적인 문제에 직면하면 일단 회피하고 보는 경제학자들의 습성을 아주 잘 드러내 보여 준다. 아무리 외면한다 해도 불황은 엄연히 존재하는 경제 현상이며, 우리는 지금 그 불황을 겪고 있다. 바이러스와 마찬가지로 불황 역시 상황에 따라 그 양상이 달라지거나 심화될 수 있으며, 바이러스가 건강한 세포를 공격하듯 경제 상황이 좋은 국가들에 타격을 입히기도 한다. 팬데믹이나 불황 모두 자주 발생하는 일은 아니다. 불황의 역학 관계에 대한 실용적 지식을 갖춘 경제학자를 찾기란 매우 어렵다. 불황은 엄청난 혼란을 야기할 수 있고, 자칫 잘못하면 치명적인 결과로 이어질 수도 있다. 과학자들이 백신을 개발하기 위해 힘쓰는 것처럼, 경제학자들은 실업률 증가, 생산량 감소, 세계 무역 붕괴 등을 해결하기 위한 정책 대안을 마련하기 위해 애쓴다. 과학자들의 경우, 처음부터 모든 해결책을 가지고 있는 것은 아니지만 보통 신뢰할 수 있는 방식으로 해결책을 모색해 나간다. 경제학자들은 그렇지가 못하다. 그렇기 때문에 신 대공황은 코로나19 팬데믹보다 더 오래 지속될 것이고, 그에 따른 경제적 부작용도 계속 생겨날 것이다.

경제학자들은 불황이라는 말보다 '경기 침체'(recession, 경기 후퇴라고도 한다_옮긴이)라는 말을 더 편하게 생각하는 경향이 있다. 통상 실업률이 증가하고 GDP가 2분기 연속 마이너스 성장을 할 경우 경기 침체 국면에 접어들었다고 판단한다. 경기 침체와 경기 회복 여부를 판단해 공식 발표하는 비영리 민간 연구 기관인 전미경제연구소(NBER)가 그 판단 기준으로 삼는 정의는 좀 더 복잡하지만, '2분기 연속 마이너스 성장'은 경험에 근거한 보편적인 기준 중 하나로 통한다. 경제학자들은 객관적이고 정량화가 가능하며 등식으로 나타낼 수 있는 NBER의 판단 기준을 지지한다.

그런데 불황은 그러한 객관적인 기준에 근거해 판단을 내리기가 어렵다. 불황은 경기 침체보다 더 애매하게 정의돼 있다. 불황은 정량화하기 어려운 심리적 요소에 큰 영향을 받을 뿐 아니라 등식으로 나타내기도 쉽지 않다. 불황은 흔히 발생하는 일도 아니어서 월스트리트식 사이비 경제학pseudoeconomics의 생명선이나 다름없는 상관 분석과 회귀 분석에 사용되는 시계열time series 데이터 역할도 하지 못한다.

'불황'이라는 말을 사용하는 사람들조차 그 의미를 잘못 이해하고 있는 경우가 많다. 경기 침체는 2분기 연속 GDP 감소를 의미하고 불황은 5분기 혹은 그 이상의 연속 감소, 즉 경기 침체가 장기간 지속되는 상태를 의미한다고 상정하는 경우가 많은데, 이는 잘못된 생각이다. 1929년 시작된 경제 대공황 시기에는 불황이 두 차례 발생했다. 첫 번째 불황은 1929년 8월부터 1933년 3월까지 지속됐고, 그 기간 동안 GDP가 26.7% 감소했다. 두 번째 불황은 1937년 5월부터 1938년 6월까지 계속됐고, 그 기간 GDP가 18.2% 감소했다. 1933년부터 1936년 사이에는 경기가 회복되면서 강한 성장세를 보이기도 했다. 주가가 반등하면서 1933년 63.7%, 1934년 5.4%, 1935년 38.5%, 1937년 두 번째 불황이 닥치기 전인 1936년에는 24.8% 상승했다. 1937년 두 번째 불황이 시작되자 주가는 다시 32.8% 하락했다. 이렇게 불황과 호황을 번갈아 거쳤음에도 불구하고, 1929년부터 1940년까지를 대공황 시기라고 규정한다. 1933년부터 1936년까지의 경제 성장은 1929년부터 1932년 사이에 크게 폭락한 주가를 회복시키기에는 역부족이었다. 실제로 그 당시 폭락한 주가가 1929년의 최고점을 회복하기까지 25년이라는 시간이 걸렸다. 1933년 24.9%로 정점에 달했던 실업률은 이후 감소하기는 했지만 1941년까지 14% 이상을 유지했다. 달리 말하면, 1933년 이후 경기가 나아지기는 했지만 낮은 수준의 고용률, 생산량, 주가를 기록하면서 경기가 회복되기 시작한 이후에도 경제가 심하게 위축된 상태로 정체되어 있었다.

1873년부터 1897년 사이에도 비슷한 패턴의 경제 현상이 만연했고, 경제사학자들은 그 시기에 발생한 세계 경제 위기를 장기 불황 Long Depression이라 부른다. 불황이 지속한 24년 동안 공식적으로 여섯 번의 경기 침체와 세 번의 금융 공황(1873년, 1893년, 1896년)이 발생했다. 생산량이 감소하고 금융이 붕괴한 이 시기들 사이사이 높은 실질 성장과 엄청난 기술 혁신을 이루기도 했다. 장기 불황 시기에는 미국 남북 전쟁에서 북군에 자금을 지원한 미국 최초의 투자 은행인 제이쿡앤컴퍼니Jay Cooke & Company를 포함한 금융 기관이 파산하는 일도 간간이 발생했다. 이 시기를 장기 불황이라고 부르게 된 주된 이유는 생산량 감소에 있다기보다는 부채의 실질 가치를 높여 기업과 농업에 부담을 안기는 지속적인 디플레이션에 있다. 디플레이션과 관련된 주제는 4장에서 자세히 살펴볼 것이다. 24년에 걸친 장기 불황이 길게 느껴진다면, 1990년 이후 30년 동안 불황을 겪고 있는 일본을 한번 떠올려 보라.

장기 불황에 대한 이해를 바탕으로 우리는 '불황'의 진정한 의미를 알 수 있다. 불황은 지속적인 생산량 감소를 의미하지 않는다. 불황은 경제 성장 추세에 비해 침체된 성장을 의미한다. 만약 경제가 3% 성장을 할 수 있는데도 불구하고 오랜 기간 동안 2% 성장에 머문다면, 경제 성장이 침체한 상황이라고 할 수 있다. 호황기에도 생산량이 감소할 수 있는 것처럼, 불황기에도 경제는 성장할 수 있다. 핵심은 분기별 성장률이 아닌 잠재 성장률 대비 장기 성장 추세에 있다.

영국의 경제학자 존 메이너드 케인스 John Maynard Keynes는 불황을 아주 잘 정의했다. 케인스는 불황을 "경제가 회복되거나 완전 붕괴로 치닫고 있음을 나타내는 어떤 뚜렷한 추세 없이 침체된 경제 활동이 장기간 지속하는 만성적인 상태"라고 정의했다.[4]

역사와 케인스의 정의에 비추어 볼 때, 이제 우리는 공식적인 경기 침체보다 그 영향력이 더 광범위한 새로운 불황에 진입했다고 할 수 있다. 불황은 숫자뿐 아니라 심리와도 밀접한 관련이 있다. 생산량과 고용률을 보여 주는 경제 지표도 중요하지만, 사람들의 행동 변화는 그보다 더 중요하다. 성장세가 회복하면서 수익률이 침체된 수준에서 반등하기 시작할 테지만, 팬데믹 이전의 생산 수준을 회복하는 데에는 수년이 걸릴 것이다. 실업률이 감소하기 시작하겠지만 워낙 높았던 실업률을 고려하면 노동자 수백만 명이 앞으로 몇 년은 더 힘든 시기를 보내게 될 것이다. 경제 지표를 떠나서 사람들의 행동 변화가 세대를 넘나들며 경제에 상당한 영향을 미치게 될 것이다. 아무리 백악관이 '좋았던 옛 시절'을 들먹거리며 돈을 빌려 쓰라고 재촉해도 사람들은 더 적게 쓰고 더 많이 저축하려 할 것이다. 그 좋았던 시절은 끝났다.

바이러스는 수수께끼 같기는 해도 과학계에서 연구가 잘 이뤄지는 반면, 불황은 현실적인 문제임에도 불구하고 경제학자들의 관심 밖에 있다. 이 책에서 우리는 수수께끼 같은 코로나19 바이러스가 어떻게 생겨났고, 코로나19 팬데믹에 대한 우리의 대응이 어떻게 전 세계적인 불황을 초래했는지 살펴볼 것이다. 우리는 전 세계적 불황이 코로나19 바이러스 때문이라며 책임을 전가해서는 안 된다. 그 책임은 코로나19 대응 방식을 택한 우리 자신에게 있다. 우리의 대응 방식이 바로 불황을 야기한 실제 원인이다. 코로나19 바이러스가 억제된 이후에도 불황의 여파는 오랜 기간 지속할 것이다.

과학과 관련해 한마디 하자면, 일부 전염병학자와 면역학자는 경제 분석가들이 의학에 관여해서는 안 된다고 불평하곤 한다. 바이러스, 인플루엔자, 백신, 팬데믹을 연구하는 학문은 고도로 전문화된 분야로, 그 분야에 통달하기 위해서는 다년간의 전문 교육이 필요하고, 전문가로 일하기 위해서는 임상 및 연구 경험이 필요하다. 그렇다, 이는 두말할 것도 없는 사실이다.

그런데 트럼프 대통령의 고문인 앤서니 파우치Anthony Fauci 박사 같은 면역학자들은 경제정책 시행과 관련해서는 정작 자신들이 역설했던 그 자제력을 보여 주지 않았다. 그들은 증거를 바탕으로 한 권고를 했을 뿐 경제정책에는 관여한 바가 없다고 주장했다. 그 주장은 사실이 아니다. 면역학자들이 코로나19 바이러스 확산 방지책으로 세계 최대 경제 대국인 미국을 봉쇄하라고 요구했을 때, 그들은 역사상 가장 중대한 경제정책 변화를 단행한 것이나 다름없다. 면역학자들은 언행일치하는 모습을 보여 줘야 한다. 경제정책 입안자들이 면역학에 관여해서는 안 된다고 주장하면서 미국과 세계 경제를 완전히 바꾸려 들면 안 된다.

시간이 지나 때가 되면 2020년 미국의 봉쇄 조치는 역대 최악의 정책 실수로 평가될 것이다. 봉쇄 조치로 잃게 된 부와 소득은 수조 달러에 달할 것이다. 봉쇄 조치로 생명을 구하고 피해를 막아 얻은 이익도 별 의미가 없을 것이다. 실행할 수 있었지만 선택받지 못한 다른 정책들도 그와 똑같이 생명을 구하고 피해를 막았을 것이기 때문이다. 전염병학자들이 미국인 6000만 명을 실직으로 내모는 정책을 추진하면서 약물, 알코올, 자살, 절망에 의한 인명 피해를 고려했다는 증거는 찾아볼 수 없다.

1968년부터 1969년까지 대유행한 A형 인플루엔자 바이러스의 H3N2 아형은 전 세계에 큰 피해를 줬다. 당시 홍콩 독감으로 불린 이 H3N2 아형이 크게 유행하면서 전 세계에서 100만 명이 넘는 사망자가 발생했고, 미국에서만 10만 명이 넘는 사망자가 발생했다.[5] 홍콩 독감은 스페인 독감(1918~1920년)과 아시아 독감(1957~1958년)에 이어 가장 많은 사망자를 기록한 인플루엔자 팬데믹이었다. 전 CIA 국장 알렌 덜레스Allen Dulles와 할리우드의 전설 탈룰라 뱅크헤드 Tallulah Bankhead도 홍콩 독감으로 세상을 떠났다. 미국의 36대 대통령 인 린든 존슨Lyndon Johnson은 홍콩 독감에 걸렸다가 완치됐다. 아폴로 우주 비행사 프랭크 보먼Frank Borman은 우주에서 홍콩 독감에 걸려 병이 나기도 했다. 홍콩 독감 역시 비극적인 인명 피해를 낸 심각한 팬데믹이었지만, 봉쇄령이 내려지지는 않았다. 당시 미국에서의 삶은 팬데믹 이전과 다를 게 없었다. 과학자들은 백신 개발에 힘썼고 (1969년 8월 백신 개발에 성공했다) 대중은 과학자들을 신뢰했다. 그런 상황에서 삶은 계속됐다. 우드스톡Woodstock 페스티벌은 홍콩 독감이 대유행하던 시기에 열렸다. 우드스톡 페스티벌에는 사회적 거리 두기 같은 것도 없었다.

피해를 줄이기 위한 코로나19 대응 조치를 실행해서는 안 된다는 말을 하려는 게 아니다. 적절한 대응 조치를 취해야 마땅하다. 그러나 22조 달러 규모의 경제를 봉쇄하기를 바라는 면역학자들은 자신들과 다른 견해를 가진 전문가들의 말에도 귀를 기울여야 한다. 나는 이 책을 집필하기 위한 자료 조사를 하면서 전염병학과 경제학에 관한 논문을 다수 읽었다. 동료 심사를 거친 논문들이었다. 여러분이 비전문가라고 해도 일정 수준의 교육을 받았고 전염병학과 경제학을 이해하기 위해 자세히 들여다볼 의지만 있다면, 두 분야를 두루 이해하는 데에는 별 무리가 없을 것이다. 나는 전염병학자는 아니지만 그렇다고 해서 과학에 지레 겁먹지도 않는다. 어쩌면 존스홉킨스 대학교에서 취득한 두 학위 덕분에 자연 과학에 대한 학문적 불안에 면역이 생겼는지도 모른다. 물론 내가 가장 잘 알고 있는 전문 분야는 공공정책과 경제 분석 분야다.

이 책의 1장에서는 코로나19 바이러스의 기원과 코로나19 팬데믹과 관련된 내용을 과학에 근거해 살펴본다. 2장에서는 전 세계적 봉쇄 조치로 인한 비용과 혼란에 관해 설명한다. 3장에서는 양적 관점과 경기 하강 기류에 발목이 잡힌 개인의 관점에서 본 신 대공황을 자세히 설명한다. 경기가 회복세를 보이기 시작했지만, 그 회복 과정은 더디고 긴 시간이 필요할 것이며, 가장 큰 영향을 받게 될 미국의 저소득 근로계층에는 힘겨운 여정이 될 것이다. 4장에서는 미국 중앙은행인 연방준비제도가 3조 달러의 유동성을 새로 투입하고 미국 의회가 4조 달러의 적자 지출deficit spending에 합의해도 신 대공황을 해결하기 어려운 이유를 설명한다. 화폐를 찍어 내고 재정 지출을 크게 확대하면 경제에 계속 불을 지피는 데 도움이 될 수는 있겠지만, 그런 정책들을 '경기 부양책stimulus'과 혼동해서는 안 된다. 미국의 경우, 잘 알려지지 않은 한 가지 정책을 제외하고는 이제 경기 부양책마저 쓸 수 없는 시점에 와 있다. 5장에서는 팬데믹이나 경제 불황보다 더 심각한 상황이 우리 앞에 펼쳐질 수 있음을 이야기한다. 하루가 멀다 하고 사회 곳곳에서 다양한 문제가 대두되고 있다. 문명이라는 겉치레는 얇은 종잇장에 불과하고, 이제 그마저도 여기저기가 뜯겨 너덜너덜해졌다. 6장에서는 포스트 팬데믹 시대에 투자자들이 알아야 할 구체적인 투자 전략들을 제시한다. 이 책의 결론에서는 경제를 살릴 수 있는 경제정책 하나를 소개할 것이다. 정치인들은 이 정책을 제대로 이해하지 못하고, 경제학자들은 이 정책을 무시하는 경향이 있다. 그럼에도 불구하고, 20세기의 두 대통령이 이 정책을 실행했고, 두 경우 모두 잘 작동했다. 정책 입안자들이 경제를 살리는 데 이 정책을 사용하지 않는다면, 여러분이 직접 이 방안을 적용해 포스트 팬데믹 세상에서 부를 지키고 경제적 번영을 이룰 수 있다. 이 정책 방안이 마땅히 받아야 할 지지를 얻어 경제와 여러분의 포트폴리오 모두 번영할 수 있기를 바란다.

  그럼 이제 황폐한 현 정세를 살펴보고 더 나은 방향으로 우리가 나아갈 수 있는 방법을 찾아보자.

차례

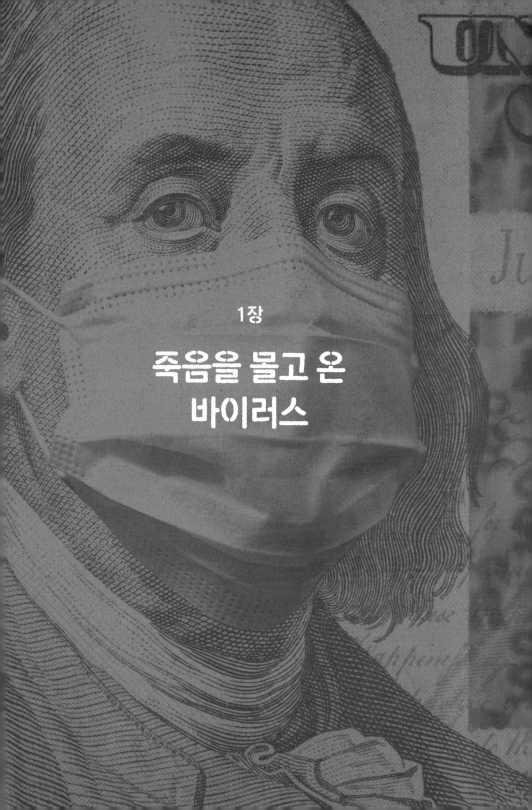

1장

죽음을 몰고 온
바이러스

진정한 과학자들은 과학의 경계에 서 있다. 야망과는 거리가 먼 이들조차 그 경계에서 한 걸음 더 나아갈 수 있기를 바라며 미지의 것을 연구한다. 큰 포부를 갖고 연구에 임하는 이들은 거의 아무것도 알 수 없는 황무지 같은 곳을 깊이 파고들어 간다.

—존 M. 배리John M. Barry, 《대 인플루엔자The Great Influenza》

바이러스
전쟁

전 세계가 중국 우한에서 발생한 코로나19 바이러스가 자연스럽게 사라지기만을 기다리고 있다. 그런 일은 절대 일어나지 않을 것이다.

코로나19 바이러스는 자연스러운 돌연변이 과정을 통해 그 치명성이 낮아질 수 있다. 일정 수준 이상의 인구가 바이러스에 노출되고 시간이 지나면서 면역력을 갖게 되면 집단 면역이 형성될 수도 있다. 또 새로운 치료법은 심각한 증상을 완화하고 생명을 구할 수 있다. 백신 개발이 가능하다고 해도 상용화하기까지는 꽤 오랜 시간이 걸릴 수 있다. 사람에게 감염돼 질병을 유발하는 것으로 알려진 6종의 코로나바이러스 중 백신으로 예방이 가능한 유형은 하나도 없다. 언론에서 코로나19에 특히 효과가 있다고 말하는 치료제는 인플루엔자(독감) 같은 다른 질병에 대한 면역력을 강화해 주는 한편, 코로나바이러스로 면역력이 떨어진 환자들을 공격해 기회감염(면역 기능이 정상일 때에는 감염을 잘 일으키지 않는 세균이나 바이러스가 환자의 면역 기능이 저하된 틈을 타 감염을 일으키는 경우를 말한다_옮긴이)을 일으킬 수 있다. 현재 진행 중인 치료제 개발이 완료되면, 코로나19로 인한 합병증을 치료하고 통증을 완화하고 생명을 구할 수 있을지도 모른다. 코로나19 치료제 개발은 그 가치가 매우 크고 전 세계가 코로나19 바이러스에 대처하는 데 큰 도움을 줄 것이다. 그러나 코로나19 치료제가 개발된다고 해도 완전한 치료법은 되지 못할 것이다. 코로나19를 완벽하게 치료할 방법은 없을지도 모른다.

수수께끼의 질병

———

코로나바이러스로 널리 알려진 코로나19 바이러스의 학명은 사스코로나바이러스-2(SARS-CoV-2)다. 이 바이러스에 의한 감염증은 코로나19 COVID-19 라고 부른다. 코로나19는 수수께끼 같은 질병이다. 코로나19는 기침, 미열, 두통, 콧물 등의 증상을 동반하며 일반 감기보다 증상이 좀 더 심하게 발현될 수 있다. 코로나19에 감염되고도 증상이 전혀 나타나지 않는 경우도 종종 발생한다. 따라서 무증상 감염자의 경우, 코로나19 바이러스 진단 검사나 항체 검사를 받지 않으면 자신이 감염됐다가 아무 증상 없이 회복했다는 사실조차 모르고 지나갈 수도 있다.

어떤 경우에는 생명을 위협할 정도의 심각한 증상을 보이기도 한다. 코로나19 중증 환자의 경우, 폐렴으로 인한 호흡 곤란을 겪게 된다. 폐렴이 생기면 폐포에 분비물이 고이면서 폐가 혈액에 산소 공급을 제대로 할 수 없게 된다. 실제로 폐렴을 앓는 중증 환자는 폐에 체액이 과도하게 축적되는 폐부종pulmonary edema이 생겨 호흡이 곤란해진다. 환자 중 일부는 깨진 유리 조각을 삼킨 것 같다며 극심한 폐 통증을 호소한다. 환자들은 또 고열에 시달리게 된다.

그때부터 합병증이 빠르게 증가한다. 일단 산소 흡입이 원활하지 않으면 장기 기능 부전이 뒤따른다. 환자들은 신장 기능 부전, 심장 마비, 혈전증, 고혈압, 패혈증 같은 합병증을 일으킬 수 있다. 또 환자가 다른 세균이나 바이러스 공격에 취약해지면서 기회감염이 발생할 수 있고, 이는 또 독감과 세균성·바이러스성 폐렴으로 발전할 수 있다. 코로나19로 인한 합병증 중 일부는 개별적인 치료가 가능하지만, 여러 증상을 동시에 다스릴 수 있는 치료법은 현재 없다.

최악의 경우, 합병증은 일반적인 의학적 상식을 넘어 거의 모든 장기와 신체 시스템에 손상을 입힌다. 코로나19 환자 중 일부는 인지 장애나 환각을 일으키는 뇌 손상과 신경계 장애를 겪기도 한다. 후각이나 미각 상실은 흔히 나타나는 증상이다. 뇌졸중과 장염 역시 코로나19 증상으로 보고되고 있다. 고열, 급성 호흡 곤란 증후군, 중복 감염 등 여러 증상이 동시다발적으로 빠르게 발생하면서 상당히 높은 비율의 급성 환자가 사망에 이른다.

〈월스트리트저널〉은 환자들에게 나타나는 특이한 조합의 합병증과 새로운 질병에 대한 노련한 전문가들의 대응을 중점적으로 다루면서 코로나19에 대한 미스터리를 기사에 잘 담아냈다.

코로나19가 일으키는 특이한 증상들을 살펴보면 의사들이 다른 바이러스 감염 사례를 두고 흔히 예측할 수 있는 증세들과는 사뭇 다르다. 뉴욕에서 급성 신부전증을 앓는 코로나19 환자들을 치료하고 있는 신장 전문의 마야 라오는 "아주 많은 신체 시스템을 공격하는 것 같아요."라고 말했다. "바이러스가 어디를 공격하고 있는 건지조차 잘 모르겠어요." (…)
보스턴에서 뇌졸중을 앓고 있는 코로나19 환자들을 치료하고 있는 신경과 전문의 매그디 셀림은 "가끔 아주 심각한 감염이 발생했을 때 이와 비슷한 증상들이 나타나기는 해요."라고 말했다. "그렇지만 한 환자가 이 모든 증상을 한 번에 겪진 않죠. 이들은 정말 위중한 상태에 있는 환자들이에요."[1]

코로나19는 2019년 12월부터 2020년 3월까지 겨우 몇 달 만에 한 지역의 전염병에서 전 세계적 유행병으로 발전했다. 2020년 10월 초에는 전 세계 코로나19 사망자가 100만 명을 넘어서며 그 수가 꾸준히 증가하고 있었다.

코로나19 바이러스의 기원과 확산

———

이 책의 핵심 주제인 팬데믹의 경제적 영향을 살펴보기 전에 먼저 코로나19 바이러스의 기원과 확산 과정을 쭉 살펴봐야 한다. 이는 의학적 조사만큼이나 이해하기 어려운 일이 될 수도 있다. 다행히 관련 정보가 차고 넘친다. 코로나19 바이러스의 확산은 1991년 냉전 종식이나 1930년대 대공황 같은 획기적인 사건들에 필적하는 지정학적 함의를 가지고 있다. 코로나19 바이러스 확산에 대한 충분한 이해 없이 그 바이러스가 야기하는 사회적 결과를 이해한다는 것은 불가능하다.

H. G. 웰스H. G. Wells가 1898년 출간한 공상 과학 소설《우주 전쟁The War of the Worlds》에서 화성인들이 지구를 침략해 열광선과 전투용 기계로 지구를 초토화한다. 화성인들은 인간을 발견하는 족족 무자비하게 죽이는 한편 일부는 가둬 둔 채 피를 뽑아 자신들의 영양 공급원으로 사용한다. 화성인들은 인류의 군대에 패한 게 아니라 세균에 감염돼 자멸한다. 화성인은 인간과 달리 미생물에 저항할 면역력이 없었던 것이다. 웰스의 이야기에서는 수수께끼 같은 미생물이 지구에 평화를 가져오고 인류를 구한다.

이제 그 반대가 현실이 됐다. 수수께끼 같은 바이러스가 죽음을 몰고 왔고, 그 바이러스에 큰 피해를 보고 경제 성장률이 꺾인 미국과 그 바이러스의 진원지로 지목된 중국의 관계가 위축되면서 자칫 잘못하면 미·중 전쟁으로 치달을 수 있는 상황이 됐다. 코로나19 바이러스 미스터리를 풀기 위해 우리는 이 바이러스의 확산 경로와 전개 양상을 살펴보는 것으로 시작해 앞으로 세계 경제가 어떻게 나아갈지 자세히 살펴보게 될 것이다.

우한에서
전 세계로

코로나19 팬데믹은 중국 중부 후베이성 우한시에서 처음 시작됐다. 후베이성은 상하이와 충칭 사이 중간쯤에 있고, 우한의 인구는 1100만 명에 달한다. 우한은 티베트 고원에서 발원해 상하이를 거쳐 동중국해로 흘러 들어가는 아시아에서 가장 길고 중국에서 가장 중요한 수로인 양쯔강 유역에 접해 있다. 양쯔강은 한족 문화의 중심이고, 한족 문화에서 수천 년간 중추적인 역할을 해 온 지역이 바로 우한이다.

우한은 전통 제조업의 명맥을 계속 유지해 나가고 있을 뿐 아니라 350개가 넘는 연구소와 수천 개의 첨단 기술 기업에 힘입어 기술 분야를 선도해 왔다. 이들 연구소에는 생물안전 4등급(BSL-4) 실험실을 갖춘 우한 바이러스 연구소Wuhan Institute of Virology 등 고위험 병원체 연구 시설 세 곳이 포함돼 있다. 2020년 1월부터 중국의 저명한 군 미생물학자인 천웨이Chen Wei 인민해방군 소장이 이 우한 바이러스 연구소를 사실상 감독하고 있다.[2]

〈사우스 차이나 모닝 포스트〉가 자체 확인한 중국 정부 자료에 따르면, 중국의 첫 코로나19 확진 환자는 2019년 11월 17일에 공식 보고됐다.[3] 그 환자는 우한 근처에 사는 55세의 후베이성 주민이었다. 이 사람이 반드시 '0번 환자'인 것은 아니다. 0번 환자를 찾기 위해서는 11월 17일의 코로나19 확진자에 대한 접촉자 추적 조사가 이뤄져야 한다. 실제로 11월 17일 이전에 이미 확진자가 나왔다는 증거가 있고 현재 조사 중이다.

이후 11월에만 남성 4명과 여성 5명 등 총 9명이 확진 판정을 받았고, 2019년 12월 31일까지 266명이 확진 판정을 받았다. 전염병은 순식간에 퍼질 수 있다. 한 자릿수 확진자 수가 서서히 증가하다가 지수 함수로 증가하면서 그 수가 기하급수적으로 늘어나게 된다. 코로나19 확산 역시 같은 패턴을 보였다.

2020년 1월 말까지만 해도 중국 내에서 집계된 총 확진자 수는 만 명을 넘지 않았지만, 2월 말이 되자 그 수가 8만 명에 육박했다.[4] 코로나19는 더 이상 중국에서만 유행하는 전염병이 아니었다. 중국 외에 다른 국가들에서 5,000명 이상의 확진자가 추가로 발생했고, 이탈리아에서만 1,000명이 넘는 확진자가 나왔다. 한 지역에 국한됐던 전염병이 전 세계적 유행병으로 발전하기 시작한 것이다.

은폐

중국에서 신규 확진자 증가가 폭발적이었던 상황을 고려하면, 중국이 공식 누적 확진자 수를 축소하고 은폐했다는 게 거의 확실해 보인다. 우한을 포함한 중국 전체의 실제 확진자 수는 중국 정부가 발표한 수치보다 훨씬 더 많을 것이다. 미국기업연구소American Enterprise Institute가 공신력 있는 여행 관련 데이터와 감염률에 대한 가정을 바탕으로 진행한 연구에 따르면, 중국의 코로나19 누적 확진 건수는 290만 건에 다다를 것으로 추산된다.[5] 아마 중국의 코로나19 사망자 수는 20만 명에 달할 것이다. 입증되지는 않았지만 충분한 경험적 증거가 이 같은 추정을 뒷받침한다.

목격자 진술에 따르면, 2020년 3월 23일부터 4월 4일까지 매일 500개가 넘는 코로나19 희생자 유골함이 우한에 사는 유족들에게 전

죽음을 몰고 온 바이러스

달됐다. 이는 2주라는 짧은 기간 동안 우한에서만 7,000여 명의 사망자가 발생했음을 시사한다.[6] 중국 정부가 2019년 11월부터 2020년 10월까지 총 4,700여 명의 코로나19 사망자가 자국에서 발생했다고 공식 보고한 것과 비교하면 앞뒤가 맞지 않는다. 복수의 목격자와 미국 정보 소식통에 따르면, 우한에 있는 여러 화장장이 3월부터 4월까지 쉬지 않고 가동됐으며 4만 5,500여 구의 시신이 화장 처리된 것으로 보고 있다. 중국은 진실을 알리기보다 진실을 덮고 감추기 바쁜 나라이기에 진실이 무엇인지는 결코 알 수 없을지도 모른다.

분명한 사실은 1월과 2월의 매우 중요한 시기에 수백만 명이 우한에서 다른 지역으로 이동했고, 수십만 명이 베이징과 상하이에서 전 세계 도시로 이동했다는 점이다. 중국은 코로나19 바이러스를 수출하고 있었다. 초반에는 시애틀에서 코로나19 확진자가 나오기 시작했지만, 곧이어 확진자가 집중 발생한 핫 스폿으로 떠오른 국가는 바로 이탈리아였다.

이탈리아의 데이터

이탈리아에서의 코로나19 발병은 2020년 2월 18일부터 2월 24일까지 열리는 패션 위크에 참석하기 위해 밀라노를 찾은 중국인들을 통한 감염으로 일어났다. 당시 중국인들은 패션 위크에 적극 참여했을 뿐 아니라 이탈리아 북부에 기반을 둔 이탈리아 패션 산업의 상당 부분을 소유하고 있었다. 이탈리아에서 패션 위크가 끝나갈 무렵이던 2월 22일 당시에는 62명만이 확진 판정을 받았다. 감염자의 증상이 1~2주 사이에 발현된다는 사실을 감안할 때 3월 1일경이면 보고된 감염 건수가 폭발적으로 증가할 것으로 예상했고, 그 예상은 그대로 적중했다. 이탈리아 확진자는 3월 1일 1,694명에서 3월 8일 7,375명, 3월 15일 2만 4747명, 3월 22일 5만 9138명으로 증가했다. 확진 건수는 매주 두 배 이상 혹은 세 배씩 증가하기도 했다. 이탈리아에서 10월 초까지 집계된 누적 확진자 수는 30만 명을 넘었다. 또 누적 사망자 수는 3만 5000명을 넘겨 미국, 브라질, 멕시코, 인도, 영국에 이어 세계에서 여섯 번째로 많은 인명 피해를 보았다.

이탈리아의 비극은 고령 인구와 한계에 다다른 의료 시설 때문에 더 심화됐다. 다른 국가들과 마찬가지로 이탈리아 역시 처음에는 코로나19 팬데믹에 대한 대응이 느렸지만, 나중에는 지역 봉쇄는 물론이고 국가 전체를 봉쇄하는 강력한 조처를 내렸다. 이탈리아는 4월 1일에 이르러서는 신규 확진자 상승 곡선을 평평하게 만들 수 있었고, 그러면서 일일 확진자 수가 5,000명 이하로 감소했다. 5월 초쯤에는 일일 확진자는 2,000명을 밑돌다가, 6월 1일에는 그 수가 1,000명대로 떨어졌다. 인구가 6000만 명이 넘는 나라에서 이 정도면 선방했다고 할 수 있었다. 하지만 이탈리아가 코로나19 감염을 이렇게 성공적으로 통제하기까지는 인명 피해와 고통 면에서 엄청난 비용이 뒤따랐다.

이탈리아의 비극은 다른 국가들에 보내는 일종의 경고나 다름없었다. 중국이 발표한 데이터는 조작됐을 가능성이 커 정책 입안자들이 지침으로 삼거나 신뢰하기가 어려웠지만, 이탈리아의 데이터는 충분히 신뢰할 수 있었고 코로나19가 얼마나 급속도로 확산할 수 있는지를 적나라하게 보여 줬다. 다른 선진국들이 뒤늦게 방역 조치를 시행한 것도 이 때문이다. 중국의 데이터는 의심스러운 부분이 있기는 해도 코로나19 확산 억제가 가능하다는 점을 시사했다. 이탈리아의 데이터는 코로나19가 중국에 국한된 전염병이 아니며, 인구 밀도가 높은 환경이라면 어디서든 기하급수적으로 확산할 수 있다는 사실을 보여 줬다. 이탈리아에서 벌어지고 있는 재앙은 마침내 미국과 유럽의 대응 방식에 경종을 울렸다. 그러나 이미 때는 늦은 상황이었다. 3월 초에는 코로나19 바이러스가 이미 전 세계에 퍼져 확진자가 폭발적으로 증가하면서 스페인, 프랑스, 독일, 미국을 연이어 강타했다. 2020년 3월 15일은 전 세계 확진자 수를 나타내는 그래프

The New Great Depression 신 대공황

가 전형적인 '하키 스틱' 곡선을 그리며 수직으로 치솟았던 날이다. 3월 15일 전 세계 확진 건수는 16만 7000여 건이었다. 약 2주 뒤인 3월 31일에는 그 수가 85만 8000여 건으로 증가했다. 2020년 10월 1일 기준 코로나19 누적 확진자 수는 3200만 명을 넘어섰다. 각 도시와 국가마다 확진자 증가 곡선을 평평하게 만들기 위해 힘쓰고 있었지만, 세계의 코로나19 확진자 증가 곡선은 평평해질 기미가 전혀 보이지 않았다.

그럼 이제 코로나19 바이러스는 어떤 식으로 전개될까? 그건 아무도 알 수 없다. 과학자들은 코로나19 바이러스와 코로나19를 아직 연구하고 있다. 코로나19 바이러스의 게놈(유전체)은 밝혀졌지만, HN 구조와 다른 주요 특징과 관련한 바이러스의 구성 요소는 한창 연구 중이다. 공개된 게놈 지도도 빠르게 발생하고 있는 변이를 모두 다 보여 주지는 못한다. 코로나19 바이러스는 코로나바이러스의 일종으로, 코로나바이러스는 인플루엔자 바이러스와 매우 다르지만, 공통점도 가지고 있다. 코로나19에 대한 미스터리를 풀기 위한 일환으로 과거에 발생했던 팬데믹을 연구할 경우 상당히 큰 도움이 될 수 있다.

팬데믹

1700년대 이후로 여덟 건의 주요 인플루엔자 팬데믹이 발생했다.[7] 이 중 네 건이 1900년 이후에 발생한 스페인 독감(1918년), 아시아 독감(1957년), 홍콩 독감(1968년), 신종 플루(2009년)다. 이 네 건의 팬데믹이 전개된 양상이나 코로나19 팬데믹과 닮은 점들을 살펴보면 코로나19 바이러스를 이해하는 데에도 도움이 될 수 있다.

이 네 가지 인플루엔자 바이러스와 코로나19 바이러스 모두 신종 바이러스였기 때문에 인류는 각 바이러스에 대한 면역력을 거의 갖고 있지 않았다. 모든 사람이 바이러스에 감염되거나 심각한 영향을 받는 것은 아니지만, 전 세계 사람 누구든 감염될 가능성이 있었다. 코로나19 바이러스와 인플루엔자 바이러스 모두 전염성이 높고 감염 확산 속도가 빠르다. 이는 격리 조치 같은 감염 완화 조치를 실행하기 전에 바이러스가 전 세계로 확산할 수 있다는 뜻이다. 코로나 19 바이러스와 인플루엔자 바이러스는 바이러스 감염자의 재채기, 기침, 심지어 정상적인 호흡에 의해 발생하는 크고 작은 비말이나 공기 중에 떠다니는 작은 입자를 통해 호흡기로 전파돼 감염될 수 있다. 또 문손잡이 등 감염자가 접촉한 사물을 통해 다른 사람에게 바이러스가 전파되기도 한다.

코로나19 바이러스는 인플루엔자 바이러스와는 다른 특징도 가지고 있어 더 전염성이 더 높고 잠재적으로 더 치명적이다. 감염자가 아무런 증상을 보이지 않고 바이러스를 전파할 수 있는 잠복기는 인플루엔자의 경우 2~4일이고, 코로나19의 경우 2~14일이다. 코로나19 바이러스가 이렇게 긴 잠복기를 가지고 있다는 것은 방역 당국이 경보를 발령하고 특정 지역에서 방역 조치를 취하기 전에 바이러스가 더 많이 확산될 수 있음을 의미한다.[8] 또 감염병연구정책센터(CIDRAP)가 2020년 4월 말 지적한 바와 같이, 코로나19 바이러스와 같이 잠복기가 긴 경우에는 엄격한 감염 완화 조치가 시행돼야 할 시기에 정부가 안일한 대처를 하게 될 수도 있다.

코로나19 감염 확산의 가능성을 높이는 또 다른 요인은 바로 바이러스가 쉽게 전파된다는 것이다. 바이러스의 전파력은 전체 인구가 특정 바이러스에 대한 면역이 형성돼 있지 않다는 가정하에, 해당 바이러스의 첫 감염자가 평균적으로 감염시킬 수 있는 2차 감염자 수를 나타내는 기초감염재생산수(R0, 알제로)로 측정이 가능하다. R0가 1보다 큰 곳에서는 각 감염자가 한 명 이상을 감염시킬 수 있으므로 감염병이 기하급수적으로 증가할 수 있다. R0가 1보다 작은 곳의 경우, 각 감염자가 한 명 이하를 감염시킨다는 의미로 팬데믹이 끝나가고 있음을 시사한다.

의학 저널 〈란셋The Lancet〉이 발표한 연구 논문에서는 중국에서의 코로나19 R0를 2.0~2.5로 추정한 데 반해, 다른 연구 논문에는 코로나19 바이러스의 영향을 받는 집단의 인구 밀도와 슈퍼전파자라 불리는 감염자의 역할에 따라 R0가 그보다 더 높을 수 있다는 의견이 실리기도 했다.[9] 코로나19 팬데믹과 달리 과거의 주요 인플루엔자 팬데믹의 경우, R0 값이 2 미만이었다.

잠복기, 무증상 감염자의 규모, 전파력(R0) 등을 고려할 때, 코로나19 바이러스는 1900년 이후 최악의 인플루엔자 팬데믹을 일으킨 바이러스들보다 더 빠르게 확산되고 끈질기게 지속되고 있는 것으로 보인다. 그러나 이 같은 정황만으로 코로나19 바이러스가 과거의 인플루엔자 바이러스들보다 더 치명적이라고 말하기는 어렵다. 일부 추정에 따르면, 1918년 스페인 독감의 H1N1 인플루엔자 바이러스로 1억 명이 넘는 사망자가 발생했다. 어쩌면 코로나19 바이러스가 인플루엔자 바이러스보다 더 큰 인명 피해를 내며 더 오랫동안 지속할지도 모른다. 2019년 12월부터 2020년 10월까지 이어진 대유행의 1차 파도보다 훨씬 더 치명적인 2차 파도가 2021년에 다시 또 몰려올 가능성도 배제할 수 없다.

세 가지 시나리오

———

앞서 언급한 네 종류의 인플루엔자 팬데믹의 패턴 및 네 인플루엔자 바이러스와 코로나19 바이러스의 유사성을 바탕으로 예측할 수 있는 코로나19의 세 가지 예측 시나리오는 다음과 같다.[10] 여러 시나리오 중 가장 가능성이 높다는 세 시나리오를 통해 코로나19가 앞으로 몇 달간 어떤 양상으로 전개될 수 있는지 한번 살펴보자.

시나리오 1은 코로나19 확진 환자가 물결 모양으로 증가했다가 감소했다가 다시 증가하는 패턴을 보이는 경우다. 한 가지 좋은 소식은 바이러스 확산세가 점차 누그러지면서 다시 증가하는 파도의 규모가 그 전보다 더 작아질 것이라는 예측이다(그 이유 중 하나는 집단 내 면역자가 점점 늘어나면서 감염 대상 역시 줄어들기 때문이다). 나쁜 소식은 이 같은 패턴이 2021년 말이나 2022년 초까지는 계속 지속할 수 있다는 점이다. 사실상 우리는 파도가 몰려올 때마다 완화 전략의 강도를 조절해 가면서 코로나19와 함께 살아가는 법을 배우게 될 것이다.

시나리오 2 역시 반복적인 코로나19의 물결 패턴과 관련이 있다. 다른 점이 있다면 2021년에 몰려올 2차 파도가 2020년의 1차 파도보다 훨씬 더 치명적일 것이라는 점인데, 이는 유전 물질의 변이나 재조합 때문일 가능성이 있다. 이 같은 패턴은 1918년 스페인 독감, 1957년 아시아 독감, 2009년 신종 플루에서 볼 수 있었다. 세 종류의 팬데믹 모두 규모는 그리 크지 않으나 치명적인 감염 파도가 봄에 시작돼 초여름 무렵에 가라앉았다. 그 후 가을이 되면서 규모가 더 크고 훨씬 더 치명적인 감염 파도가 몰려왔다.

시나리오 3은 가장 낙관적인 내용을 담고 있다. 이 시나리오의 경우, 최악의 상황은 지나간 것으로 상정한다. 파도가 또다시 몰려오기는 하겠지만, 이전 월이나 이전 분기와 비교해 감염이 소폭 증가할 뿐 감염 파도라고 볼 수 없는 정도의 수준까지 그 규모가 점차 작아질 것이다. 감염병연구정책센터(CIDRAP)의 모델러들은 이 같은 패턴을 '슬로 번slow burn'이라고 부른다.

코로나19가 어떤 패턴으로 전개되든 사회적 거리 두기, 마스크 착용, 수시로 손 씻기, 모임 인원 제한, 65세 이상 노년층 및 호흡기 질환, 당뇨병, 손상된 면역 체계를 가진 사람들의 자발적인 자가 격리 같은 상식적인 방역책을 통해 코로나19 확산을 완화할 수 있다. 시나리오 1과 시나리오 3의 경우, 2020년 3월부터 10월까지 미국이나 다른 국가들에서 시행된 극단적인 봉쇄 조치 같은 것은 필요하지 않을 것이다.

위험한 경우는 바로 두 번째 시나리오대로 상황이 전개될 때다. 시나리오 2가 현실이 될 경우, 우리가 2020년 상반기에 겪었던 힘든 상황은 앞으로 다가올 끔찍한 상황에 비하면 짤막한 예고편에 불과할 수도 있다. 최악의 시나리오가 현실이 되면 최근 해제된 봉쇄령과 같은 극단적인 조치가 다시 내려질 것이다.

유감스럽게도, 1918년 이후 발생한 4대 인플루엔자 팬데믹 가운데 세 경우가 시나리오 2의 2차 파도 패턴을 보였다는 점과 코로나19 팬데믹이 이 세 인플루엔자 팬데믹과 비슷한 특징들을 가지고 있다는 점을 고려하면 앞으로 더 크고 더 치명적인 감염 파도가 현실이 될 가능성도 배제할 수 없다. 감염 파도가 다시 몰려오기 전에 확산세가 잠잠한 상태로 지속되는 기간은 4개월에서 6개월까지 다양하다. 2020년 10월 1차 파도가 소강상태로 접어들었으니, 2021년 4월경에 2차 파도가 다시 몰아닥칠 수도 있다. 북반구의 초겨울은 보통 인플루엔자 바이러스가 기승을 부리는 계절과 딱 맞아떨어진다. 코로나19는 인플루엔자는 아니지만 코로나19에 감염되면 면역 체계가 약화돼 다른 인플루엔자 바이러스의 공격을 받거나 폐렴을 앓기 쉽고 광범위한 장기 손상이 발생할 수 있어 심한 경우 사망에 이르기도 한다. 사람들은 이 시나리오 2가 현실이 되지 않기를 바라고 있다. 그렇지만 2차 파도 역시 얼마든지 발생할 수 있어 고려할 가치가 없다며 일축하기에는 아직 성급한 감이 없지 않다.

감염 파도

———

감염 파도와 관련해서는, 코로나19의 경우 확산 정도에 상관없이 8~10주에 걸쳐 파도가 발생하면서 정점에 달했다가 다시 영향력이 약화되는 식으로 자연스럽게 전개되는 것으로 보인다. 이 같은 패턴은 2020년 10월 1일 현재 사망자가 2만 3000여 명으로 미국에서 가장 높은 코로나19 치명률을 기록한 뉴욕시에서 볼 수 있는 패턴과 일치한다. 뉴욕시의 코로나19 일일 치명률은 2020년 3월 초부터 급격히 증가하기 시작해 4월 중순에 정점에 달한 뒤 5월 중순쯤 다시 크게 감소했다. 코로나19의 8~10주 발병 패턴에 거의 완벽하게 들어맞는다. 이 가설을 뒷받침해 주는 사례 연구를 통해 얻은 강력한 통계학적 증거도 있다.[11]

 그런데 감염 파도가 지속되는 8~10주라는 기간이 유효하다면, 각 파도가 발생하고 진정되기까지 매번 비슷한 시간이 소요될 것이다. 짐작건대, 2차나 3차 파도 역시 8~10주 동안 지속될 것이다. 세계정세를 전망하고 평가할 때, 각 파도가 각 지역(미국 북동부나 영국 전체와 같이 넓은 지역이 될 수도 있다)에서 코로나19 발병 패턴에 따라 전개되기는 하지만 모든 파도가 모든 지역에서 동시다발적으로 발생하지 않는다는 사실을 이해하는 게 중요하다. 잘 알다시피 우한은 코로나19 최초 발생지였지만 뉴욕시 대부분과 뉴저지 주변 지역에서 대규모 감염 확산이 일어날 무렵에는 확산세가 거의 멈춰 섰다. 러시아에서는 코로나19가 비교적 늦게 발생해 뉴욕의 확산세가 소강상태로 접어든 시점에 감염이 급속도로 확산했다. 각국의 감염 파도가 8~10주간 지속한다 하더라도 그 파도들이 꼭 동시에 발생하지는 않는다. 감염 파도는 0번 환자 발생 여부에 따라 순차적으로 발생한다. 바로 이런 점이 코로나19를 더 이해하기 어렵게 만든다. 뒤늦게 발생한 1차 파도를 전 세계적인 2차 파도로 오인할 수 있기 때문이다.

5월 말이 되면서 뉴욕시에 있는 여러 병원과 응급실에서는 안도하는 분위기가 역력했다. 팬데믹은 아직 종식되지 않았고, 환자들은 여전히 죽어 가고 있었다. 그러나 감염 확산 속도가 상당히 늦춰진 상태였다. 4월에 물밀듯이 밀려든 코로나19 환자들을 감당하면서 대혼란을 경험했던 병원 직원들은 상황이 정상화된 것까지는 아니더라도 어느 정도 회복되고 있음을 느꼈다.

그러나 또 다른 파도가 밀려올지 모른다는 불안감에 신규 확진자 감소에 대한 안도감도 이내 수그러들었다. 〈뉴욕타임스〉는 이렇게 안도감과 불안감이 뒤섞인 상황을 두고 다음과 같이 보도했다.

브루클린 병원 센터 응급 부서장인 실비 드 수자 박사는 "이런 정적이 기괴하게 느껴질 정도예요."라고 말했다. 이 병원의 경우, 팬데믹이 발생하기 전에는 보통 하루에 200~250명이 응급실에 내원했지만, 지난주에는 그 수의 절반에도 못 미치는 환자들이 응급실을 찾았다. "다들 불안해하고 있어요. 환자들이 다시 몰려올 것에 대비하고 있는 거죠. 저희가 그런 상황을 또다시 겪어 낼 수 있을지 다들 걱정하고 있어요."[12]

팬데믹의 진행 과정을 지켜보는 사람들의 생각은 그 사람들이 사는 지역에 따라 달랐다. 뉴욕의 경우, 5월에 접어들면서 최악의 상황은 이미 지나간 것처럼 보였다. 그러나 같은 시기의 다른 여러 주와 도시에서는 확진자와 사망자가 빠른 속도로 증가하고 있었다. 미시간, 펜실베이니아, 일리노이에서는 3·4월 다소 늦게 감염 확산이 시작된 후로 큰 타격을 입었다. 텍사스와 캘리포니아 역시 코로나19 확산을 초기에 막아 내는 데 성공했다는 찬사를 받고 난 후에 확진자 수가 급증했다. 캘리포니아의 경우, 2020년 5월 1일 5만 3000여 명이었던 누적 확진자 수가 2020년 10월 1일 현재 79만여 명으로 증가했다.

전 세계적으로 상황은 더 악화하고 있었다. 전 세계에서 보고된 신규 확진자 수는 4월 12일 9만 8800명, 5월 15일 10만 200명, 9월 18일 32만 4200명이었다. 일일 신규 확진자 수가 오르락내리락했지만, 발생 추이를 보면 상황이 심상치 않았다. 코로나 19는 계속 퍼지고 있었고, 확산 추이와 발생 현황을 보여 주는 통계 자료를 봐도 상황이 나아질 기미가 보이지 않았다. 특히 우려되는 국가 중 하나인 러시아의 경우, 일일 신규 확진자가 2020년 3월 31일 501명에서 5월 11일 1만 1700명으로 증가했다. 10월 초 집계된 러시아의 누적 확진자 수는 111만 명을 넘어섰다(같은 시기 미국의 경우, 687만 5000명을 넘어섰다). 영국, 이탈리아, 스페인 등 일부 국가는 3·4월에 이미 높은 치명률을 기록하며 극심한 고통을 겪었다. 브라질에서는 13만 7000명이 넘는 사망자가 발생했고, 멕시코, 인도, 이란도 2만 5000~9만 명의 많은 사망자를 낸 국가 대열에 합류했다.

코로나19로 집 안에 갇힌 사람들이 좋은 소식을 기다리는 동안, 상황은 더 나빠졌고 코로나19 바이러스를 둘러싼 미스터리는 더 깊어졌다. 2020년 6월 12일에 발표된 연구 결과에 따르면, 코로나19 바이러스의 유전자 변이로 바이러스의 감염력이 더 높아진 것으로 밝혀졌다. 코로나19 변이 바이러스는 스파이크 단백질 변형을 통해 바이러스가 건강한 숙주 세포에 더 쉽게 침투할 수 있도록 했다.[13] G형 변이(아미노산이 아스파트산(D)에서 글리신(G)으로 바뀌는 변이다)라고 알려진 이 돌연변이는 전 세계 바이러스 게놈 지도를 바꿔 놨다.[14] 노스웨스턴 대학의 바이러스학자인 저드 홀트퀴스트 Judd Hultquist는 이렇게 말했다. "우리는 D를 해결하지 못했어요. 만약 G형의 전파력이 더 높다면, 그 바이러스 변이를 해결하기는 어려울 겁니다."

코로나19의 전 세계 확산세는 수그러들 줄 몰랐다. 2020년 10월 1일까지 보고된 전 세계 누적 확진자는 3200만 명을 넘어섰고, 누적 사망자는 100만 명을 넘었다. 현재 전 세계에서 가장 많은 코로나19

사망자가 발생한 국가는 미국이며, 10월 초까지 20만 명 이상이 사망했다. 뉴욕, 뉴저지, 코네티컷에서만 5만 3000명 이상이 사망했고, 이는 미국 전체 사망자 수의 25%에 해당하는 수치다. 우한에서 시작된 코로나19는 타임스 스퀘어에 바이러스성 수소 폭탄처럼 떨어져 주변 지역 사회들을 초토화했다. 뉴욕의 경우, 이 바이러스 폭풍으로 사망하거나 극심한 고통을 받은 사람이 주변에 없는 사람은 거의 찾아보기 어려울 정도로 큰 타격을 받았다.

앞으로 우리가 기대할 수 있는 가장 좋은 경우는 국지적인 감염 확산이 정점에 달한 뒤 코로나19 바이러스가 관리 가능한 형태로 변이될 때까지 점점 더 작은 파도가 뒤따르는 상황이라 할 수 있다. 최악의 경우는 2020년 10월 정점에 달한 감염 확산에 이어 6개월 만에 더 맹렬한 2차 파도가 발생해 훨씬 더 많은 사망자가 발생하는 것이다. 역사적으로 보나 과학적으로 보나 최악의 경우는 얼마든지 현실이 될 수 있다. 어쩌면 우리는 최악으로 치달을 가능성이 가장 높은 상황에 놓여 있는지도 모른다.

코로나19의
미스터리

코로나19 팬데믹은 2019년 11월 우한에서 시작됐다. 어쩌면 그보다 더 일찍 시작됐을 가능성도 있다. 보고된 확진자, 사망자, 발병의 지리적 범위, 감염 확산의 타임라인, 강력한 경험적 증거를 바탕으로 도출한 유행병학적 증거를 보면 그럴 가능성이 농후하다.

코로나19 바이러스는 실험실이나 웨트 마켓(wet market, 신선한 고기, 생선, 농산물 등을 판매하는 재래시장으로 우한의 화난수산물도매시장이 코로나19 발원지로 지목받는 바 있다_옮긴이)에서 맨 처음 생겨났을까? 이 질문은 미·중 관계는 물론 세계 경제에 막대한 영향을 미치고 있는 코로나19 팬데믹의 영원한 미스터리가 될 수도 있다.

코로나19 초기 대응에 대한 책임은 코로나19가 처음 발생한 국가의 리더십에 있다. 가장 이상적인 대응은 신속한 조치를 취하고, 정보를 투명하게 공개하고, 국제적인 과학자들로 구성된 팀을 초청해 감염 확산을 막고 환자들을 치료하는 데 도움을 주는 것이다. 또 역학 조사관들이 병원체(코로나19의 병원체는 사스코로나바이러스-2(SARS-CoV-2)다_옮긴이)를 밝혀내고, 방역 대책을 세우고, 백신과 치료법에 대한 연구를 바로 시작할 수 있어야 한다. 촌각을 다투며 긴박하게 움직이면서 국제적으로 협력할 수 있는 과학자들을 격려해야 한다. 미국을 비롯한 다른 국가들과 적십자사와 적신월사(이슬람권의 적십자사)를 포함한 국제기구들은 중국에서 발생한 코로나19 환자들을 기꺼이 돕고 코로나19 바이러스 확산을 막을 준비가 돼 있었다.

중국의 대응

———

그러나 중국은 이 같은 국제적인 공조를 활용하지 않았다. 처음에 지방 정부와 중국 공산당 지도부 인사들은 코로나19 발병을 부인했다. 2019년 12월 말이 되자 그들은 코로나19를 은폐하려는 조처를 시작했다.[15]

우한 중앙병원의 안과 의사인 서른네 살의 리원량^{Li Wenliang} 박사는 12월 말 코로나19가 확산하고 있다는 사실을 처음으로 알아차린 사람 중 한 명이었다. 그는 12월 30일 동료 의사들에게 전염병 발생과 지방 관리들의 직무 태만에 대한 이야기가 담긴 메시지를 보냈다. 리원량은 환자 치료 시 수술용 장갑과 보호복을 착용해야 한다며 동료들에게 경고했다.

중국 지방 공안국은 그런 리원량의 조언을 따르는 대신 공안부로 직접 출두하라는 명령을 내렸다.[16] 그는 '유언비어'를 퍼뜨렸다는 이유로 조사를 받은 것으로 알려졌다. 그는 거짓 정보 퍼뜨려 '사회 질서를 크게 해쳤다'는 혐의를 받았다. 리원량은 다음과 같은 내용이 포함된 훈계서에 서명해야 했다. "엄중히 경고한다. 계속 유언비어를 퍼뜨리며 위법 행위를 할 경우 법 제재를 받게 될 것이다. 알겠는가?"

중국은 리원량의 투명성을 보고 배웠어야 했다. 중국은 투명성은 고사하고 정부 기관을 이용해 진실을 은폐하려고 했다. 2020년 1월 10일 의사 리원량은 심한 기침을 하는 등 코로나19 바이러스 감염 증상을 보였다. 그는 자신이 치료하던 녹내장 환자를 통해 코로나19에 감염됐다. 1월 13일 리원량은 고열과 다른 합병증 증세를 보이며 병원에 입원했다. 그리고 2월 7일 그는 결국 코로나19로 사망했다. 의사 리원량은 전 세계 많은 사람에게는 영웅이었지만, 중국 공산당에는 입막음이 필요한 반체제 인사에 불과했다.

중화 인민 공화국의 시진핑 주석은 1월 7일 우한시에 과감한 조치를 취하라는 지시를 내렸고, 1월 23일에는 도시를 봉쇄하도록 했다. 하지만 이미 너무 늦은 상황이었다. 2019년 11월 코로나19가 발병한 이후에 중국을 떠난 여행객 수백만 명이 시애틀, 밀라노, 그 외에 전 세계 여러 도시에 도착해 코로나19를 퍼뜨렸다. 중국 내 전염병은 이제 전 세계 유행병이 돼 있었다. 과학자들은 중국이 정보를 은폐하지 않고 국외 전문가들과 협력하기 위해 다른 국가들에 도움을 청했더라면 전 세계 감염의 95%를 예방할 수 있었을 것으로 추정하고 있다.[17]

중국은 정보를 은폐하기 위해 유엔의 세계보건기구(WHO) 지원을 받기도 했다. WHO는 2017년 5월 중공과 에티오피아 좌파 정당인 티그라이 인민 해방 전선(TPLF)의 전폭적인 정치적·재정적 지원을 받아 선출된 테드로스 아드하놈 게브레예수스 사무총장이 이끌고 있다. 테드로스 사무총장은 WHO 플랫폼을 이용해 중국의 거짓말을 감싸고돌면서 자신을 지원해 준 후원자에게 보답했다.

WHO는 2020년 1월 14일 트위터 공식 계정을 통해 "중국 보건 당국의 예비 조사 결과, #중국 #우한에서 확인된 신종 #코로나바이러스(2019-nCoV)의 사람 간 전염을 나타내는 명확한 증거는 찾지 못했습니다."라고 밝혔다.[18] 그 트윗 내용은 거짓말이었다. 당시 중국은 몇 달씩 코로나19와 싸워 온 상태였고, 수천 건에 달하는 감염 사례에서 사람 간 전염을 나타내는 증거를 확인할 수 있었다. 오히려 사람 간 전염이 일어나지 않는다는 증거를 찾기가 더 어려웠다. WHO는 중국의 입장을 앵무새처럼 대변하고 있을 뿐이었다.

2020년 1월 30일 WHO는 코로나19 바이러스에 대한 '국제적 공중 보건 비상사태'를 선포했다. 그러나 당시 중국뿐 아니라 18개국에서 바이러스가 확산되는 상황이었음에도 불구하고 '팬데믹'이라는 단어는 끝내 사용되지 않았다.[19] '팬데믹'이라는 단어를 생략한 것은 WHO의 또 다른 속임수나 다름없었다. 당시 코로나19 바이러스는 이미 전 세계로 확산된 상태였고, 중국의 경험에 비추어 봐도 팬데믹으로 발전할 게 분명한 상황이었다. WHO는 중국의 선전 창구에 불과했다.

2020년 4월 14일 도널드 트럼프 미국 대통령은 WHO에 대한 추가 검토를 진행하는 동안 WHO 자금 지원을 중단하겠다고 밝혔다.

트럼프 대통령은 'WHO가 코로나바이러스의 확산에 아주 잘못된 방식으로 대응을 하며 상황을 은폐하고 있다'고 비판하면서 이 같은 결정을 발표했다.[20] 2020년 5월 29일 트럼프 대통령은 WHO와 관계를 끊겠다고 선언하며 WHO에 지원해 온 자금 4억 달러(WHO 전체 예산의 15%에 해당한다)를 다른 국제 보건 이니셔티브 지원금으로 전용할 것을 지시했다. 트럼프 대통령은 "중국 관리들이 WHO에 정보를 보고해야 할 의무를 무시하고 WHO가 전 세계를 잘못된 방향으로 이끌도록 압박했다."고 비판했다.[21] 중국이 WHO에 지원하는 분담금은 연간 8600만 달러에 불과했다. 사실상 미국 정부는 한때 높은 평가를 받았던 유엔의 전문 기구에서 중국 공산당의 대변인 격으로 전락한 국제기구에서 탈퇴하기 위한 절차를 밟고 있었다.

중국 정부의 은폐는 전 세계가 팬데믹을 인정한 상황에서도 멈추지 않고 계속됐다. 2020년 2월 중국은 〈월스트리트저널〉 기자 세 명을 추방했다. 3월 중순에도 〈월스트리트저널〉, 〈뉴욕타임스〉, 〈워싱턴포스트〉 기자들을 추가로 추방했다. 중국은 코로나19 바이러스의 기원을 취재하려는 노련한 기자들을 못마땅하게 여겼다.

대체 왜 그랬을까?

바이러스의 발원지

진실을 은폐하고 전 세계에 거짓말을 하기 위해 WHO를 이용하고 독립 언론인들을 추방하고 있는 중국의 모습은 무언가를 숨기려는 사람의 모습과 꼭 닮아 있다. 중국은 무엇을 숨기고 있었을까?

중국은 코로나19라는 감염병 자체를 숨기려는 게 아니었다. 그건 불가능했다. 중국은 코로나19 발원지를 숨기고 있었다. 책임을 회피하고 수조 달러에 달하는 손해 배상 청구를 무효화시키기 위한 노력이었다. 중국은 코로나19 바이러스 확산은 자연스럽게 발생한 것이며, 의도된 게 아니라는 인상을 전 세계에 심어 줄 필요가 있었다. 중국은 더 나아가 새로운 외교 방식인 '전랑 외교'(wolf warrior diplomacy, 늑대 외교라고도 하며 중국의 공격적인 외교 스타일을 가리키는 말이다_옮긴이)를 펼치며 오히려 미국이 코로나19 바이러스의 발원지라고 주장했다. 중국의 가장 큰 목표는 코로나19의 실제 발원지에 대한 조사를 막는 데 있었다. 실제 발원지에 대한 국제적인 조사가 공식적으로 이뤄지지 않는 한 중국은 그들의 주장이나 허위 정보를 세상에 마음껏 전할 수 있었다.

사람에게 감염돼 질병을 유발하는 코로나19 바이러스의 발원지에 대한 두 가지 주요 의견이 있다. 첫 번째는 '웨트 마켓'이 코로나19 발원지라는 의견이다. 두 번째는 그 발원지가 '연구소'라는 의견이다. 발원지에 대한 견해차는 미·중 관계의 미래에 큰 문제가 될 수도 있다. 세계 양대 경제 대국의 대화가 결렬되면 국제 무역이 더 위축될 수도 있다. 현재 이용 가능한 정보를 바탕으로 두 가지 바이러스 기원설을 조사하고 진실을 밝혀낼 필요가 있다. 코로나19 발원지는 우리가 풀 수 있는 수수께끼 중 하나다.

중국 전역의 도시와 마을에는 '웨트 마켓'이라 불리는 시장이 있다. 웨트 마켓에서는 시장 내 정육점에서 바로 도축할 수 있는 야생 동물을 판매한다. 고객들이 식용으로 가장 많이 찾는 동물로는 개, 박쥐, 사향고양이, 몸이 비늘로 덮여 있고 개미핥기와 외양이 비슷하며 중국에서 별미로 꼽히는 포유동물 천산갑 등이 있다. 웨트 마켓에서 판매하는 동물들은 우리에 갇혀 있다가 현장에서 바로 도축되기 때문에 시장은 동물의 피와 배설물로 가득하다. 웨트 마켓은 사스코로나바이러스의 발원지 중 하나로 지목됐으며(사향고양이와 너구리에서 바이러스가 검출됐다), 혈청학적 증거는 동물과 사람 간의 밀접한 접촉이나 동물의 혈액과 직접적인 접촉을 통해 이 바이러스가 사람에게 전파됐다는 의견을 뒷받침한다.[22]

박쥐가 인수공통 감염(zoonotic transfer, 인간과 다른 동물에 공통으로 발생할 수 있는 감염을 말한다_옮긴이)을 통해 사람에게 전파할 수 있는 코로나바이러스를 가지고 있다는 사실은 과학적으로 명확하게 밝혀졌다. 사스코로나바이러스가 웨트 마켓에서 판매된 사향고양이를 통해 인간에게 전파됐다는 증거를 고려할 때, 코로나19 병원체인 사스코로나바이러스-2도 웨트 마켓의 도축이나 도축된 고기 섭취를 통해 박쥐와 사람 간 인수공통 감염이 일어났다고 생각할 수 있다. 이 같은 견해가 바로 중국이 원하는 설명이다. 이러한 의견을 바탕으로 코로나19 바이러스 감염은 의도된 것이 아니라 불행한 결과를 초래한 불행한 사건이 우연히 발생했을 뿐이라는 설명이 가능해지기 때문이다.

두 번째는 우한에 있는 한 연구소에서 사스코로나바이러스-2를 실험했고, 연구소 직원이 그 바이러스에 감염됐으며, 감염된 직원이 연구실 밖에서 다른 사람들을 감염시켰다는 의견이다.

우한에는 사람에게 감염을 일으킬 가능성이 있는 박쥐 코로나바이러스와 관련된 생물학적 연구를 수행하고 있는 연구소가 두 군데 있다. 한 곳은 우한 바이러스 연구소이고, 다른 한 곳은 우한 질병통제예방센터다. 스정리Shi Zhengli 박사가 공동 저자로 참여한 연구 논문에 따르면, 역유전학 시스템을 이용한 유전 공학 방식으로 중국관박쥐(관박쥐과에 속하는 박쥐의 일종이다_옮긴이)가 보유하고 있는 사스(SARS) 유사 바이러스에 대한 위험한 실험을 수행한 결과, '인간의 기도 세포에서 효과적으로 증식이 가능한' 인공 바이러스(키메라 바이러스)가 만들어졌다.[23] 스 박사는 우한 바이러스 연구소의 신흥감염질환센터 소장을 맡고 있다. 그와 같은 실험이 꼭 세균전과 관련이 있는 것은 아닐 수도 있다. 코로나바이러스를 이해하고 백신을 개발하는 것이 실험의 목적이었을 수도 있다. 과학자들은 스정리 박사의 연구를 두고 잠재적인 이익에 비해 지나치게 큰 위험이 따를 수 있다고 비난해 왔다.[24] 2018년 1월 베이징 주재 미국 대사관은 미국 정부에 외교 전문을 보내 우한 바이러스 연구소에 '연구소를 안전하게 운영하는 데 필요한 적절한 교육과 훈련을 받은 기술자와 연구원이 매우 부족'하다고 우려를 표했다.[25] 우한 바이러스 연구소는 미국 대사관에서 보낸 미국 과학자들의 방문 관련 내용을 연구소 웹 사이트에 게시하기도 했다. 이 게시물은 2020년 4월 초쯤에 삭제됐지만, 인터넷상에서는 여전히 확인이 가능하다. 2020년 5월 24일 우한 바이러스 연구소는 3종의 살아 있는 박쥐 코로나바이러스를 보유하고 있다고 공개적으로 밝혔다. 우한 바이러스 연구소의 왕옌이Wang Yangi 소장은 "우리 연구소는 박쥐에서 코로나바이러스 일부를 채취해 얻었으며, 3종의 살아 있는 바이러스 균주를 보유하고 있습니다."라고 말했다.²⁶ 왕 소장은 연구소가 보유하고 있는 바이러스들은 코로나19 바이러스와 다르다는 이야기도 덧붙였다. 그러나 코로나19 바이러스에 대한 거짓말을 일삼는 행동을 보이는 중국 정부의 성명은 여전히 신빙성이 부족하다.

요약하자면, 우한 바이러스 연구소가 살아 있는 박쥐 코로나바이러스를 보유하고 있고, 박쥐와 사람 간 전염에 대한 위험한 실험이 수행됐으며, 절차상 안전 관리가 미흡했다는 것을 알 수 있다.

웨트 마켓이 코로나19 발원지일 것이라는 의견은 입증되지 않은 경험에 근거하고 있어 바이러스학자들의 조사 없이는 사실 여부를 증명할 수 없다. 중국 정부는 정부 승인을 받은 과학자를 제외한 다른 모든 사람의 조사를 금지했다. 중국에서는 웨트 마켓 발원설에 반대하는 사람들이 실종되고, 정부를 비판하는 소셜 미디어 게시물들이 삭제 조처됐다. 중국은 계속해서 코로나19 확산, 확진자 수, 사망자 수를 은폐하고 축소했다. 계속해서 진실을 숨기며 전 세계를 속여 온 중국의 행태를 볼 때, 중국 공무원들만 참여해 진행된 조사는 신뢰할 수가 없다.

웨트 마켓 발원설에는 심각한 결함이 있다. 〈워싱턴포스트〉의 칼럼니스트 데이비드 이그나티우스David Ignatius는 중국 정부가 코로나바이러스의 발원지라고 공식 발표한 우한의 화난수산물도매시장에서 박쥐가 판매되지 않았다는 사실을 지적했다(코로나바이러스가 박쥐에서 웨트 마켓에서 판매된 다른 동물로 옮겨 갔을 가능성은 있다).[27] 치명적인 코로나바이러스를 옮기는 박쥐는 우한 밖으로 160km 이상 나가야 발견이 가능하다.[28] 의학 저널 〈란셋〉은 2020년 1월 24일, 최초 확인된 코로나19 환자 중 75%(초기 확진자 4명 중 3명)가 발병 전에 화난수산물도매시장에 방문한 적이 없는 것으로 드러났다는 기사를 게재했다.[29] 중국 질병예방통제센터의 가오푸Gao Fu 주임은 자신을 포함한 연구팀이 2020년 1월 초 화난수산물도매시장을 조사했지만, 당시 채취한 동물 샘플에서는 코로나바이러스의 흔적을 찾아볼 수 없었다고 밝혔다.[30]

우한 바이러스 연구소 발원설 역시 허점이 있다는 공격을 받았다. 한 논문에는 코로나19 바이러스의 유전자 데이터에서 유전자 조작의 특징이라 할 수 있는 역유전학 시스템을 사용한 흔적이 발견되지 않았으므로 그 바이러스가 생물 공학에 의해 만들어졌다고 볼 수 없다는 주장이 실렸다.[31] 그러나 이 상황에 대해 잘 알고 있는 관계자들은 코로나19 바이러스는 생물 공학으로 만들어진 바이러스가 아니라 연구소의 부주의로 외부로 유출된 바이러스라고 주장했다. 대부분의 바이러스 연구소에는 상당수의 실험용 동물이 우리에 갇혀 있다. 이 동물들이 자연적으로 발생한 코로나19 바이러스를 보유하고 있어 혈액이나 배설물 혹은 다른 체액과의 접촉을 통해 사람에게 바이러스가 전파됐는지도 모른다. 코로나19 바이러스가 연구소에서 유전자 조작을 통해 만들어진 바이러스가 아니라는 사실만으로 그 바이러스의 출처가 연구소가 아니라고 단정할 수 없다. 참고로 연구소 발원설을 부정하는 위의 연구 논문은 중국 정부의 부분적인 지원을 받아 수행된 연구를 통해 작성됐다.[32]

인위적으로 만들어졌다는 가설

저명한 바이러스학자 겸 플린더스 대학 교수인 니콜라이 페트로프스키Nikolai Petrovsky가 수행한 최근 연구 결과(이 글을 쓰고 있는 현재 동료 평가가 진행 중이다)에 따르면, 코로나19 바이러스는 연구소에서의 세포 배양 실험 결과로 만들어진 바이러스일 수도 있다.[33] 페트로프스키는 코로나19 바이러스가 박쥐 코로나바이러스나 다른 코로나바이러스와 유사한 유전적 요소를 갖고 있다고 밝혔다. 그는 박쥐 코로나바이러스와 다른 코로나바이러스가 유전 공학의 개입 없이 유전 물질을 자연스럽게 주고받는 유전자 재조합을 통해 코로나19

바이러스가 생겨났을 가능성이 있다고 보고 있다. 그의 연구 보고서는 코로나19 바이러스가 생물 공학에 의해 만들어지지 않았다는 견해와 코로나19 바이러스가 연구소에서 유출됐다는 견해를 한데 아우르고 있다. 페트로프스키는 동물 체내에서 바이러스 재조합이 일어났을 가능성을 완전히 배제하지는 않지만, 세포 배양용 페트리 접시에서 바이러스가 생겨났을 가능성이 더 크다고 보고 있다. 그는 "코로나19 바이러스는 마치 인간을 감염시키기 위해 고안된 바이러스 같았다"고 말했다.

코로나19 발원설에 대한 논쟁이 해결되려면 갈 길이 멀다(과학적 주제를 논할 때 논쟁이 벌어지지 않는 경우는 거의 드물다). 2020년 5월 28일자로 생물물리학 분야 학술지 〈쿼터리 리뷰스 오브 바이오피직스 Quarterly Review of Biophysics〉에 게재된 한 논문은 '코로나19 바이러스의 스파이크 표면에 바이러스의 잠재적인 감염성과 치명성을 높이는 퓨린 분절 부위를 삽입'한 증거가 있음을 지적했다.[34] 이는 코로나19 바이러스가 연구소에서 생물 공학에 의해 만들어졌다는 것을 의미한다. 노르웨이의 과학자 비르예르 쇠렌센Birger Sørensen은 자신이 공동 저자로 참여한 한 논문에서 '코로나19 바이러스는 사스와 확연히 다른 특징을 갖고 있으며, 자연적으로 발생한 적은 한 번도 없다'면서, 미국과 중국 모두 잠재적인 팬데믹 병원체의 병원성이나 전염성을 강화할 수 있는 '기능을 얻기 위한 변이$^{gain\ of\ function}$' 실험을 수행했다고 말했다.[35]

중국 출신의 바이러스학자로 WHO의 표준 시험실이 있는 홍콩대 공중보건대학 연구원이었던 옌리멍$^{Li-Meng\ Yan}$ 박사도 코로나19 바이러스가 우한 바이러스 연구소에서 인위적으로 만들어졌다고 강력하게 주장했다. 중국이 코로나19 발원지에 대한 정보를 은폐하고 있다고 폭로한 뒤 신변에 위협을 느낀 옌 박사는 2020년 4월 홍콩에서 미국으로 망명했다. 옌 박사와 그녀의 동료들이 제기한 주장에 대한 자세한 과학적 증거는 2020년 9월 14일 발표된 논문에 담겨 있다.[36]

2019년 말 우한에서 코로나19가 처음 발생했다는 데에는 별 이견이 없다. 또 코로나19 바이러스가 생물 공학에 의해 만들어진 게 아니라는 의견이 지배적이다(일부는 반대 의견을 갖고 있기도 하다). 동물이 보유하고 있던 코로나19 바이러스가 인수공통 감염이나 세포 배양용 페트리 접시를 통해 인간에게 전파됐다는 것이 공통된 견해다. 바이러스 감염이 웨트 마켓에서 우연히 일어났는지 아니면 우한 바이러스 연구소 같은 실험실에서 우연히 일어났는지에 대한 의견은 분분하다. 우한 바이러스 연구소는 현재 살아 있는 박쥐 코로나바이러스 균주를 보유하고 있으며, 과거에 박쥐와 사람 간 전염에 대한 위험한 실험을 수행했다는 명백한 증거가 있다. 또 중국에서의 초기 코로나19 확진자들이 우한에 있는 화난수산물도매시장에 방문하지 않았다는 분명한 증거도 있다.

비밀로 묻힌 코로나19의 기원

인간에게 전파된 코로나19 바이러스의 기원에 대한 거의 모든 증거는 정황 증거다. 중국 보건 당국은 웨트 마켓에 코로나19 바이러스가 있는지 없는지 확인하지 못하도록 시장 가판대를 표백했다. 중국 관리들은 중국의 게놈 연구소에 있는 코로나19 바이러스 샘플을 폐기하도록 명령했다. 호주의 〈데일리 텔레그래프〉는 "중국 정부가 목소리를 내려는 의사들을 입막음하고, 우한 바이러스 연구소의 증거를 없애고, 백신 개발 중인 세계 과학자들에게 살아 있는 바이러스 샘플을 제공하지 않는 등 고의적으로 코로나바이러스를 은폐하려고 했다."라고 보도했다.[37] 2020년 1월 중순 중국의 코로나19가 정점에 다다를 무렵, 중국 정부는 쉰네 살의 바이러스학자 겸 유명한 생화학전 전문가인 천웨이 중국 인민 해방군 소장을 우한 바이러스 연구소로 보내 코로나19 방역 활동을 진두지휘하도록 했다.[38]

코로나19 바이러스가 우한 바이러스 연구소에서 유출됐다는 의견이 처음 제기된 이후, 중국은 코로나19 바이러스가 미군에서 처음 발생했다며 정교한 대외 선전전을 펼치는 한편, 메릴랜드주 프레더릭에 위치한 생물학 무기 연구 기지인 포트 데트릭^{Fort Detrick} 연구소의 연구 내용을 공개할 것을 요구하며 마이크 폼페이오 국무장관의 심기를 건드리기도 했다. 중국의 선전 계획은 〈차이나 데일리〉의 '중국의 이야기를 세계에 전하기 위한 서사적 이야기를 만들어라'라는 제목의 기사를 통해 드러나기도 했다.[39] 기사에는 다음과 같은 내용이 담겨 있다. "한 국가가 전 세계에 메시지를 전달하는 능력이 그 국가의 영향력을 결정한다면, 서사적 이야기를 전달하는 능력은 외교 관계에서 주도권을 잡는 데 큰 영향을 미칠 수 있다. 국가 간의 의사소통 이론에서 '서사적 이야기^{narrative}'는 특정 가치를 전달하는 의사소통 수단이 될 수 있다. (…) 효과적인 의사소통을 하기 위해서는, 양질의 콘텐츠로 서사적 이야기를 뒷받침할 수 있어야 한다. 또 세계무대에서 의제를 정할 수 있는 능력이 필요하다." 중국이 현재 하는 행동에 딱 들어맞는 내용이다. 진실을 있는 그대로 말할 경우, 서사적 이야기 따위는 필요치 않다.

정보 분석이 사실만을 바탕으로 이뤄지는 경우는 거의 드물다. 보통 수집된 정보에는 확인된 사실뿐 아니라 베이즈 정리^{Bayes' theorem},

행동 과학, 복잡성 이론complexity theory 등 정교한 응용 수학 도구를 사용해 도출한 합리적인 추정과 추론이 포함돼 있다. 누군가가 사실로 입증된 모든 정보를 다 가지고 있다면 정보를 쉽게 분석할 수 있겠지만, 그런 경우는 현실에 존재하지 않는다.

코로나19의 웨트 마켓 발원설의 경우, 그 견해를 뒷받침하는 사실적 근거는 거의 없지만 반박하는 사실적 근거는 많다. 연구소 발원설의 경우, 그 견해를 반박할 만한 사실적 근거는 찾아보기 어렵지만, 그 견해를 뒷받침하는 사실적 근거는 충분하다. 그러나 현재로서는 둘 다 합리적인 추정에 불과하다. 이 미스터리를 풀기 위해 정보 분석가는 다음과 같은 질문을 던질 것이다.

코로나19 바이러스가 연구소에서 유출되지 않았다면 중국은 왜 증거를 없앴을까? 연구소에서 바이러스가 유출된 게 아니라면 중국은 왜 생화학전 전문가인 중국 인민 해방군 소장에게 우한 바이러스 연구소를 맡겼을까?

박쥐 코로나바이러스의 살아 있는 균주와 열악한 안전 관리 전적을 갖고 있는 연구소가 인간에게 치명적인 바이러스를 유출할 확률은 얼마나 될까?

박쥐를 판매하지도 않고 160㎞ 이내에서는 박쥐를 발견할 수도 없는 우한에 위치한 웨트 마켓이 박쥐 바이러스의 발원지가 될 확률은 얼마나 될까?

중국에서 처음 확인된 코로나19 확진자 4명 중 3명이 발병 전 우한의 웨트 마켓에 방문한 적이 없다고 할 때, 그 웨트 마켓이 인간 코로나바이러스의 발원지일 확률은 얼마나 될까?

중국이 숨길 게 없다면 미국에 책임을 떠넘기기 위한 정교한 대외 선전은 왜 펼쳤을까?

중국 정부 최고위급 인사와의 만남이나 우한에서의 현장 조사 없이는 위의 질문 중 어떤 질문에도 확실하게 답할 수 없을 것이다. 현재 독립적인 수사관들은 중국 정부의 주요 인사들을 만날 수 없고 우한에서 현장 조사를 벌일 수도 없다. 또 상당히 많은 관련 증거가 이미 폐기됐으며, 핵심 증인들은 실종됐다.

확인된 증거, 추론, 조건부 확률을 바탕으로 답을 찾기 위한 질문의 틀은 이미 잡혀 있는 상태다. 결론은 각 확률을 곱해 얻을 수 있다. 이 같은 방법을 활용해 얻은 증거는 우한 바이러스 연구소에서 코로나19 바이러스가 유출됐다는 결론을 강력하게 뒷받침할 것이다. 그러나 중국의 정권이 교체되고 수십 년이 지나 중국의 비밀문서가 공개되기 전까지는 결코 진실을 확인하지 못할 수도 있다.

코로나19 바이러스의 출처가 웨트 마켓이든 연구소든 그 사실 여부와 상관없이 중국은 전 세계적인 유행병으로 야기된 경제적 피해와 인명 피해에 대한 자국의 책임을 부인해서는 안 된다. 중국의 코로나19 정보 은폐는 설사 코로나19 바이러스가 화난수산물도매시장에서 나왔다 하더라도 형법상 과실이 될 것이다. 만약 코로나19 바이러스가 연구소에서 나왔다면, 중국의 정보 은폐는 반인륜적 범죄에 해당한다.

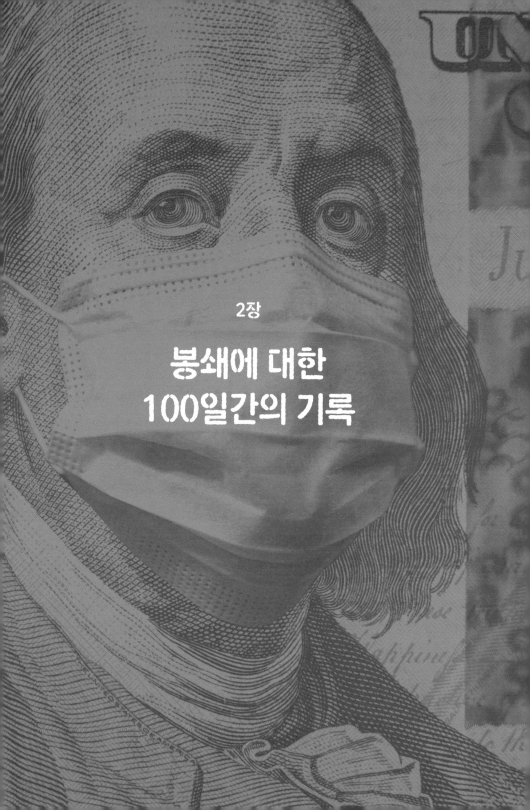

2장

봉쇄에 대한
100일간의 기록

스페인 독감은 전 세계적으로 4000만 명, 즉 당시 세계 인구의 2%에 해당하는 인류의 목숨을 앗아갔다. 오늘날로 치면 전 세계에서 1억 5000만 명이 넘는 사망자가 발생한 셈이다. (…) 그렇다면 이 무자비한 팬데믹이 어째서 경제는 무너뜨리지 못했을까? 그 답은 믿기 어려울 정도로 간단하다. 필요에 의해서든 선택에 의해서든 사람들이 그 상황을 받아들인 채 계속 살아나갔기 때문이다.

—발터 샤이델Walter Scheidel, 〈포린어페어스Foreign Affairs〉 (2020년 5월 28일)

전염병이 널리 퍼지면 도덕적 해이 역시 만연할 것이다. 우리는 남녀가 무덤을 돌며 춤추는 밀라노의 농신 축제를 다시 구경하게 될지도 모른다.

—알베르 카뮈, 《페스트》

일시 정지된
세상

미국은 코로나19 바이러스가 널리 퍼지자 경제 봉쇄 조치를 내렸다. 코로나19 바이러스의 행동 패턴을 고려할 때 봉쇄 조치가 꼭 필요했을까? 간단히 답하면, 그렇지 않다.

미국에서 2020년 3월부터 단계적으로 시행된 경제 봉쇄 조치와 사회적 거리 두기는 역사상 가장 큰 실수 중 하나로 평가받게 될 것이다. 미국의 봉쇄 조치는 불필요했고 효과적이지 못했으며 공식적인 거짓말과 그릇된 과학에 바탕을 두고 있었다. 봉쇄 조치로 인한 비용과 더 나은 대안들을 무시한 결정이었다. 사실상 위헌이나 다름없었다. 미국 시민들은 똑똑하지 못한 어린아이 취급을 받았다. 봉쇄령은 자기 분야에서조차 그다지 전문적이지 못한 전문가들이 분야를 넘나들며 결정한 코로나19 대응책이었다. 정치인들은 인지적 다양성의 장을 넓혀 가며 앞장서서 국정을 이끌어 나가는 대신에 정부 관료들 뒤에 비겁하게 숨어 버리는 실패한 리더십을 보여 줬다.

봉쇄령의 허점

봉쇄 조치에 대해 자세히 살펴보기 전에 먼저 '봉쇄lockdown'라는 용어를 정의할 필요가 있다. 사실 일률적인 국가 봉쇄가 이뤄진 것은 아니었다. 트럼프 대통령은 1950년대에 핵전쟁 발생 시 국가를 통치하는 데 도움을 주고자 제정된 수많은 법령하에 광범위한 비상 지휘권을 행사할 수 있었지만, 그는 관련 권한을 거의 사용하지 않았다.

트럼프 대통령은 2020년 1월 31일부터 5월 24일 사이에 발표한 일련의 성명을 통해 중국, 유럽의 대부분 국가, 영국, 아일랜드, 브라질, 이란, 해외 여러 항구 도시의 여행자가 미국에 입국하지 못하도록 했다.[1] 트럼프는 또 2020년 3월 16일 미국 시민들에게 여행을 자제해 줄 것을 촉구했다. 트럼프는 2020년 3·4월 거의 매일 기자 회견과 브리핑을 통해 사회적 거리 두기, 손 씻기, 악수 안 하기, 필요 시 자가 격리하기와 같은 상식적인 행동을 실천해 달라고 당부하기 위해 자신이 가진 대통령 권한을 행사했다. 그러나 이 권고 사항 중 어느 것도 의무 사항은 아니었다. 국가 차원의 의무적 봉쇄 조치는 시행되지 않았다.

대신 미국에서는 주지사, 시장, 그 외에 다른 공무원들의 명령에 따른 봉쇄 조치가 각 지역에서 산발적으로 시행됐다. 뉴욕시는 3월 15일 휴교령을 내렸고, 캘리포니아주는 3월 19일부터 봉쇄에 들어갔다. 이어 3월 22일부터는 뉴욕주가 전면 봉쇄에 돌입했다. 3월 말에 많은 주들이 봉쇄령을 내렸다. 조지아주는 4월 3일 마지막으로 봉쇄에 돌입한 주 중 하나였고, 사우스다코타주는 봉쇄령을 내리지 않았다.

봉쇄령을 내린 지역마다 적용되는 원칙이 모두 달랐다. 봉쇄 지침 중 일부는 매우 엄격했다. 모든 비필수 영업장 폐쇄, 자택 대기 명령, 외출 시 마스크 착용, 공원과 해변 폐쇄, 모임 인원 제한, 대부분의 대중교통 시설 운영 중단 등의 원칙을 의무적으로 따라야 했다. 대부분 몇 가지 원칙을 선별적으로 적용해 봉쇄 조치를 시행했지만, 사우스다코타주는 강력한 권고나 의무 사항 없이 주민들이 자발적으로 참여하도록 했다.

'필수' 영업장에 대한 정의도 지역마다 달랐다. 총기 판매점의 경우, 뉴햄프셔에서는 필수 영업장으로 분류되고 뉴저지에서는 비필수 영업장으로 분류됐다. 캘리포니아에서는 총기 판매점의 필수 영업장 지정을 두고 의견이 엇갈리면서 혼선이 빚어지기도 했다. 그런데도 시장들은 총기 판매점을 비필수 영업장으로 분류하는 강경책을 고수하며 부담을 떠안았다. 뉴저지와 캘리포니아는 후에 총기 판매점 영업 중단에 따른 소송이 제기되고 시민들이 항의하자 총기 판매점의 영업을 다시 허용하기도 했다. 4월을 기점으로 몇 달간 미국 전역에서는 총기 판매가 급증했다.

일부 주에서 시행한 봉쇄 지침은 그야말로 특이했다. 그레천 휘트머Gretchen Whitmer 미시간 주지사는 카펫과 페인트를 판매하는 대형 매장의 영업을 금지했다.[2] 그 이유는 아무도 모른다. 일부 행정 명령은 죽음을 야기하기도 했다. 2020년 3월 25일 앤드루 쿠오모Andrew Cuomo 뉴욕 주지사는 요양 시설(NH) 관리자들에게 다음과 같은 행정 명령을 내렸다. "요양원은 병원에서 퇴원해 시설로 돌아오는 거주자들의 재입소 절차를 신속하게 처리할 수 있어야 합니다. (…) 거주자들의 코로나19 확진 혹은 의심 진단만으로 그들의 요양원 재입소나 입소를 거부할 수 없습니다."[3] 2020년 4월 7일 쿠오모 주지사는 성인돌봄시설(ACFs)에도 비슷한 명령을 내렸다. "성인돌봄시설 거주자들의 코로나19 확진 혹은 의심 진단만으로 그들의 시설 재입소나 입소를 거부할 수 없습니다."⁴ 요양원이나 성인돌봄시설에 있는 시설 거주자들은 코로나19에 가장 취약한 사람들로 바이러스에 감염될 경우 사망할 가능성 역시 매우 높다. 요양원, 성인돌봄시설, 숙박 시설 같은 고밀도 시설에서는 코로나19 바이러스가 급속도로 확산될 수 있어 자칫 잘못하면 질병과 사망의 온상지가 될 수도 있다. 쿠오모 주지사는 코로나19 환자들을 바이러스 감염 위험성이 큰 요양원이나 성인돌봄시설로 돌려보내는 대신 일정 기간 동안 그들을 격리할 수 있는 임시 시설을 마련할 수도 있었을 것이다. 쿠오모의 행정 명령에 따라 뉴욕에서는 4,500명 이상의 코로나19 환자가 퇴원 후 요양원이나 성인돌봄시설로 돌아갔다. 코로나19 발생 이후 뉴욕의 요양원과 성인돌봄시설에서는 5,800명 이상이 사망했다. 다른 주들과 비교하면 훨씬 더 높은 수치다. 브루클린의 한 요양원에서 퇴소한 아버지를 코로나19로 잃고 만 다니엘 아르비니는 쿠오모의 행정 명령이 '사람이 죽기를 바라는 사람들이나 할 수 있는 아주 멍청한 결정'이었다고 비판했다.⁵

봉쇄를 해제하는 방식도 봉쇄 조치만큼이나 일관성이 없었다. 미국의 대부분 주가 2020년 5월 31일부로 봉쇄를 해제한 한편 6월에 해제하기로 결정한 주들이 있는가 하면, 봉쇄 해제 날짜를 아예 발표하지 않은 주들도 있었다. 봉쇄 해제 계획을 발표한 주들의 경우,

보통 소매업이 가장 먼저 영업을 재개하고 뒤이어 식당과 술집이 문을 열고 마지막으로 해변과 공원을 개방하는 1단계, 2단계, 3단계에 걸친 단계적 봉쇄 완화 조치를 취했다. 그런데 모든 주가 그런 단계를 밟는 것도 아니었다. 정해 놓은 단계들도 일관성이 없어 뒤죽박죽이었다.

방역 조치로 경제를 봉쇄하고 다시 해제하는 주먹구구식 대응 방식은 결국 난관에 부딪히고 만다. 봉쇄 조치는 불필요할 뿐 아니라 효과도 없다. 봉쇄 조치는 제대로 작동하지 않는다.

페인트가 필요한 미시간 주민이 홈디포(Home Depot, 미국 최대 건축·인테리어 자재 유통업체다_옮긴이)에서 페인트를 구할 수 없다면, 차를 몰고 오하이오로 가서 원하는 페인트를 사면 된다. 뉴저지 주민이 총을 사고 싶은데 총기 판매점 영업이 중단됐다면, 차를 몰고 펜실베이니아로 가면 된다. 페인트나 총에 대해 이야기하는 게 아니다. 방역에 대해 이야기하고 있는 것이다. 봉쇄는 질병 확산을 제대로 막아내지 못했다.

감염 바이러스가 조기에 발견되고 감염 사례가 국지적으로 발생할 경우에는 엄격한 방역 조치가 효과적일 수도 있다. 1918년 발생한 스페인 독감이 유행하는 동안 섬에 있는 한 작은 군사 기지에서는 무장한 보초병의 감시하에 철저한 격리를 통한 방역 조치가 이뤄졌다. 당시 그 방역 조치 덕분에 그 기지 내에서는 독감이 발생하지 않았다. 그러나 미국은 그런 작은 섬이 아니다. 거리 곳곳에 무장한 보초병들이 경계 근무를 서고 있는 것도 아니다. 스페인 독감에 관한 책《대 인플루엔자》의 저자 존 M. 배리는 방역 문제를 이렇게 설명한다.

> 콜로라도의 거니슨Gunnison 같은 외딴곳이나 일부 군사 시설은 독감을 피할 수 있었다. 그러나 도시 대부분에 내려진 봉쇄령으로는 독감 바이러스를 피할 수 없었다. 바이러스 감염을 막을 만큼 아주 철저하고 엄격한 봉쇄령이 아니었기 때문이다. 상당히 많은 사람이 계속해서 전차를 타고 다니고 직장에 나가고 식료품점에 가는 상황에서는 술집, 극장, 교회 문을 닫아도 아무 소용이 없었다. (…) 스페인 독감 바이러스는 아주 쉽고 빠르게 감염돼 폭발적으로 확산하는 팬데믹에 최적화된 바이러스였다. 결국 그 바이러스는 전 세계 곳곳에서 맹위를 떨쳤다.[6]

봉쇄는 확산을 막지 못한다

———

사실 경제와 사회생활을 전면 봉쇄하는 정책 대신 실행할 수 있었던 대안은 충분했다. 자발적인 사회적 거리 두기, 손 씻기, 제대로 된 마스크 착용하기와 같은 방역 지침에 문제가 있는 것도 아니었다(대부분이 마스크를 사용 목적에 맞지 않거나 잘못된 방법으로 착용하는 경우가 많다. 일부 마스크는 기침이나 재채기 증세를 보이는 감염 환자를 통한 바이러스 확산을 막아 줄 수 있다). 바이러스에 매우 취약하거나 노출되기 쉬운 사람들은 자발적인 자가 격리에 들어가는 것도 좋은 방법의 하나다. 아이들은 코로나19 바이러스에 대한 저항력이 높기 때문에 휴교령을 내려 얻을 수 있는 효과는 거의 없었다. 보통 또래 친구들이 아닌 어른들을 통해 코로나19에 감염되는 아이들의 경우, 학교보다 집에서 더 많은 어른들과 접촉하게 될 가능성이 더 크다.

이 같은 사실은 봉쇄에 나서고 공식적인 공포감을 조성한 실제 이유를 우리에게 알려 준다. 애초에 봉쇄령은 코로나19 바이러스 확산을 잡기 위한 것이 아니었다. 계엄령과 가택 연금 명령이 선포되지 않는 한 바이러스 확산을 막기란 불가능하다. 어떤 측면에서 보면 코로나19 바이러스 확산이 바람직할 수도 있다. 코로나19의 치명률이 꽤 낮고 집단 면역(집단 중 상당수가 감염증에 대한 항체와 면역력을 가진 것을 말한다)이 팬데믹을 끝내기 위한 가장 좋은 방법이 될 수도 있기 때문이다. 적어도 현재로서는 그렇다는 이야기다. 미국 국립 알레르기·전염병 연구소(NIAID) 소장인 앤서니 파우치 박사의 말을 빌리자면, 봉쇄 조치를 시행하게 된 주된 목적은 '코로나19 감염 곡선을 평평하게 만들기' 위함이었다.

그게 대체 무슨 말일까? 미국의 일반 시민들은 미국의 엘리트들이 생각하는 것보다 더 똑똑하다. 그러나 파우치 박사의 기자회견을 지켜보는 일반 시청자가 적분에 능통할 것이라고 기대하는 것은 무리다. 미국 시민들은 기자회견에서 제시하는 곡선 두 개를 확인할 수 있었다. 최고 수준의 정점에 달한 곡선은 상당수의 코로나19 바이러스 감염자 수를 나타냈다. 반면에 '평평해진' 곡선의 정점은 훨씬 적은 감염자 수를 나타내고 있었다. 미국 시민들은 당연히 감염자 수가 많은 것보다 적은 것을 선호했고, 코로나19 감염 곡선을 평평하게 만들고 감염자 수를 줄이기 위해서는 전면 봉쇄에 가까운 조치가 필요하다는 의견에 설득당하고 말았다.

사람들에게 명확하게 설명되지 않은 점은(과학 저널에는 이 부분이 설명돼 있다) 바로 전체 감염자 수와 사망자 수가 봉쇄를 하든 말든 시간이 지남에 따라 거의 비슷할 것이라는 점이었다. 백신이 개발될 때까지 코로나19 바이러스는 확산될 것이다. 곡선을 평평하게 만든다는 것은 곡선을 길게 늘인다는 것을 의미한다. 확진자 수의 정점을 낮출 수는 있지만, 낮아진 수준에서 상황이 더 오랫동안 지속될 수도 있다. 누적 확진자 수와 사망자 수는 특정 지점의 곡선 높이가 아닌 곡선 아래의 총면적에 의해 결정된다. 곡선을 평평하게 만들기 위한 봉쇄령을 시행하면 당장 코로나19 확진자 수의 정점을 낮출 수는 있을 것이다. 그러나 장기적으로 볼 때 누적 확진자와 사망자 수를 줄이지는 못할 것이다. 봉쇄 조치는 오히려 백신이 없는 상황에서 집단의 면역력을 형성하고 감염을 줄일 수 있는 유일한 방법인 집단 면역을 지연시켜 치명률을 높일 수도 있다.

확진자 수의 정점을 낮추려는 실질적 이유는 의학 문헌에 나타나 있다. 보스턴에 있는 브리검여성병원Brigham and Women's Hospital에서 임상미생물학 담당 부원장을 맡고 있는 마이클 미나Michael Mina 박사는 이렇게 말했다. "코로나19 감염 곡선을 평평하게 만들겠다는 생각은 감염 확산 속도를 늦춰 우리가 큰 난관에 봉착하지 않도록 하겠다는 것이겠죠. 그게 언제가 됐든 바이러스가 급속도로 퍼져 엄청난 수의 환자가 응급실로 밀려들기 시작하면, 의료 인프라가 붕괴할 수 있다는 사실을 확인하게 될 겁니다."[7]

과중한 업무 부담을 떠안은 의료 시스템이 감당하게 될 환자 수를 줄이는 것은 정당한 정책 목표라 할 수 있다. 신속한 치료를 받지 못해 사망하는 환자가 발생할 수도 있기 때문이다. 그러나 미국 경제를 망가뜨리지 않고도 이 문제를 해결할 방법이 있었다. 통제가 어려운 지역이나 시기에 한정된 봉쇄 조치를 선별적으로 시행할 수도 있었다. 요양 시설의 경우, 병원선(환자를 진료하거나 치료하는 목적으로 의료 시설을 갖춘 배)을 투입하거나 임시 병원을 만드는 방식으로 확대 운영할 수 있었을 것이다. 또 코로나19 감염 위험이 낮은 지역에서 근무하는 의사와 간호사들을 의료 인력이 크게 부족한 지역으로 파견해 지원할 수도 있었을 것이다(1918년 스페인 독감이 유행하던 시기에는 흔히 쓰이던 대응 방식이다). 극단적인 전국적 봉쇄는 우리에게 필요하지 않았고 도움이 되지도 않았다.

정책 결정 당시 광범위한 봉쇄를 지지하는 쪽의 주장이 더 우세했다고 하더라도 미국 시민들에게 이 모든 사실을 설명했어야 한다. 전문가와 정치인들은 장기적으로 누적 확진자나 사망자 수를 줄이는 게 아니라 시간을 벌기 위한 시차를 노리고 있다는 사실을 사람들에게 분명히 밝히지 않고 평평한 곡선이 그려진 차트 뒤에 숨어 있었다. 공포심은 그들이 이용할 수 있는 가장 효과적인 무기였고, 신뢰는 그 첫 번째 제물이 됐다.

봉쇄에 대한 100일간의 기록

스페인 독감이 유행하던 시기에도 정치인과 공중 보건 공무원들은 같은 딜레마에 직면했다. 존 배리는 자신의 책에서 그 문제를 아주 잘 설명하고 있다.

1918년에는 여기저기서 공포심이 생겨나고 있었다.

스페인 독감만큼이나 끔찍한 사실은 공무원들과 언론 매체들이 스페인 독감을 과장해 공포심을 조장한 게 아니라 오히려 그 질병을 축소하고 사람들을 안심시키려 노력함으로써 공포심을 조장했다는 데 있다. (…) 1918년의 상황을 통해 배울 수 있는 한 가지 대표적인 교훈은 정부가 위기 상황에서 진실을 말해야 한다는 것이다. 위험 소통Risk communication은 진실을 관리한다는 의미를 내포하고 있지만, 진실은 관리 대상이 아니다. 진실은 그냥 있는 그대로 말하면 된다. (…)

당시 대중은 아무것도 신뢰할 수 없었고, 그래서 아무것도 알지 못했다. (…) 질병이 아닌 공포로 사회가 분열될 조짐을 보였다. 신중하고 침착하며 과장해 말하는 법이 없었던 빅터 본Victor Vaughan은 문명사회가 몇 주 만에 사라질 뻔했다며 경고하기도 했다.[8]

1918년의 경험에서 마지막으로 얻을 수 있는 교훈, 즉 간단하지만 실천하기가 아주 어려운 가르침은 권력을 쥐고 있는 사람들이 사회 구성원 모두에게 소외감을 주는 극심한 공포를 줄일 수 있어야 한다는 것이다. 개개인이 각자도생하는 상황에서는 사회가 제 기능을 할 수 없다. 정의상 문명사회는 그런 상황에서 결코 제대로 유지될 수가 없다.

봉쇄령을 내린 또 다른 이유는 백신을 개발하는 데 필요한 시간을 벌겠다는 것이었다. 경제 봉쇄에 따르는 비용은 일단 대량 접종에 필요한 백신이 준비되면 생명을 구할 수 있을 테니 그 이익으로 상쇄될 것이다. 대량 접종이 이뤄지면 코로나19 바이러스는 거의 무해한 바이러스가 되고 팬데믹은 막을 내리고 경제의 모든 분야가 별 위험 없이 다시 영업을 재개할 수 있을 것이다.

백신은 이 사태를 끝낼 수 있는가

백신을 봉쇄정책의 근거로 들 경우, 한 가지 문제점이 존재한다. 바로 효과적인 백신이 나올 가능성이 희박하다는 것이다. 스탠퍼드 대학교 의과 대학 교수인 제이 바타차리야^{Jay Bhattacharya} 박사는 이 문제를 간단명료하게 언급했다. "인간 코로나바이러스 백신은 아직 없습니다. (…) 인간 코로나바이러스 중에서 백신이 있는 바이러스는 단 한 개도 없어요."⁹ 바타차리야 박사는 '특효약'이나 '기적의 치료제'에 대한 월스트리트식 잡담이나 과장된 광고를 이해하기 어려운 경우가 많다고 지적했다. 코로나19 바이러스는 독감 바이러스가 아니고, 코로나19는 독감이 아니다. 우리는 지금 신종 바이러스와 이해하기 어려운 수수께끼 같은 질병을 마주하고 있다.

코로나19 환자들이 독감과 폐렴으로 사망하는 것은 사실이다. 독감이나 폐렴을 예방하기 위한 새로운 백신은 코로나19로 인한 사망자를 줄이는 데 도움이 될 것이다. 현재 개발 중인 많은 신약 중 어느 하나라도 개발에 성공해 신체 기능 부전을 줄이거나 호흡을 개선해 주거나 심각한 증상을 치료할 수만 있다면 가치 있는 성과일 뿐 아니라 코로나19를 더 효과적으로 치료할 수 있을 것이다. 새로 나올 신약들은 코로나19 치료에 분명 도움이 될 것이다. 그렇다고 그 약들이 코로나19 치료제인 것은 아니다. 인간 면역 결핍 바이러스(HIV)에 의한 에이즈(AIDS, 후천성 면역 결핍 증후군과 같은 말이다_옮긴이)에 빗대어 설명하면 이해가 쉬울 것이다. 에이즈 환자가 약물 요법에 따라 약을 혼합해 복용할 경우, 에이즈 부작용을 줄이고 증상을 완화할 수 있으며 환자가 장수하면서 비교적 정상적인 생활을 할 수가 있다. 다행스러운 일이기는 하지만, 그렇다고 해서 에이즈를 완치할 수 있는 것은 아니다.

코로나19 치료제 개발을 목표로 한 연구 활동이 현재 활발하게 이뤄지고 있으며 자금도 충분히 투입된 상황이다. 치료제를 개발하면 엄청난 수익을 낼 수도 있겠지만, 현재 치료제 개발의 원동력은 다른 무엇보다 생명을 구하고 코로나19 팬데믹을 끝내기 위한 진심 어린 바람에서 나오는 게 아닌가 싶다. 바이러스학자 중 일부는 치료제를 개발하기까지 꽤 오랜 시간이 걸릴 수 있다고 주의를 주기도 하지만, 2021년 초쯤이면 치료제 사용이 가능할 수도 있다.[10] 이 같은 전망은 과학이 아직 코로나바이러스를 치료할 방법을 고안해 내지 못했다는 사실과 함께 비교 검토돼야 한다. 성공적인 백신이라고 해도 바이러스가 변이할 수 있다는 사실을 간과해서는 안 된다. 의료 기술을 통해 특정 바이러스 항체를 형성하는 백신을 만들 수는 있겠지만, 백신이 개발되고 나면 해당 바이러스가 더 치명적인 형태로 변이해 그 백신으로는 질병을 예방하지 못하는 상황이 발생할 수도 있다.

최근 중국과 스페인에서 수행한 두 연구 결과에 따르면, 코로나19 바이러스에 감염된 사람들 체내에 형성된 항체가 3주가 채 되지 않아 급격히 감소하는 것으로 나타났다.[11] 스페인에서 수행한 연구에 참여한 라켈 요티Raquel Yotti는 "면역이 불완전할 수 있고, 일시적일 수 있으며, 오래 유지되지 않을 수도 있다."라고 말했다.[12] 이러한 연구 결과는 백신이 개발된다고 하더라도 백신으로 형성된 항체가 몇 주 내 사라진다면 그 효과가 제한적일 수밖에 없음을 의미한다. 백신의 효과에 대한 연구는 계속돼야 하고 모든 수단을 동원해 연구를 지원해야 한다. 그러나 백신에 대한 연구를 수행하기 위한 시간을 벌겠다는 이유로 경제를 망가뜨리는 것은 결코 합리적인 결정이 아니었다.

봉쇄는 공짜가 아니다

봉쇄를 추진한 전문가들의 가장 큰 잘못은 봉쇄 조치에 따르는 비용을 전혀 고려하지 않았다는 점일 것이다. 봉쇄 조치는 무료로 시행이 가능하다고 생각하거나 비교적 사소한 불편이 따르리라 생각했을지도 모른다. 그런 생각을 바탕으로 기대치보다 조금이라도 더 많은 이익을 얻을 수만 있다면 불편을 감수할 가치가 있다고 생각했을지도 모른다. 하지만 봉쇄는 결코 공짜가 아니다.

미국의 봉쇄 조치로 4조 달러 이상의 자산 가치 하락과 2조 달러에 달하는 생산 손실이라는 비용이 발생했다. 아무래도 전염병학자와 바이러스학자들은 과학에 너무 심취해 현실 경제학은 잘 모르는 것 같다. 상황이 그렇다면 정치 지도자들이 책임감을 느끼고 균형 잡힌 대응책을 내놨어야 했다. 의과학자들은 월권했고, 정치인들은 그런 그들을 막지 못했다.

경제학과는 별개로 봉쇄에 반론을 제기하게 만드는 다른 큰 비용이 존재한다. 첫 번째는 면역력 상실이다. 코로나19 방역 조치로 많은 사람들이 재택근무를 하면서 우리가 일상적으로 접하는 다른 수많은 바이러스와 세균과의 접촉도 피하게 됐다. 실제로 일상생활을 통해 바이러스와 세균에 적당히 노출되면 우리의 면역력을 유지하는 데에도 도움이 된다. 같은 공간에 계속 머물면서 우리의 면역 체계도 약해졌다. 우리가 다시 밖으로 나갈 때쯤이면, 수많은 바이러스와 세균이 우리를 기다리고 있을 것이다. 면역력이 많이 떨어진 많은 사람이 병에 걸리고 죽을 수도 있다.

미국의 봉쇄 조치는 코로나19 감염을 막아 생명을 구하기 위해 시행됐다. 단기적으로는 인명 피해를 줄일 수 있을지 모르지만, 장기적으로는 얼마나 효과가 있을지 알 수 없다. 코로나19로 얼마나 많은 사람이 사망했을까? 이 글을 쓰고 있는 현재 미국의 코로나19 누적 사망자는 20만 명이 넘는다. 내년에는 그 수가 50만 명에 이를 것으로 예상하고 있다. 코로나19 사망자 대부분은 봉쇄 여부와 상관없이 발생할 수밖에 없었을 것이다. 미국 질병통제예방센터(CDC)에 따르면, 봉쇄 조치로 생명을 구한 경우는 상대적으로 많지 않다. 최근 CDC가 발표한 통계에 따르면, 증상을 나타내는 코로나19 환자의 치명률은 0.65%지만, 무증상 환자의 치명률은 40%에 달하는 것으로 추산하고 있다. 전체 코로나19 환자의 치명률은 0.39%로 계절성 독감보다 현저히 높지만, 봉쇄 조치를 취하지 않았던 1957년, 1968년, 2009년 팬데믹 때보다는 낮은 수치다.[13] 〈란셋〉에 의해 발표된 또 다른 연구 결과에 따르면, '전면 봉쇄와 광범위한 코로나19 진단 검사가 중증 환자나 전체 사망자 수 감소와 관련이 없다'고 한다.[14] 코로나19 사망자 수를 두고 이야기하자면, 봉쇄는 효과가 없다.

봉쇄령의
사회적 비용

그렇다면 봉쇄로 인한 사회적 비용은 어떨까?

미국경제연구소American Institute for Economic Research가 발표한 연구 결과에 따르면, 미국의 실업률(비경제 활동 인구 포함)이 1% 증가할 때마다 마약성 진통제인 오피오이드opioid 과다 복용으로 인한 사망률이 3.6% 증가한다.[15] 봉쇄로 인한 미국 실업률(비경제 활동 인구 포함)의 추정치가 적게 잡아 20%인 것을 고려하면, 오피오이드 과다 복용으로 인한 사망자가 2만 8797명 더 발생할 수 있음을 시사한다. 봉쇄의 부정적인 영향으로 인한 각종 약물 복용, 알코올 섭취, 자살, 가정 폭력으로 발생한 추가 사망자에 대한 추정치는 봉쇄로 직격탄(약물, 알코올, 자살, 가정 폭력)을 맞은 5만 명 이상이 자칫 사망에 이를 수 있음을 암시한다. 캘리포니아에서 근무하는 의사들은 자신들의 경험을 통해 이런 추정치가 사실임을 확인해 줬다. 캘리포니아주 월넛 크릭에 있는 존 뮤어 메디컬 센터 John Muir Medical Center 의 마이클 드부아블랑Michael deBoisblanc 박사는 "전례 없는 수치예요."라고 말했다.**16** 2020년 5월 21일 드부아블랑 박사는 지난 한 달 동안 '1년 치에 해당하는 자살 시도 환자'가 병원을 찾았다고 말했다.

봉쇄 비용에는 수조 달러의 재산 손실과 봉쇄에 기인한 수만 명의 죽음만 포함되는 게 아니다. 많은 사람이 코로나19에 걸릴 것을 우려해 필요한 의료 시술을 연기하면서 심장 마비와 암으로 사망했다. 또 외로움, 고립감, 절망감으로 인해 정신적으로나 육체적으로 건강이 나빠지기도 했다. 교육 현장, 특히 젊은 층의 교육이 중단되면서 교육은 퇴보하고 말았다. 지역 사회는 무너지고 있었고, 미용실에서 이발하고 체육관 문을 열었다는 이유로 자영업자들이 체포됐다. 자유로운 종교 활동, 생명, 자유에 대한 헌법상의 권리가 정당한 법 절차 없이 거부됐다. 편협한 정부 관료들은 연방 정부, 주 정부, 지방 정부 차원에서 사람들의 삶을 통제하는 독재적 권력을 행사했다. 무엇을 위해 그랬을까? 이러한 부의 파괴, 권리 박탈, 지역 사회 와해는 전염병학자와 바이러스학자들의 주도하에 이뤄졌다. 그들은 법률, 경제, 사회학을 잘 알지 못했지만, 전면에 나서서 상황을 이끌어

가기를 두려워하는 정치인들에게 넘겨받은 권한을 행사했다.

심지어 마스크 착용 같은 기본적인 문제마저 전문가들의 의견 불일치로 혼선을 빚었다. 2020년 6월 16일 앤서니 파우치 박사는 한 기자에게 "마스크가 감염을 100% 막아 주지는 않습니다. 그렇지만 마스크를 쓰는 게 쓰지 않는 것보다 훨씬 낫습니다."라고 말했다.[17] 2020년 6월 25일 전 미국 질병통제예방센터 소장 톰 프라이든Tom Frieden 박사는 〈뉴욕타임스〉와의 인터뷰에서 "실외에서는 사람들과 거리만 유지하면 굳이 마스크가 필요 없습니다. 코로나19가 발생하지 않은 지역에서는 마스크를 쓰지 않아도 돼요."라고 말했다.[18] 두 전문가 모두 맞는 이야기를 했다. 그러나 소위 '전문가'라는 사람들의 상반된 의견에 혼란을 느끼고 불신하는 대중을 탓할 수도 없는 노릇이다.

봉쇄를 지지하는 사람들은 봉쇄를 비판하는 사람들이 사실상 돈과 목숨을 맞바꾸려 든다고 주장하면서 봉쇄 반대론을 반박했다. 봉쇄에 찬성 의사를 노골적으로 밝힌 사람 중 한 명은 바로 노벨 경제학상 수상자인 폴 크루그먼Paul Krugman이다. 크루그먼은 '다우 지수 때문에 얼마나 많은 사람이 죽어야 하는가How Many Will Die for the Dow'라는 제목의 칼럼에 "트럼프 대통령과 공화당은 아무리 많은 사람이 희생당한다 하더라도 최대한 빨리 봉쇄를 해제하려 들 것이다. (…) 사실상 그들은 미국 시민이 다우 지수를 위해 죽어야 한다는 입장을 취하고 있는 것이나 다름없다."라고 적었다.[19] 경제학자 크루그먼은 1990년대에 몇 가지 뛰어난 업적을 남겼다. 그 이후 칼럼니스트 크루그먼은 거의 모든 것에 대해 잘못된 평을 하고 있다.

정책 입안자들은 잠재적 죽음, 안전성, 효율성 사이의 균형을 유지하기 위해 매일 이해득실을 따진다. 제한 속도를 시속 40마일(약 64km)로 낮추면 더 많은 생명을 구할 수 있지만, 비용이 많이 들고 비효율적이기 때문에 그렇게 하지는 않는다. 제한 속도가 너무 걱정된다면, 운전을 하지 않으면 된다. 요점은 정책적 관점과 개인의 선택을 통한 절충이 계속해서 이뤄진다는 것이다. 크루그먼의 하향식·교조적 접근법은 학계에 편재해 있는 전형적인 방식으로 전체주의적 해결 방식에 치우친 관료 체제를 조명한다. 경제 재개는 생명을 앗아가는 동시에 구하기도 할 것이다. 어떤 사람들은 자발적으로 집에 머무르기로 선택할 수 있고, 또 어떤 사람들은 의무적으로 집에 머물러야 할 수도 있을 것이다. 자유란 바로 그런 것이다.

마지막으로 짚어 볼 것은, 봉쇄 조치의 과학적 근거가 무엇이었냐는 것이다. 막대한 비용이 들었지만 이렇다 할 이익은 없었던 봉쇄 조치의 근원은 대체 무엇이었을까?

　미국 CDC는 2006년 11월 발행된 한 논문에서 봉쇄 조치에 대한 계획을 미리 살펴본 바 있다.[20] 그 논문은 면역학이나 전염병학에 대한 전문 지식이 없는 샌디아 국립 연구소Sandia National Laboratories의 복잡성 분석가인 로버트 J. 글래스Robert J. Glass가 공동으로 작성했다. 또 다른 공동 저자는 수업 과제로 복잡 시스템 모델을 만든 열네 살의 공립 고등학교 학생이었다. 저자들은 임페리얼 칼리지 런던의 질병 모델러인 닐 퍼거슨Neil Ferguson이 해당 논문을 작성하는 데 기여했다고 밝히고 있다. 2020년 5월 사회적 거리 두기 지침을 위반한 퍼거슨은 자신의 '판단 착오'를 시인하며 영국 정부 자문 위원 자리에서 물러났으며, 그의 사회적 거리 두기 모델에 대한 신뢰 역시 크게 훼손됐다.[21] 앞서 언급한 CDC 논문은 2007년 2월 CDC가 발표한 109쪽짜리 봉쇄 계획안의 기초가 됐다.[22] 2006년의 CDC 논문과 2007년의 CDC 봉쇄 계획안 원본은 조지 W. 부시George W. Bush 대통령의 요청에 따라 작성된 것이었다. 부시 대통령은 2006년 조류 독감 발생 이후 팬데믹에 대비한 행동 계획 마련에 나섰다. 부시 대통령은 조류 독감 발생 당시 1918년에 대유행한 스페인 독감의 역사에 대한 자세한 이야기를 읽고 정부가 또 다른 팬데믹이 발생할 경우에 대비하기를 바랐다.[23] 부시의 계획안은 오바마 행정부에서 시작한 5년간의 검토를 거쳐 2017년 CDC에 의해 개정돼 나왔다.[24] 결국 2020년 코로나19 팬데믹이 발생하면서 트럼프 행정부가 봉쇄 조치를 시행하기 위해 이 계획안을 실행에 옮겼다. CDC가 미국 정부에 제공한 계획안을 보면, 이는 중세 시대로의 회귀나 다름없었다.

질병학자들의 경고

애초에 이 계획안은 그 출발부터가 잘못됐다. 2006년 논문의 공동 저자인 로버트 글래스가 질병에 대한 전문가가 아니었기 때문이다. 그는 컴퓨터 코드로 생성된 '자율적 행위자autonomous agents'와 관련된 복잡성 이론 모델에 익숙한 사람이었다. 나는 글래스의 본거지인 샌디아에서 멀지 않은 곳에 위치한 로스앨러모스 국립 연구소Los Alamos National Laboratory에서 비슷한 유형의 일을 해 본 적이 있다. 시뮬레이션이나 특정 유형의 예측 분석은 유용하기는 하지만, 실제 인간과 관련이 없는 복잡한 기계 장치를 통한 실험이라는 점과 여러 대안이 담긴 시나리오나 외부 요인에 따른 기회비용을 고려해 분석하기가 쉽지 않다는 점 등의 심각한 한계를 지닌다. 글래스가 사용한 모델의 결과물은 아무 가치가 없었다. 융통성도 없고 인간의 행동을 무시한 가정들이 그 모델에 적용됐기 때문이다. 인간은 정부의 명령에 저항하고 어떤 경로로든 사회적 상호 작용을 지속하려는 습성이 있다. 글래스는 이 같은 한계적 특징은 모두 무시한 채 융통성이 없고 비현실적인 가정들을 바탕으로 한 봉쇄 모델을 개발했다. 그리고 그 나머지는 CDC가 맡아 처리했다.

앞서 언급한 논문, 계획안, 개정안의 내용을 살펴보면 '행동 규칙', '지역 사회 완화 개입'과 같은 제목이 붙어 있다. 또 2017년에 나온 최종안의 체크 리스트에는 '임시 휴교', '대규모 공공 행사 변경, 연기 및 취소', '사람 간 물리적 거리 두기' 등이 권고 사항으로 포함돼 있다.[25] 전면 봉쇄 시나리오는 질병, 행동 심리학, 경제학을 전혀 모르는 한 과학자가 작성한 논문을 바탕으로 부시, 오바마, 트럼프 행정부가 구상하고 만들어 낸 대응 계획안에 기초해 만들어졌다. 이는 미쳐 날뛰는 관료주의의 폐해로 생긴 결과였다. 그런 허황된 계획이 우리의 현실이 됐고, 생명을 앗아갔으며, 수조 달러에 이르는 부를 파괴했다.

당시 전문가들도 그 계획안을 비판했다. 관료주의적 봉쇄 계획에 반대하는 가장 강력한 목소리를 낸 사람은 D. A. 헨더슨 D. A. Henderson 존스 홉킨스 블룸버그 공중보건대학 학장이었다. 헨더슨 박사는 천연두 퇴치에 앞장서 온 공로 등을 인정받아 미국 대통령 자유 훈장

Presidential Medal of Freedom을 받은 저명한 학자다. 2006년 헨더슨 박사는 글래스의 결과물과 CDC의 가이드라인을 반박하는 논문을 공동 집필해 발표했다.[26] 그의 논문에는 다음과 같은 내용이 담겨 있다. "역사적으로 인플루엔자가 한 국가나 정치 관할 구역으로 들어오는 것을 막기란 거의 불가능했고, 특정한 질병 완화 조치가 독감의 확산을 크게 낮췄다는 증거는 거의 찾아볼 수 없다. (…) 대규모 격리 조치가 야기할 수 있는 부정적인 결과(아픈 사람들과 건강한 사람들을 강제로 한 곳에 가둬 두기, 대규모 인구 이동을 전면 제한하기 등)가 매우 심각할 수 있으므로 이 같은 감염 완화 조치는 고려 사항에서 제외돼야 한다. (…) 공항 폐쇄와 같은 여행 제한은 역사적으로 볼 때 효과가 없었고, 지금 이 시대에는 그 효과가 훨씬 더 미미할 것이다."

전염병을 이해하지 못하는 이들과 정부 관료들이 봉쇄 계획안을 향해 전력 질주해 나갈 때, 진지한 바이러스학자와 전염병학자들은 봉쇄는 효과가 없다며 주의를 주기도 했다. 그들이 옳았다. 헨더슨이나 그와 논문을 공동 집필한 저자들 모두 자가 격리, 손 씻기, 보호 장비 착용, 호흡기 등 상식적인 방역 조치들을 지지했다. 그들은 국가적 봉쇄 같은 극단적인 조치는 효과가 없다고 경고했다. CDC와 트럼프 대통령의 코로나19 태스크 포스는 이 같은 경고를 무시했다. 그리고 그 대가는 미국 시민들이 치렀다.

봉쇄의 역학 관계에 대한 가장 적절한 설명은 스페인 독감의 역사를 이야기하는 로라 스피니Laura Spinney의 《페일 라이더Pale Rider》에서 찾아볼 수 있다. 스피니가 말하고자 하는 요점은 봉쇄 자체가 기능하지 못한다는 데 있는 것이 아니라, 강압과 불신 때문에 봉쇄가 효과를 내지 못한다는 데 있다. 스피니는 책에 이렇게 적었다.

경험에 의하면 사람들은 의무적인 방역 조치는 잘 견디지 못하는 경향을 보이는 반면, 방역 조치가 강압적이지 않을 때, 개인의 선택이 존중받을 때, 경찰의 공권력이 동원되지 않을 때 오히려 방역 지침이 큰 효과를 발휘하는 결과를 보였다. (…) 2016년 통계를 기준으로 계산하면, 역효과를 낼지 모르는 의무적인 방역 조치를 CDC가 권고하려면 그전에 미국 시민 중 300만 명 이상이 사망해야 한다는 계산이 나온다.

그런데 사람들 스스로 지침을 따르기로 결정할 때 방역이 가장 잘 이뤄진다고 한다면, 해당 질병과 그 질병으로 인해 발생할 수 있는 위험을 사람들에게 반드시 잘 알려 줘야 한다. (…)

신뢰란 한순간에 쌓이는 게 아니다. 팬데믹이 우리를 덮쳤을 때 서로 신뢰할 수 없는 상황이라면, 아무리 유용한 정보를 제공해

도 사람들이 주의를 기울이지 않을 것이다.[27]

스피니는 코로나19가 발생하기 전인 2017년에 이 글을 썼다. 그녀는 1918년 스페인 독감을 통해 얻은 교훈을 그 글의 근거로 삼았다. 스피니는 자발적인 행동, 개인의 선택, 경찰의 공권력 배제 등이 필요하며, 솔직한 대화와 신뢰가 무엇보다 중요하다고 강조했다. 2020년 지도자들은 국민들에게 자발적인 방역 지침이 아닌 의무적인 방역 지침을 내렸다. 경찰은 필요 이상으로 엄격한 규칙을 적용해 사람들을 체포하고 도로를 봉쇄했다. 정부가 발표한 애매모호한 정보는 사람들에게 코로나19에 대한 경각심을 제대로 심어 주지 못했다. 팬데믹 초기에 희미하게나마 남아 있던 신뢰는 이제 온데간데없다. 정부의 공식적인 대응책에는 역사적 교훈과 상식적 조언이 제대로 반영되지 않았다. 그러고 보면 정부의 봉쇄정책 실패는 전혀 놀랄 만한 일도 아니다.

그나저나 봉쇄가 생명을 구했을까? 생명을 구하기는 했다. 봉쇄를 통해 구한 생명보다 잃은 생명이 더 많을 수도 있지만, 어쨌든 생명을 구하기는 했다. 계엄령을 선포했다면 단기적으로는 더 많은 생명을 구했을지도 모른다. 그러나 미국이라는 나라는 무너지고 말았을 것이다.

얼마나 많은 생명을 구했는지가 정책의 성패를 좌우하는 유일한 척도는 아닐 것이다. 훨씬 더 상식적인 조치를 취했어도 생명은 구할 수 있었을 것이다. 미국 정부의 봉쇄 계획은 사람들이 자발적으로 행동하고 상식을 따라 선택할 여지조차 주지 않았다. 정부는 절망에 의한 죽음, 면역력 저하, 수조 달러의 재산 손실, 생산량 감소 등의 외부 요인으로 인한 비용도 충분히 고려하지 않았다. 오히려 그런 비용이 생명을 죽음으로 내몰 수도 있었다. 2020년 10월 2일에는 봉쇄 조치가 효과가 없다는 것을 보여 줄 극적인 증거가 세상에 공개되기도 했다. 백악관이 트럼프 대통령과 영부인 멜라니아 트럼프 여사가 코로나19 확진 판정을 받았다고 발표한 것이다. 코로나19 바이러스는 봉쇄 조치가 이뤄지든 말든 제 갈 길을 갈 것이다. 미국의 봉쇄 조치는 불필요하고 효과적이지 못한 결정이었다. 근본적으로 엘리트층의 전문 지식이 빚어낸 정책 실패였다. 다른 대안을 선택할 수도 있었다. 미국의 봉쇄 조치는 세계 역사에 길이 남을 만한 어리석은 실수였다.

그럼 이제 그 어리석은 실수에 큰 타격을 입은 경제를 자세히 살펴보도록 하자.

ERAL RESERVE NOTE

57035131 B

UNITED STATES
FEDERAL RESERVE SYSTEM

retary of the Treasury.

of the United States.

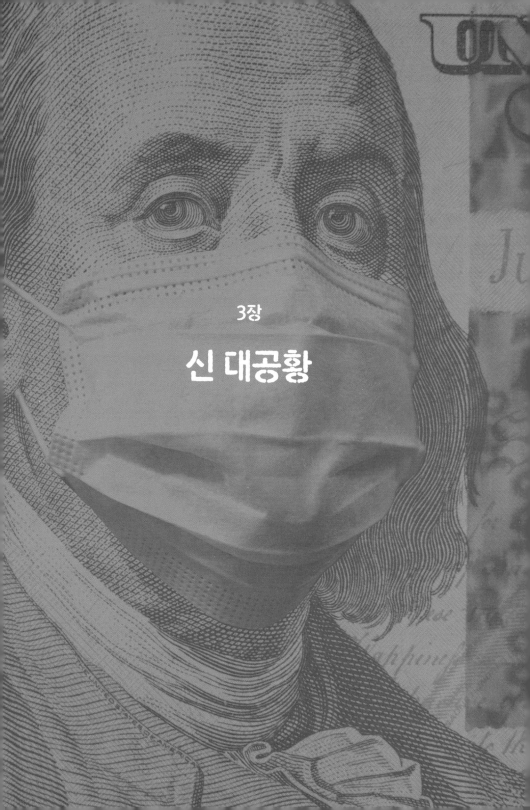

3장

신 대공황

비극적인 코로나19 충격이 발생한 지 불과 몇 달 만에 계속 위기를 맞고 있는 메인스트리트(Main Street, 실물 경제)와 달리 월스트리트(Wall Street, 금융 시장)는 다시 호황을 누리고 있는 것에 대한 우려가 벌써부터 제기되고 있다. (…) 현재의 자산 가격이 결정적인 경기 회복을 통해 입증되지 않는다면 미국 경제와 시장뿐 아니라 기관과 사회 역시 위험에 처하게 될 것이다.

−모하메드 A. 엘에리안Mohamed A. El-Erian, 〈포린폴리시〉 (2020년 5월 29일)

신 대공황의
시작

시장 붕괴는 보통 미래 세대도 그 사건을 잊지 않고 기억할 수 있도록 해 주는 날짜를 가지고 있다. 1869년 9월 24일 검은 금요일Black Friday은 제이 굴드Jay Gould와 빅 짐 피스크Big Jim Fisk의 금시장 매점 시도로 시장이 붕괴됐던 날이다. 1929년 10월 28일 검은 월요일Black Monday은 다우존스 산업평균지수Dow Jones Industrial Average가 하루 만에 12.82% 하락해 대공황이 촉발된 날이었다. 그 다음날인 29일 다우 지수가 11.73% 더 하락하면서 이틀 만에 총 23%가 하락했다. 1987년 10월 19일에는 다우 지수가 하루 만에 22.6% 폭락해 역사상 일간 최대 하락률을 기록한 또 다른 검은 월요일이 발생했다. 오늘날 대부분 사람은 미국 역사상 가장 큰 파산 사례인 리먼 브라더스Lehman Brothers 파산이 발표된 2008년 9월 15일을 기억한다. 그날 주식 시장의 반응은 의외로 차분했고, 다우 지수는 4.5% 하락했다. 그러나 그 날의 하락은 2009년 3월 6일 다우 지수가 바닥을 치기 전까지 추가로 39% 더 떨어진 계단식 하락의 서막에 불과했다. 이 날짜들이 상징적이기는 하지만, 그 사건들이 어느 날 갑자기 개별적으로 발생한 것은 아니었다. 1869년 금 매점 시도로 인한 붕괴는 금을 사재기하면서 금값이 폭등한 뒤에 발생했다. 1929년 10월 28일 검은 월요일 폭락은, 개장과 동시에 11% 하락했다가 하락세가 회복하면서 약 2% 하락으로 장을 마감했던 10월 24일 검은 목요일에 이어 발생했다. 마찬가지로 2008년 3월부터 7월 사이 베어스턴스Bear Stearns, 패니매Fannie Mae, 프레디맥Freddie Mac의 순차적 붕괴 소식이 시장에 영향을 미치면서 리먼 브라더스 사태가 발생하기 훨씬 전부터 증시는 하락하고 있었다. 엄청난 시장 붕괴는 보통 문제를 대수롭지 않게 생각하고 심각한 경고들을 흘려 들은 이후 발생했다.

신 대공황은 2020년 2월 24일부터 시작된다. 그때부터 증시가 폭락해 2020년 3월 23일 바닥을 칠 때까지 하락세가 지속됐다. 이 기간 동안 다우존스 산업평균지수는 36% 폭락했다. 2월 24일 다우 지수가 그 시기의 신고가였던 것은 아니다. 신고가는 이미 며칠 전에 발생했다. 또 3월 23일까지 계속 일직선으로 하락하지도 않았다. 하락하다가 다시 반등하는 날들도 있었다.

The New Great Depression 신 대공황

2월 24일 새로운 검은 월요일과 통상적으로 나타나는 시장 변동성을 구분 짓는 요소는 바로 코로나19 팬데믹 관련 소식에 따른 충격이었다. 그날의 충격은 중국발 소식 때문이 아니었다. 당시 중국 관련 소식은 새로울 게 없었다. 충격적인 소식은 이탈리아에 들려왔다. 제로에 가까웠던 이탈리아의 코로나19 신규 확진자 수가 2월 21일 17건, 2월 22일 42건, 2월 23일 93건으로 증가하고 있었다.

2월 23일 일요일 밤, 나는 아래와 같은 경고 트윗을 올렸다.

월스트리트는 코로나바이러스로 심판의 날을 맞게 됐다. 중국발 데이터는 아무도 믿지 않는다. 그런데도 그런 중국 데이터의 긍정적 추세에 증시는 힘을 받아 왔다. 어떻게 된 걸까?

한편 한국, 일본, 이란, 이탈리아의 신뢰할 만한 데이터는 이 바이러스가 통제하기 어렵다는 사실을 보여 준다.

2월 24일 증시가 개장할 때쯤 트레이더들은 이탈리아의 코로나19 확진자 수가 하루 만에 3배, 또 그 다음 날에는 2배 이상 증가했다는 사실을 알게 됐다. 트레이더들을 겁먹게 한 것은 확진자 수를 나타내는 숫자가 아니었다. 그 당시만 해도 그 숫자는 그리 크지 않았다.

그들을 놀라게 한 것은 기하급수적인 증가 추세였다. 그러한 확산세는 코로나19 상황이 점점 악화돼 걷잡을 수 없는 팬데믹으로 발전하고 있다는 것을 보여 주는 확실한 신호였다. 더 걱정스러운 점은 코로나19가 중국에서 이탈리아로 옮겨 간 게 분명하다는 사실이었다. 그것은 코로나19가 전 세계 어디로든 전파될 수 있고, 어쩌면 이미 벌써 전파됐다는 것을 의미했다. 중국이 해결 가능한 문제를 겪고 있다고 생각하는 것과 코로나19 바이러스 확산이 억제되지 않아 전 세계를 위협하고 있다고 깨닫는 것은 차원이 완전히 달랐다. 2월 24일 증시 개장에 앞서 상황은 그렇게 달라져 있었다. 그리고 그날이 바로 신 대공황이 시작된 날이다.

이 장에서는 잃어버린 부나 생산과 관련된 통계에 대해 이야기한다. 나아가 잃어버린 직업, 사업체, 꿈과 관련된 사람들에 대해서도 이야기한다. 마지막으로 경제가 앞으로 어떻게 전개될지 미리 헤아려 보며 미래에 대해 이야기한다. 그럼 이 세 이야기를 하나씩 살펴보자.

시장 붕괴

2월 24일 월요일 주식 시장은 3.6% 하락했다. 3.6% 하락은 그 이후에 찾아온 어두운 날들에 비하면 적은 하락폭이었고, 다우 지수 역사상 최대 퍼센트 하락 순위에서 20위 안에도 들지 못하는 수치다. 그러나 다른 의미에서 불길한 변화였다. 그날의 다우 지수 하락은 시장 참가자들의 심리가 위축될 것임을 암시했다. 2월 24일 전에는 시장이 상승세와 하락세를 오고가며 시장 지수가 신고가까지는 아니더라도 거의 근접하는 흐름을 보였다. 시장은 '우한 플루Wuhan flu'라는 변수를 받아들이는 법을 배웠고, 그 전염병을 곧 해결될 중국의 문제로 보는 경향이 있었다. 2월 24일은 시장 참여자들이 현실을 깨닫고 전 세계적으로 유행하는 팬데믹에 대해 이해하게 되면서 보다 현실적인 새로운 가정에 근거해 주가를 재평가하기 시작한 날이었다. 주식 시장은 미래를 전망하고 그 전망을 바탕으로 주식을 할인 판매하는 것으로 유명하다. 그 전망에 진실이 담겨 있다고 해도 시장이 늘 상황을 정확하게 보고 판단한다고 말하기는 어렵다. 시장은 현실과 동떨어진 사건에 대한 이해를 바탕으로 할인 판매를 하는 경우가 종종 있다. 그럴 경우, 현실과 시장이 내다보는 앞으로의 전망 사이에서 스트레스가 쌓이게 된다. 현실이 항상 승리하지만, 승리하기까지 시간이 좀 걸릴 수 있다. 1월 말부터 2월 21일까지 중국과 코로나19에 대한 긍정적인 이야기가 시장에 널리 퍼져 있었다. 확진자 수가 적정 수준에 머물면서 코로나19 확산이 억제될 것처럼 보였다. 주말인 2월 22일부터 23일까지 이탈리아에서 나온 데이터는 코로나19 종식은 중국의 허황된 희망이라는 현실을 깨닫게 해 줬다. 2월 24일 월요일, 허황된 마법의 주문은 깨졌고 시장은 전 세계적 바이러스 위기라는 실체와 맞닥뜨리게 됐다.

그리고 그때부터 하락세가 지속됐다. 2020년 3월 9일 증시는 7.79%(다우 지수 2,013포인트) 하락했다. 2020년 3월 12일 증시는 9.99%(다우 지수 2,352포인트) 하락했다. 2020년 3월 16일 증시는 12.93%(다우 지수 2,997포인트) 하락했다. 3월 9일, 3월 12일, 3월 16일 모두 큰 하락폭을 보이며 역대 일간 최대 퍼센트 하락 상위 20위 안에 그 기록을 남겼다. 3월 12일과 3월 16일의 하락폭은 역대 일간 최대 퍼센트 하락 상위 5위 안에 속했다. 3월 16일의 변동 폭은 역대 2 위로 가장 큰 일간 최대 퍼센트 하락으로 기록됐다. 이는 첫 번째 대 공황이 시작된 첫째 날과 둘째 날(1929년 10월 28일과 10월 29일)보다 더 큰 하락폭이었다. 역대 1위 일간 최대 퍼센트 하락은 바로 1987 년 10월 19일의 22.6% 대폭락이었다. 1987년 주가 대폭락 이후 시 장 붕괴를 막기 위해 도입된 서킷 브레이커circuit breaker라는 거래 일 시 중지 제도가 반복적으로 발동됐다. 퍼센트 변화 대신 일간 포인 트 하락으로 변동치를 따져 보면, 역대 일간 최대 포인트 하락 상위 10위 중 8개가 2020년 2월과 3월에 발생했다. 다우 지수는 2월 12일 신고가인 2만 9550에서 3월 23일 장중 최저치인 1만 8591까지 떨어 지는 37% 대폭락을 기록했다. 이는 역사에 길이 남을 만한 시장 붕 괴였다. 역사상 가장 긴 강세 시장bull market은 그렇게 끝났고 말았다.

금융 매체에 출연한 월스트리트 지지자들은 대공황 때 다우 지수 가 89.2% 폭락했던 것에 비하면 37% 폭락은 아무것도 아니라고 곧 바로 지적했다. 이 같은 단순 비교는 당시 89.2% 폭락하는 데 3년 (1929~1932년)이 걸렸다는 사실은 쉽게 무시해 버린다. 그 당시 다우 지수는 1929년 17.2%, 1930년 33.8%, 1931년 52.7%, 1932년 22.6% 하락했다. 37%의 코로나19 폭락이 발생하는 데에는 3년은커녕 6주 도 채 걸리지 않았다. 게다가 앞으로 상황이 더 나빠지지 않으리라는 확신도 없다.

주식 시장은 3월 말부터 9월 초까지 인상적인 회복세를 보이며 거의 폭락장 이전의 수준으로 회복했다. 월스트리트 사람들은 최악의 상황은 끝났고, 경제가 빠르게 재개되고 있으며, 견고한 V자형 회복(주가가 빠르게 하락하고 빠르게 반등하는 상승세)이 이뤄지고 있는 신호라며 이 소식을 대대적으로 알렸다. 하지만 역사는 우리에게 그와 다른 이야기를 알려 준다.

1929년부터 1932년까지 89.2%의 대폭락이 발생하는 과정에서도 다우 지수는 월스트리트에 최악의 상황이 끝났다는 희망을 주는 인상적인 반등을 여러 차례 보였다. 1929년 11월 17일부터 1930년 4월 20일까지 증시가 28.6% 상승했고, 1930년 6월 22일부터 9월 7일까지는 13.2% 상승했다. 또 1931년 1월 18일부터 2월 22일까지는 다시 17.5% 반등했고, 1931년 5월 31일부터 6월 28일까지 22.2% 반등을 보였다. 이처럼 역사상 가장 큰 주식 대폭락이 일어나는 와중에도 두 자릿수 반등은 여러 차례 발생했다. 티커 테이프(과거 주식 시장에서 주가를 알려 주던 주식 시세 표시 테이프를 말한다_옮긴이)가 그 사실을 말해 준다. 1929년 반등은 다우 지수 228에서 시작됐다. 1930년 반등은 다우 지수 215에서 시작됐다. 1931년 1월 반등은 다우 지수

163에서 시작됐고, 5월 반등은 다우 지수 128에서 시작됐다. 이러한 증시 반등(반등 폭이 더 작은 경우도 마찬가지다)은 다우 지수가 380에서 서서히 하락해 1932년 7월 42까지 떨어져 바닥을 칠 때까지의 과정 사이사이에 발생했다. 반등이 일어나지 않는 게 아니다. 일부 투자자가 수익을 얻지 못하는 것도 아니다. 다만 반등은 모멘텀이나 희망사항보다 더 큰 세력에 의해 움직이는 장기 추세에 대해서는 우리에게 아무것도 말해 주지 않는다.

첫 번째 대공황 시기에 발생한 이른바 약세장bear-market 반등의 경우, 그 배경이 여전히 끔찍하기는 하지만 기술적 요인(어떤 시기에는 증시가 너무 큰 폭으로 급격하게 떨어져 트레이더들은 반등이 타당하다고 분석했다)과 근본적 요인으로 설명될 수 있다. 모기지 시장 붕괴(2007~2008년), 기록적으로 약한 경기 회복세(2009~2019년), 팬데믹(2020년)을 겪은 21세기 증시의 반등은 그렇게 설명할 수가 없다. 특히 주식에서의 부풀려진 자산 가치는 패시브 투자passive investing, 지수 연동제indexation, 상장지수펀드(미니 지수), 자사주 매입(CEO 스톡옵션 및 세금 절감 효과), '떨어질 때 매수buy the dips'하도록 하는 알고리즘으로 프로그램화된 로봇, 그리고 무엇보다 연방준비제도의 화폐 발행, 금융 시장에 만연해 있는 대마불사(too big to fail, 규모가 너무 커 경제에 큰 영향을 미치기 때문에 공적 자금을 투입해 도산을 막아 주는 것을 말한다_옮긴이)식 사고방식의 결과였다. 이런 환경에서는 투자자들이 장난삼아 시장에 참여한다고 해도 탓할 수 없을 것이다.

이러한 21세기식 술책은 지속 가능하지 않다. 수익률이 높은 업종을 찾으려는 적극적인 투자자들이 사라질 경우, 패시브 투자와 지수연동은 힘이 빠지게 된다. 레버리지를 활용하지 못해 기업의 현금흐름이 악화되면 자사주 매입은 줄어든다. 주식 시장 자금이 실제로 빠져나가고 있을 때 로봇 트레이더만 매수에 나설 것이다. 코딩하는 사람들은 다른 일을 찾게 될 수도 있다. 연방준비제도는 그들은 잘 알지 못하는 심리적 요인으로 화폐유통속도^{velocity}가 떨어지고 있을 때 화폐 발행이 경기 부양책이 될 수 없다는 사실을 깨닫게 될 것이다. 그러면 모든 게임은 끝나고 만다. 그때는 팬데믹, 실업, 미래에 대한 두려움이라는 더 큰 힘이 작용하게 된다.

화폐유통속도 velocity

화폐의 회전율. 화폐가 특정 기간 동안 몇 번 사용되었는가를 나타내는 지표이다. 한 화폐에 대한 신뢰가 무너질 경우 사람들이 그 화폐를 써버리거나 다른 형태의 화폐를 얻으려고 하기 때문에 인플레이션이 발생할 수 있다. 반대로 화폐유통속도가 떨어진다면 경기 침체와 불황으로 이어질 수 있다.

S&P 500 지수 패턴은 이 같은 실상을 반영하고 있다. 이 지수는 2020년 2월 19일 사상 최고치인 3,386을 기록했다. 그러고 나서 코로나19가 확산하자 급락하기 시작했다. 소폭 반등했던 S&P 500 지

수는 코로나19 확진자가 급등하고 실업률이 치솟으면서 3월 4일 다시 또 폭락했다. 또 3월 23일에는 2,237로 최고치보다 33% 하락한 뒤 다시 9월 2일까지 반등해 최저치보다 60% 급등한 3,580이라는 인상적인 수치로 사상 최고치를 또다시 경신했다.

S&P 500 지수는 시가 총액 가중 지수cap-weighted index로, 이는 시가 총액이 더 큰 기업의 주가가 전체 지수 실적에 불균형적인 영향을 미친다는 것을 의미한다. S&P 500 지수에서 시가 총액이 큰 기업들은 아마존, 애플, 마이크로소프트, 넷플릭스, 페이스북, 알파벳(구글의 지주 회사다) 등 잘 알려진 테크 대기업이다. 이들 주식의 공통점은 물리적인 매장에 대한 의존도가 높지 않다는 점이다. 애플은 매장을 운영하고는 있지만, 제품 판매뿐 아니라 상품 전시나 고객 상담을 하는 공간으로 매장을 활용하고 있다. 아마존은 홀푸드Whole Foods를 소유하고 있지만, 아마존 포털 사이트를 통해 주문된 식료품을 가정에 배달하는 역할을 주로 한다. 즉 이 기업들은 주로 소프트웨어, 스트리밍 서비스, 검색, 광고 등을 제공하는 온라인 디지털 회사다. 이 기업들의 상당한 시가 총액을 감안하면 S&P 500을 'S&P 6'라고 부르는 것이 아마 더 현실적일 것이다.

다우존스 산업평균지수를 구성하는 30개 우량 기업 목록에서도 비슷한 패턴이 나타난다. 다우 지수는 시가 총액 가중 방식이 아닌 복잡한 가격 가중 방식으로 산출된다. 그런데 이 목록에도 애플, 시스코, IBM, 인텔, 마이크로소프트 같은 테크 회사들이 포함돼 있다. 또 통신 기업인 버라이즌Verizon, 미디어 기업인 디즈니, 아메리칸 엑스프레스, 골드만삭스, JP모건 체이스, 트래블러스Travelers, 비자 같은 금융 기업들도 목록에 포함돼 있다. 여기서 언급한 기업들이 다우 지수의 40%를 차지한다. 코로나19 팬데믹의 영향을 받지 않은 기업은 없지만, 기술, 통신, 미디어, 금융 기업들은 제조, 운송, 소매 기업들에 비해 훨씬 더 적은 영향을 받았다. 나스닥 종합주가지수NASDAQ Composite 역시 기술주 중심의 지수로 유명하다. 요컨대, 우리의 주요 주가 지수는 실물 경제와 분리돼 있으며, 6000만 명에 달하는 미국의 신규 실업자와 거의 전멸에 가까운 중소기업들에 큰 타격을 받지 않고 비교적 멀쩡한 상태에 있다고 할 수 있다.

오늘날 주식은 인간이 아닌 로봇에 의한 거래가 주로 이뤄지고 있다. 로봇들은 주요 뉴스를 읽고 명령에 따라 즉시 거래하도록 훈련을 받는다. 펀더멘털(fundamental, 경제 상태를 나타내는 가장 기초적인 자료라 할 수 있는 주요 거시 경제 지표를 말한다_옮긴이)은 중요하지 않다(적어도 단기적으로는 그렇다). 알고리즘이 로봇에게 경기 부양책과 관련된 지수를 사라고 하면, 제이 파월Jay Powell 연준 의장이 경기 부양책을 발표할 때마다 로봇이 관련 지수를 살 것이다. 알고리즘이 로봇에게 적자 지출과 관련된 지수를 사라고 하면 미치 매코널^{Mitch McConnell}과 낸시 펠로시^{Nancy Pelosi}가 새로운 재정 지출안에 합의해 악수(혹은 팔꿈치 인사)를 할 때마다 로봇은 관련 지수를 매입할 것이다. 로봇은 생각하지도 분석하지도 앞을 내다보지도 못한다. 그저 명령에 따를 뿐이다.

결국 현실이 끼어들게 된다. 로봇에게도 파산은 경종을 울리는 사건이 될 것이다. 미국 시민들도 두 번째로 몰려올 바이러스 파도의 역학 관계는 몰라도 파산이 무엇인지는 알고 있다. 그들은 파산에 직접적인 영향을 받는다. 고용주가 파산하거나 가지고 있는 주식 가격이 0원이 되면, 파산이 우리에게 미치는 영향을 확실하게 이해하게 될 것이다. 당장 그 영향을 받지 않는 사람들도 자신들의 회사가 그 다음 차례가 될지도 모른다는 두려움을 느낄 수 있다. 어쩌면 그들은 그 다음 달에 일자리를 잃게 되거나, 개인 투자자의 주식 보유가 줄면서 그들의 주식 포트폴리오가 축소될 수도 있다.

불황이 닥치면 경제 지표에만 문제가 생기는 게 아니다. 불황은 실직으로 인한 트라우마와 임대료 납부, 식비, 건강관리, 자녀 교육에 대한 걱정 등 헤아릴 수 없이 많은 문제를 야기한다. 실직은 급여

에만 영향을 주는 게 아니라 자존감, 자신감, 미래에도 영향을 미친다. 또 불황으로 실직만 발생하는 게 아니다. 사업체는 파산하고, 살아남는다고 해도 사업에 지장을 받게 된다. 그 파장은 지역 사회와 도시 전체로 퍼져나간다. 불황은 구석구석에 깊이 파고들어 부정적인 영향을 미치고 그 충격은 오래도록 지속된다. 불황의 충격은 첫 번째 대공황 때와 마찬가지로 세대를 넘어 아주 오랫동안 지속될 수도 있다.

경제 지표는 사람, 기업, 지역 사회가 어떻게 그리고 얼마나 심각한 영향을 받았는지 이해할 수 있게 해 줌으로써 우리가 불황의 깊이를 추정하고 판단하는 데 도움을 줄 수 있다. 또 경제 지표를 통해 단순한 경기 침체가 아닌 불황이 닥쳤다는 사실도 확인할 수 있다. 2008년과 1929년의 금융 위기는 의미 있는 기준점을 제시하지는 못한다. 1998년과 1987년의 금융 위기는 세계 금융 안정에 위협을 가했지만 그 충격이 빠르게 가라앉으면서 그 위기에 직접적인 영향을 받은 사람들이 상대적으로 그리 많지 않았다. 그러나 이번에 우리에게 닥친 불황은 다르다. 데이터를 살펴보면 그 이유를 이해하는 데 도움이 된다.

우선 가장 분명한 점은 2020년 3월 1일부터 10월 1일까지 미국인

6000만 명 이상이 일자리를 잃었다는 사실이다. 이 같은 대규모 실직 사태가 빠르게 회복할 것이라는 생각은 잘못된 생각이다. 실직자 증가세가 처음에는 둔화됐다가 결국 멈추고 회복되기 시작할 것이다. 그렇다고 해서 미국인 6000만 명이 다시 직장에 복귀한다는 것은 아니다. 향후 3년간 매달 100만 개 이상의 일자리가 늘어난다(역사적 기준으로 볼 때 이는 엄청난 수치다)고 해도 2020년 2월 수준으로 회복하기에는 턱없이 부족한 수치다. 게다가 고용률이 빠르게 회복될 것이라는 미심쩍은 전망은 많은 일자리가 아예 사라질 수도 있다는 사실을 간과하고 있다. 봉쇄령이 내려진 기간 동안 영업을 중단하고 직원 20명을 해고했던 식당이 영업 재개 시 그 20명 모두를 재고용하지는 않을 것이다. 식당 영업주는 10명 정도만 재고용하고 상황이 어떻게 돌아가는지 지켜보려 할 것이다. 상황은 쉽게 나아지지 않을 것이다. 사회적 거리를 둔다는 것은 식당 테이블 수가 줄어들고 실내에서 식사할 수 있는 사람 수도 줄어든다는 것을 의미한다. 여전히 남아 있는 코로나19 감염에 대한 두려움 때문에 사람들도 식당에 우르르 몰려가지는 않을 것이다. 물론 이것도 식당이 영업을 재개한다는 가정하에서나 할 수 있는 이야기다. 많은 식당이 영업을 재개하지 않고 폐업하게 될 것이다. 한편, 재고용되지 않은 웨이터와 바텐더들은 그동안 쌓아 온 기술과 네트워크를 잃게 될 것이고, 일부는 자연스럽게 구직을 단념하게 될 때까지 경제활동인구의 범주 내에서 일할 의사가 있지만 직장을 구하지 못하는 실업자로 표류하게 될 것이다.

위에서 예로 제시한 식당 이야기는 실제로 벌어지고 있는 상황이며, 이는 일례에 불과하다. 봉쇄가 이뤄지는 동안 해시태그 #재택근무를 어디에서나 쉽게 볼 수 있었다. 수백만 명에 달하는 직장인이 재택근무를 했다. 고용주들은 10층짜리 사무실 건물로 직원들을 불러 모으느라 100만 시간에 달하는 통근 시간을 허비하고 임대료, 보험료, 관리비 등으로 수백만 달러를 지출하는 것보다 재택근무를 시행하는 게 더 효율적이라는 판단을 내렸다. 근무 환경이 바뀌면서 10층짜리 사무실은 필요 없게 될 것이다. 직원들이 공유할 수 있는 회의 공간이나 하루 단위로 예약해 사용하는 사무실을 이용하면 된다. 사무실에서 고객을 맞이하고 안내하는 직원들도 최소 인원으로 줄어들 것이다. 직원들이 공유하는 사무실에는 근무 시 필요한 개인 물품을 보관할 수 있는 사물함이 생길 것이다. 사무실에서 나올 때에는 다시 그 물품들을 사물함에 넣어 두면 된다. 굳이 사무실에 나가지 않아도 되는 경우라면, 다들 집에서 일할 것이다. 고용주 입장에서는 이런 형태로 근무를 해도 문제될 게 없다. 비어 있는 사무실, 건물주의 임대 수익, 해고된 청소부 직원, 푸드 트럭·노점상·식당의 영업 매출 감소, 반쯤 비어 있는 열차와 버스, 줄어든 점심시간 쇼핑은 괜찮을까? 재택근무가 사무실 상권에 미치는 경제적 파급 효과가 상당할 것이다. 삶은 어떻게든 계속되겠지만, 일자리와 생산량은 계속 유지되지 않는다. 바로 이런 점이 불황과 경기 침체의 차이점이다. 불황이 닥치면 상황이 더 이상 정상적으로 돌아가지 않기 때문에 정상적인 상황으로 다시 돌아가기가 어렵다.

위에서 언급한 상황은 추측이 아닌 실제 데이터에 근거한 이야기다. 2020년 5월에는 소매점 중 32%만이 임대료를 냈다. 다른 업종들도 다르지 않았다. 음식점 및 주점은 32%, 호텔 및 숙박업은 18%, 체육관 및 운동 시설은 26%, 자동차 판매 및 서비스업은 29%, 미용실 및 네일숍은 25%만이 임대료를 냈다. 임대료 미납에 대한 데이터는 거의 모든 업종이 대체로 비슷한 상황에 처해 있다는 사실을 보여 줬다. 소상공인과 중소기업이 겪고 있는 문제를 가볍게 여겨서는 안 된다. 소상공인과 중소기업은 전체 일자리의 50% 정도를 제공하고, GDP의 45%에 해당하는 상품과 서비스를 생산한다. 전체적으로 볼 때 일자리와 생산량을 늘리는 데 있어서는 소상공인과 중소기업이 애플, 마이크로소프트, 페이스북, 구글을 합친 것보다 훨씬 더 중요한 역할을 한다. 임대료 미납은 최악의 경우 영업을 중단하겠다는 의미일 수도 있고, 다행히 그게 아니라면 임대료 재협상에 나서겠다는 신호로 볼 수 있다. 앞서 언급한 문제들은 정부의 적자 지출, 화폐 발행, 상승하는 증시로 쉽게 해결되지 않는다. 오랫동안 지속될 수 있는 아주 골치 아픈 문제들이다.

한계 일수

———

대부분 지역에서 100일 동안 봉쇄가 지속됐지만, 일부 지역에서는 무기한으로 계속되고 있다. 일반 업체가 새로운 수익을 창출하지 못한 채 보유하고 있는 현금으로 공과금을 내야 한다면 과연 얼마나 오랫동안 버틸 수 있을까? 그런 상황에서 음식점이 버틸 수 있는 한계 일수는 16일이고, 소매점의 경우 19일이다. 변호사나 회계사 같은 전문 서비스업의 경우 33일이다. 미용실이나 의상실 같은 개인 서비스업의 경우 21일간 영업을 지속할 수 있다. 그 외에 수많은 업종이 있지만, 모든 소상공인과 중소기업의 평균 일수를 계산해 보면 27일이다. 보통 소상공인들은 큰 액수의 운영 자금을 갖고 있지 않다. 그들은 영업을 통해 벌어들인 수익으로 직원에게 급료를 주고 거래 업체에 대금을 지불한다. 비상시 사용할 여유 자금도 많지 않다. 갖고 있는 현금 잔고로 버틸 수 있는 일수보다 봉쇄가 더 오래 지속됐다는 것은 그들이 폐업을 했거나(폐업 시 수익은 내지 못하지만 현금은 보전할 수 있다) 부족한 자금을 메꾸기 위해 돈을 빌렸거나 파산했다는 것을 의미한다.

　소상공인과 중소기업에 대한 우려는 현실이 됐다. 2020년 9월 21일 〈뉴욕포스트〉는 뉴욕시의 음식점과 주점 중 거의 90%가 8월 임대료를 내지 못했다고 보도했다.[1] 많은 사람들이 이용하는 생활 정보 리뷰 사이트인 옐프Yelp는 2020년 3월 1일부터 8월 31일까지 자사 사이트에 등록된 영업점 중 9만 7966곳이 '영구 폐업'했다고 밝혔다.

　9.11 테러와 남북 전쟁 같은 참사나 자연재해가 발생한 이후 특정 지역에서 단기간 영업을 중단하는 경우는 있었지만, 이런 경우는 미국 역사상 처음 있는 일이었다. 첫 번째 대공황 때에도 파산하는 사업체들이 있기는 했지만 전면적으로 영업을 중단하는 사태는 벌어지지 않았다. 1918년 스페인 독감이 유행하던 시기에도 광범위한 영업장 폐쇄 조치는 없었다(일부 도시에서 스포츠 경기와 같은 대규모 모임 활동이 금지되기는 했다). 스페인 독감이 유행하던 시기에 약 5000만~1억 명이 사망한 것으로 추정되지만, 그 시기에도 세계 경제는 멈추지 않고 계속 굴러갔고 팬데믹이 종식된 이후에는 대부분의 선진국에서 사업 확장이 활발하게 이뤄졌다. 코로나19로 미국 경제에 일어나고 있는 일은 한 번도 들어 본 적 없는 전례 없는 일이라 할 수 있다.

대기업의 도산

———

소상공인과 중소기업이 봉쇄에 큰 타격을 받는 한편, 대기업도 버티지 못하고 줄줄이 무너졌다. 2020년 5월 대기업의 파산 신청(부채 규모 5000만 달러 이상)은 2009년 이후 어느 해 5월보다 많았다. 2009년 5월은 구제책이 고갈되고 현금 흐름이 줄어들었던 2007~2009년 경기 침체가 막바지에 이르렀을 때였다. 2020년 5월은 신 대공황이 막 시작된 시기나 다름없었다. 대규모 파산 신청은 한동안 급증할 것이다. 이번에 닥친 불황으로 미국을 상징하는 대표 기업인 브룩스 브라더스Brooks Brothers, J. C. 페니J. C. Penney, 피어 원 임포트Pier 1 Imports, 제이 크루J. Crew, 니만 마커스Neiman Marcus, 허츠Hertz, 프론티어 커뮤니케이션Frontier Communications, 체사피크 에너지Chesapeake Energy, 골드 짐Gold's Gym이 이미 무너졌다.[2] 파산 전문 변호사들은 더 많은 파산 신청 작업을 하고 있다고 한다. 파산 신청을 한 기업 대부분은 청산을 하기보다는 조직 개편에 들어가게 된다. 파산 보호 결정이 난 기업은 계속 영업을 할 수 있는 반면, 채권단은 법정 관리가 시작되면서 일정 기간 동안 해당 기업에 채무 이행을 청구할 수 없다. 파산 신청에 따른 조직 개편 계획에는 대량 해고, 공장 폐쇄, 임대차 계약 해지, 연금 및 복리 후생 축소 등이 포함된다. 파산 보호에 들어간 기업이 사업을 이어 나간다고 해도, 일자리와 공급망은 계속 타격을 입을 수밖에 없다. 거듭 말하지만, 이와 같은 문제들은 영구적 손실이나 다름없다. 파산한 상태에서 곧바로 회복하는 경우는 없다.

다른 경제 지표도 딱히 나을 게 없었다. 2020년 6월 8일 민간 연구 기관이기는 하지만 경기 침체 여부를 판단하고 결정하는 기관으로 알려진 전미경제연구소(NBER)는 미국 경제가 2020년 2월 경기 침체에 돌입했다고 공표했다.[3] 물론 NBER는 공식적인 경기 침체만을 이야기할 뿐 훨씬 더 심각한 문제인 불황은 언급조차 하지 않았다. 2020년 5월 미국의 미결 주택 판매는 전년 동월 대비 35% 급감했다. 이는 2007~2009년 주택 담보 대출 위기 때보다 더 큰 부동산 시장 붕괴였다. 미국 자동차 전문 매체인 워즈오토Ward's Auto가 발표한 조사에 따르면, 미국 자동차 판매량이 3월 약 1700만 대(연간 환산치)에서 4월 약 900만 대(연간 환산치)로 추락해 한 달 만에 47%나 급감했다고 한다. 5월에는 자동차 판매량이 1200만 대를 넘어서기도 했지만, 코로나19 이전의 판매량과 비교하면 여전히 30% 낮은 수준에 불과했다. 미국 공급관리자협회(ISM)의 제조업체 구매 관리자(PMI) 지수는 2020년 3월에 51이었던 수치가 5월에는 43.1로 하락해 심각한 경기 위축을 보였다.

세계 무역의 위축

———

미국 상무부U.S. Commerce Department는 미국의 2020년 4월 무역 수지 적자가 494억 달러를 기록했다고 밝혔다. 무역 수지 적자는 GDP 성장에 방해가 되기는 하지만 국제 무역 보고서에서 그리 중요한 부분을 차지하지는 않는다. 무역 수지 적자는 수출에서 수입을 뺀 수치일 뿐이다. 4월 수출은 3월 대비 20.5% 감소한 반면 수입은 같은 기간 13.7% 감소했다. 무역 흑자나 적자는 세계 무역만큼 중요한 문제가 아니다. 2020년 6월 25일 영국의 공신력 있는 경제 분석 기관인 캐피털 이코노믹스Capital Economics는 4월 세계 무역 데이터를 분석한 결과 '역대 가장 가파른 하락세를 보이며 위축' 됐다는 사실을 확인했다고 밝혔다.[4] 우리는 세계 무역의 광범위한 붕괴를 목격하고 있다. 국가별 무역 흑자나 적자가 아닌 세계 총 수출에서 드러난 세계 무역의 위축은 첫 번째 대공황을 규정짓는 가장 결정적인 특징 중하나였다. 신 대공황을 맞은 지금 세계 무역은 다시 감소하고 있다.

미국의 2020년 1분기 GDP는 연율(해당 분기 추세가 1년간 이어진다고 가정해 계산한 수치를 말한다_옮긴이) -5%를 기록했다. 이는 2007~2009년 경기 침체 여파가 한창이던 2009년 1분기 GDP인 -4.4%보다 더 가파른 하락세를 보이는 마이너스 성장률이었다. 2020년 1분기 하락은 3월의 경제 붕괴를 더 두드러지게 보여 주는 1

월과 2월의 비교적 양호한 성적이 그나마 완충 작용을 해 나온 결과였다.

2020년 7월 30일 발표된 미국의 2분기 GDP는 미국 역사상 최악의 경제 성적을 기록한 재앙 그 자체였다. 미국의 2분기 실질 GDP는 전분기 대비 9.5% 감소했고, 연율 환산 기준으로 32.9% 감소해 사상 최악이었다. 22조 달러 규모의 경제에 9.5% 감소율을 적용하면 2분기에 2조 1000억 달러 이상의 GDP 손실을 보게 된다는 계산이 나온다. 2008~2009년은 물론이고 1929~1933년과도 비교가 되지 않는 수치다. 가을이 되면서 상황은 더 심각해졌다. 미국 역사상 단일 분기 기준 가장 큰 규모의 GDP 손실을 기록했다. 미국 인구로 계산하면 1인당 소득 손실이 6,365달러에 달하는 수치다. 4인 가족을 기준으로 계산하면 가구당 약 2만 5000달러에 달하는 소득 손실이 발생한 셈이다. 지금껏 이런 경우는 단 한 번도 없었다.

2분기 GDP 보고서에 숨겨진 또 다른 통계 역시 심상치 않다. 조정 인플레이션inflation adjustment이 -2.1%로, 이는 디플레이션이 왔음을 의미한다. 실제로 디플레이션 효과로 실질 GDP가 명목 GDP보다 높았다. 이는 디플레이션이 부채의 실질 가치를 늘리기 때문에 채무자들이 경제 상황보다 훨씬 더 안 좋은 상황에 처할 수 있음을 의미한다. 디플레이션이 지속되면 채무 불이행이 증가할 수밖에 없다.

세계 경제 상황

————

미국의 경제 위기는 보다 넓은 맥락에서 이해해야 한다. 이번 불황은 전 세계에 영향을 미치고 있어 해외의 경제 상황도 심각하기는 마찬가지다. 유럽 국가들의 2020년 GDP 하락 전망치에 따르면, 독일 6.5%, 그리스 9.7%, 스페인 9.4%, 프랑스 8.2%, 이탈리아 9.5% 하락할 것으로 내다보고 있다. 2020년 유럽 연합(EU) 전체 GDP 성장률은 7.7% 감소할 것으로 전망하고 있다. 코로나19 팬데믹 이전의 EU 전체 GDP는 18조 7000억 달러였다. 7.7% 하락 전망은 2020년에는 전년 대비 1조 4400억 달러의 생산량 손실이 발생할 수 있음을 의미한다. 유럽 인구 1인당으로 따지면 3,230달러, 4인 가족을 기준으로 계산하면 가구당 1만 2900달러에 해당하는 소득 손실이 발생하는 셈이다. 이 정도면 제2차 세계대전이 끝날 무렵의 경제 붕괴에 맞먹는 수준이다.

국제통화기금(IMF) 역시 세계 경제 성장률에 대한 어두운 전망에 동의했다. 2020년 6월 24일 IMF는 2020년 세계 경제 성장률에 대한 전망치를 수정 발표했다.[5] 수정해 내놓은 전망에 따르면, 2020년 미국 GDP가 8% 하락할 것으로 예상되며 이는 제2차 세계대전이 끝나고 동원 해제가 이뤄진 이후 발생한 최악의 GDP 감소였다. IMF는 2020년 세계 경제 성장률도 3.9% 하락할 것으로 전망했다. 이는 1930년대 대공황 이후 최악의 세계 경제 성적이다. IMF의 경제 전망은 백악관에서 흘러나오고 있는 억압된 수요(불가피한 상황으로 일정 기간 억눌려 있던 소비가 상황이 완화되면서 실제 소비로 이어지는 폭발적 수요를 말한다_옮긴이)에 대한 이야기와 완전히 상반된다. IMF의 경제 전망은 백악관이 내놓은 전망보다 훨씬 더 정확할 가능성이 높고 다른 전문가들의 경제 분석 결과와도 일치한다.

생산 손실은 기업의 수익과 개인의 소득이 감소하는 것 이상을 의미한다. 주 정부와 지방 정부의 판매세와 소득세는 물론이고, 연방 정부의 소득세, 소비세, 관세도 감소하게 된다. 그 영향은 이미 나타나고 있다. 2020년 6월 24일 빌 더블라지오 Bill de Blasio 뉴욕 시장은 뉴욕시가 수개월 내에 뉴욕시 공무원 2만 2000여 명을 해고해야 할지도 모르는 위기 상황에 처해 있다고 경고했다.[6] 실제로 해고가 단행될 경우, 2012년 이후 처음 발생한 공무원 해고 사태가 될 것이며, 1970년대에 뉴욕시 정부가 파산 직전까지 갔던 위기 이래 최대 규모의 감원 결정이 될 것이다.

우리는 다음 장에서 신 대공황에 대응하는 통화정책과 재정정책을 자세히 살펴볼 것이다. 그런데 실업급여, 보건 의료, 긴급 대응 전문가, 경찰, 기타 비상사태 대응과 관련해 정부 지출이 급증하고 있는 상황에서 정부 세입이 고갈되고 있다는 것만 봐도 연방 정부, 주 정부, 지방 정부 모두 경기 회복에 대한 희망 없이 수십억 달러의 재정 적자(연방 정부의 경우, 수십조에 달하는 재정 적자)를 기록하게 되리라는 것을 알 수 있다.

주식 시장과 실물 경제

———

월스트리트 전문가들은 경기가 아주 빠르게 회복되고 있다고 주장하면서 강력한 경기 회복의 증거로 증시를 꼽고 있다. 미국 증시는 2020년 4월 말부터 9월 초까지 강력한 실적을 내면서 코로나19 팬데믹으로 인한 손실을 거의 회복할 정도로 상승했다. 그러나 이런 증시 회복은 경기 회복을 증명해 주지는 못한다. 현 단계에서 주식 시장과 실물 경제는 따로 움직이고 있다. '떨어질 때 매수'를 하고 주요 뉴스를 추적하고 주가 모멘텀을 강화하도록 프로그램화된 로봇에 의해 주가가 결정되고 있다. 주가 지수는 대부분의 개인과 기업들이 직면한 어려운 위기 상황에 비교적 영향을 받지 않은 일부 기업이 장악하고 있다. 2020년 4~9월 증시는 기술과 금융에 대한 전망을 단기적으로나마 말해 주고는 있지만 실업률, 경제 성장률, 붕괴하고 있는 정부의 현금 흐름, 경기 회복에 대해서는 아무것도 말해 주지 않는다.

신 대공황이 우리 앞에 닥쳤다. 데이터를 보면 알 수 있다. 지금 당장은 주식 시장이 그 사실에 동의하지 않겠지만, 결국 인정하게 될 것이다. 신 대공황이 사람들의 삶에 미치는 영향을 살펴보면 곧 실감하게 될 것이다. 그럼 이제 사람들에 대한 이야기를 살펴보도록 하자.

대량 해고와 실업의
2차 파도

미국인들이 코로나19의 2차 파도에 대한 대비는 하고 있을지 모르지만, 대량 해고와 실업의 2차 파도에는 확실한 대비가 돼 있지 않을 것이다. 대량 해고와 실업의 2차 파도가 우리를 향해 몰려오고 있다.

코로나19 팬데믹으로 인한 불황은 미국 역사상 유례없는 일시 해고 급증을 몰고 왔다. 총 해고 건수만큼이나 우리가 주목해야 할 점은 대량 해고가 발생한 속도다. 첫 번째 대공황 당시의 실업률은 불황이라고 판정할 수 있는 수준에 도달하기까지 3년이 걸렸다면, 2020년의 실업률은 3개월 만에 그 수준에 도달했다. 이처럼 심각한 상황을 겪으면서 어떤 경제 분석가들은 바로 안도감 섞인 의견을 내놓기도 했다. 그들은 다른 건 몰라도 최악의 상황은 이미 지나갔다면서, 미국의 실업자들이 다시 일자리를 구하고 팬데믹 이전의 매우 낮았던 실업률까지는 아니더라도 보다 안정된 수준으로 실업률을 회복할 수 있을 것으로 기대했다. 그런데 공신력 있는 증거 자료를 살펴보면 상황은 그와 정반대다.

실업률은 2020년 5월 31일 13.3%까지 올랐다가 2020년 9월 30일 7.9%로 떨어졌다. 실업률이 그 수준에서 급격히 하락하거나 수년 안에 완전 고용 상태에 근접하게 될 것이라고 믿을 만한 근거는 없다. 실업률 하락을 기대하기 어려운 이유는 두 가지가 있다. 첫 번째는 코로나19 팬데믹 이전에 이미 경기가 약화돼 있었다는 점이다. '역사상 가장 위대한 경제'라는 백악관의 주장은 명목 GDP를 기준으로 봤을 때에나 맞는 말이다. 그러나 그 말이 사실이라고 해도 무의미하다. 중요한 것은 미국 국민들은 실질적인 성장에 주목한다는 점이다. 실질적인 성장이 선행돼야만 일자리가 만들어지고, 기업이 성장하고, 혁신을 이끌어 낼 수 있기 때문이다. 미국은 지난 경기 확장 기간(2009~2019년) 동안 연평균 성장률 2.2%를 기록해 미국 역사상 가장 약한 성장률을 보였다. 연간 경제 성장률 대부분은 연평균 성장률 2.2%에 근접한 수준이었고, 3% 연간 성장률을 기록한 적은 아예 없었다. 중요한 사실은 트럼프 재임 기간(2017~2019년)과 오바마 재임 기간(2009~2016년)을 비교해 봐도 실질적 차이가 없었다는 점이다. 연평균 경제 성장률 2.2%는 1980년 이후 경기 확장 기간의 연평균 경제 성장률인 3.2%와 비교해도 저조한 성적이다. 1950년대와 1960년대에는 연평균 경제 성장률이 4%를 넘었다.

미국 경제는 코로나19 팬데믹 이전에 이미 약화된 상태였다. 많은 사업체가 간신히 버티며 현상 유지를 하고 있었고, 그보다 더 많은 사업체가 파산 신청을 고려하고 있었다. 코로나19 팬데믹은 재정적 어려움을 겪고 있던 기업들이 대량 해고를 하거나, 파산 신청을 하거나, 몸집을 줄이거나, 폐업을 할 수 있는 절호의 기회가 됐다. 첫 번째 대량 해고(2020년 3~6월)는 서둘러 이뤄졌다. 두 번째로 몰려올 대량 해고(2020년 10월~2021년)는 보다 더 세심한 계획에 따라 조직적으로 이뤄질 것이다.

첫 번째 대량 해고는 소매점 점원, 고객 응대 노동자, 음식점이나 주점에서 서빙하는 노동자, 미용실이나 의상실에서 일하는 점원이나 스타일리스트, 자동차 영업 사원, 바리스타, 긱 경제(gig economy, 기업에서 필요에 따라 임시직이나 계약직을 고용해 일을 맡기는 경제 형태를 말한다_옮긴이)의 대규모 노동자 등을 포함한 저임금 노동자 중심으로 이뤄졌다.

두 번째 대량 정리 해고가 발생하기까지는 시간이 좀 걸릴 것이다. 정리 해고할 직원을 선별하고 첫 번째 대량 해고로 인한 생산 손실을 파악하는 데 시간이 필요할 것이다. 기업들은 현재 구조 조정을 하기 위해 준비 중이고, 앞으로 더 많은 해고 통지서가 발송될 것이다. 두 번째 대량 해고는 변호사, 회계사, 은행원, 간호사, 부동산 중개사, 중간 관리자, 주 정부나 지방 정부 공무원, 개발자 등 고소득 전문직 종사자를 대상으로 이뤄질 것이다. 일부는 전반적인 경제 붕괴에 따른 서비스 수요 감소로 해고될 것이다. 자동차와 주택 판매량이 감소하고 있다면, 해당 거래를 성사시키기 위한 변호사와 은행원의 역할도 그만큼 줄어들 것이다. 또 일부는 그들을 지원하는 데 필요한 과세 기반이 심하게 침식되면서 해고될 수도 있다. 주 정부와 지방 정부는 연방 정부처럼 적자 예산을 편성하거나 화폐를 발행할 수 없다. 세입이 바닥나면 부담이 되거나 불필요한 일자리는 서둘러 정리할 수밖에 없다. 타격을 입은 사업체들은 그들과 거래하는 다른 업종에도 영향을 줄 것이다. 음식점이 폐업할 경우, 웨이터나 요리사는 폐업과 동시에 직장을 잃게 될 것이다. 음식점 영업과 관련이 있는 농어민, 운전기사, 세탁소, 기타 음식점 영업에 필요한 서비스를 제공하는 여러 업체가 폐업의 여파를 체감하는 데에는 시간이 좀 걸릴 것이다. 어느 정도 시간이 지나면 폐업한 음식점들과 연계된 다른 업종에도 곧 감원 바람이 불어닥칠 것이다. 이렇듯 상황은 정적인 현상으로 끝나지 않고 매우 역동적으로 전개되고 있다. 사무직과 관련 업종에서 정리 해고가 확산됨에 따라 직장을 잃은 실업자들은 식당이나 체육 시설에 대한 수요를 줄이려 할 것이고, 그렇게 되면 이미 심각한 타격을 받고 있는 해당 업종들은 더 큰 영업난에 시달리게 된다. 이 같은 악순환의 고리가 바로 불황과 단순한 경기 침체를 구분 짓는 특징이다.

고용 회복을 가로막는 또 다른 역풍은 첫 번째 대량 해고 때 해고된 많은 블루칼라 노동자들이 정부의 지원 덕분에 단기적으로나마 나름 잘 지내고 있다는 사실이다. 2020년 6월 4일 미국 의회예산처 Congressional Budget Office는 실업급여를 받고 있는 사람 중 80%가 재취업해 벌 수 있는 예상 수입보다 더 많은 액수의 실업급여를 수령하게 될 것이라고 밝혔다. 실업급여 정책이나 실업급여 수령인을 비판하려는 게 아니다. 다만 이런 현실이 빠른 고용 회복에 걸림돌이 될수도 있다는 이야기를 하는 것이다. 노동자들은 일자리를 구할 수 있거나 이전 직장으로 다시 복귀할 수 있다고 해도 일을 다시 시작하기보다는 실업급여를 받는 쪽을 택할 것이다. 실제로 식당을 경영하는 사람들이나 영업 재개를 앞두고 있는 다른 업주들의 이야기를 들어 보면, 직원들이 다시 돌아와 일할 생각을 하지 않는다고 말하는 경우를 심심치 않게 볼 수 있다. 앞서 의회예산처가 내놓은 자료와 일치하는 진술이다. 또 미국 정부의 대대적인 경기 부양책으로 미국 국민에게 현금을 지급(성인 1인당 1,200달러, 아동 1인당 500달러)한 사실이나, 2020 경기부양법안 2020 CARES Act에 따라 시행된 중소기업 급여 보호 프로그램Payroll Protection Plan 대출금이 2020년 3~4월의 개인 소득 손실액보다 훨씬 큰 금액이었다는 사실도 의회예산처의 발표와 그 맥을 같이한다. 현금 지원과 경기부양법안에 의한 대출은 일회성 긴급 구제 조치로 불황이 지속되는 상황에서 지속 가능한 형태로 소득 손실을 채워 주지는 못할 것이다. 그러나 이러한 자금 지원은 본래 그 정책이 의도한 대로 대량 해고의 즉각적인 충격을 완화시켜 줬다. 문제는 정리 해고와 소득 손실이라는 최악의 결과가 여전히 해결되지 않고 우리 앞에서 기다리고 있다는 데 있다.

미국 경제에서 일자리와 관련해 정확히 어떤 일이 벌어졌는지를 보여 주는 인상적인 데이터는 2003년부터 2020년까지 미국의 총 고용이다. 미국의 일자리는 2001년 경기 침체에서 경기가 꾸준히 회복하면서 증가하기 시작했다. 총 고용은 2003년 1억 3000만 건에서 2007년 중반 1억 3700만 건으로 증가했다. 세계 금융 위기 당시 미국에서는 2007년 중반부터 2009년 후반까지 총 900만 명이 일자리를 잃었다. 2010년 총 고용은 2003년 수준으로 회복되기는 했지만 그보다 더 높은 수준으로 증가하지는 않았다. 마치 일자리 수가 6년간 변하지 않고 그대로 유지된 것처럼 보일 정도로 별 차이가 없었다. 오바마 행정부 7년과 트럼프 행정부 3년을 합친 지난 10년간 미국에서는 2000만 개가 넘는 일자리가 생겨났다. 장기간에 걸쳐 이뤄진 경기 회복(2009~2019년)의 경제 성장률은 약했지만, 미국 역사상 가장 오랫동안 꾸준하게 지속된 경기 확장이었다.

그 후 신 대공황이 찾아왔다. 미국에서는 2020년 3월부터 9월까지 6000만 개가 넘는 일자리가 사라졌다. 총 고용은 이제 1990년대에나 볼 수 있었던 수준으로 감소했다. 일자리 증가가 지난 30년간 멈춰 선 것처럼 돼 버렸다. 고용이 30년 뒤로 후퇴하는 데 단 6개월밖에 걸리지 않았다.

이 정도로 엄청난 수준의 일자리 감소는 말로 다 표현할 수 없는 심각한 위기라 할 수 있다. 통계를 죽 나열하기는 쉽지만, 실직으로 사람들이 받을 충격을 다 설명하기란 불가능하다. 실직은 직업을 잃은 각 개인에게 트라우마가 되고, 실업자 개개인은 상당한 스트레스를 받게 된다. 실직한 사람들은 가족들을 먹여 살릴 수 있을지, 주택 담보 대출을 갚을 수 있을지, 의료 보험 혜택을 제대로 받을 수 있을지, 학교 등록금은 낼 수 있을지 걱정하게 된다. 실직으로 인한 트라우마를 겪는 사람이 7000만 명 이상(실직한 당사자뿐 아니라 그 가족까지 포함된다)이 되면, 사람들도 미국을 덮친 집단 트라우마의 심각성을 어느 정도 감지하기 시작할 것이다.

보다 긴 관점에서 보면 우리가 현재 신 대공황을 겪고 있다는 사실을 더 생생하게 실감할 수 있다. 1948년 이후 1973~1975년과 1981~1982년 발생했던 심각한 경기 침체와 2008년 세계 금융 위기를 포함한 모든 경기 침체 기간에 발생한 일자리 감소를 살펴보자. 방금 언급한 세 번의 경제 위기가 발생할 때마다 '대공황 이후 최악'의 경기 침체라는 수식어가 붙었다. 그 당시 기준으로 보면 그 수식어는 과장이 아닌 사실이었다. 그러나 매번 더 심각한 경기 침체가 찾아와 그 수식어를 꿰찼다. 일부 기록적인 경기 침체(1949년과 1958년에도 심각한 경기 침체가 발생했다)가 특히 더 눈에 띄는 게 사실이지만, 2020년 신 대공황에 필적할 만한 경제 위기는 없다. 신 대공황에 발생한 일자리 감소는 지난 네 번의 경기 침체 때 발생한 일자리 감소를 모두 합친 것보다 더 크다.

전체 일자리 감소 수보다 더 충격적인 사실이 있다. 바로 신규 실업자들의 소득 분포다. 2020년 전체 일자리 감소 중 약 10%가 소득 상위 20% 계층에 타격을 입혔다. 전체 일자리 감소 중 약 55%가 소득 하위 40% 계층에 타격을 입혔고, 전체 일자리 감소 중 35%는 소득 하위 20% 계층에서 집중적으로 발생했다.

블루칼라 일자리는 실물 경제의 근간이다. 우리 모두는 음식점에서 식사를 하고, 호텔에서 숙박을 하고, 드라이클리닝 서비스를 이용하고, 은행 거래를 하고, 그 외에 우리 일상생활을 구성하는 수많은 활동을 하기 위해 블루칼라 노동자들에게 의지한다. 중소기업(SME)은 GDP의 45%를 창출하고 있으며, 전체 일자리의 약 50%를 만들어 내고 있다. 블루칼라 일자리가 직격탄을 맞음으로써 미국 경제 역시 회복하는 데 10년 이상 걸릴지 모르는 엄청난 경제적 피해를 입게 됐다.

경제활동참가율 감소

일자리와 관련해 우려되는 또 다른 문제점은 경제 활동 참여가 급격하게 감소하고 있다는 점이다. 경제활동참가율은 실업률보다 좀 더 구체적이고 기술적인 고용 지표라 할 수 있고, 미국 경제의 장기적인 잠재 성장률과 관련해 실업률보다 더 중요한 지표가 되기도 한다.

매달 실업률이 발표될 때마다 코로나19 팬데믹 이전의 최저치인 3.4%에 근접한 수치인지, 아니면 2020년 5월과 6월에 발표된 1940

년대 후반 이후 최고 수준의 수치를 경신했는지 등을 확인하는 제한된 방식으로 실업률이 계산돼 발표된다. 실업률을 계산하는 공식의 분모는 경제활동인구수다. 분자는 경제활동인구 중 구직 활동을 하고 있는 실업자 수다. 구직 활동 중인 실업자를 경제활동인구(구직자 포함)로 나누면 금융 매체의 집중 조명을 받는 실업률이 나온다.

실업률(%) = (실업자 ÷ 경제활동인구) × 100

만약 당신이 적극적으로 구직 활동을 하지 않는 실업자라면 어떨까? 정부가 실업률을 계산할 때 당신은 그 계산에 반영되지 않는다. 적극적으로 구직 활동을 하지 않으면 직업이 없어도 실업자로 규정하지 않기 때문이다. 심지어 같은 이유로 경제활동인구에도 속하지 못한다. 즉 취업자도 실업자도 아닌 사람이 되는 것이다.

설령 직업이 없다고 해도 엄연히 존재하는 사람이다. 직업이 없는데 구직 활동을 하지 않는 사람은 경제활동참가율 (LFPR)이라는 다른 통계에 반영된다. 경제활동참가율은 실업률보다 더 간단한 방식으로 계산된다. 경제활동참가율 계

경제활동참가율

15세 이상 인구 중 경제활동에 참가하고 있는 인구 비율을 말한다. 2020년 9월 30일 미국의 경제활동참가율은 61.4%로, 61.4%는 1970년대 수준의 경제활동참가율이다.

산 공식의 분모는 15세 이상 노동가능인구(구직 활동 여부와는 상관없다)이고 분자는 경제활동인구다. 즉 구직 활동 여부나 직업 유무에 상관없이 15세 이상의 노동 가능한 인구로 경제활동인구를 나눈 값이 경제활동참가율이다.

경제활동참가율(%) = (경제활동인구 ÷ 노동가능인구) × 100

1970년대 60%에서 1990년대 후반 67% 이상으로 크게 증가한 경제활동참가율은 경제 활동을 하는 여성의 증가와 베이비붐 세대의 활발한 경제 활동 참여를 대변한다. 여러 타당한 이유로 직업을 갖지 못하거나 찾지 않는 사람들이 늘 존재하기 마련이다. 이런 비경제활동인구에는 학생, 주부, 조기 퇴직자, 요양 중인 노동자 등이 포함된다. 67% 이상의 경제활동참가율은 선진 경제에서도 상당히 높은 비율로 간주되며 탄탄한 경제력을 나타내는 지표가 된다. 2000년 미국 최고의 호황기를 이끈 클린턴 대통령의 임기 말에 미국의 경제활동참가율은 67%를 웃돌았다.

경제활동참가율은 그 이후로 꾸준히 하락했다. 2001년 경기 침체와 2008년 세계 금융 위기 모두 경제활동참가율 하락의 원인이 됐다. 또 연로한 베이비붐 세대가 은퇴하기 시작하면서 인구 통계학적 요인에 영향을 받기도 했다. 비만, 당뇨병, 약물 중독 등으로 건강이 감퇴하고 교도소 수감자 비율도 증가하면서 더 많은 인구가 비경제활동인구에 속하게 됐다. 2015년 경제활동참가율은 약 62.4%로 떨어졌다. 이후 5년간 경제활동참가율은 소폭 상향 편의upward bias를 보이며 62.4%에서 63.5% 사이를 오르내렸다.

2020년 9월 30일, 거의 하룻밤 사이 2020년 신 대공황은 미국의 경제활동참가율을 1970년 수준인 61.4%로 크게 떨어뜨렸다. 거듭 말하지만, 마치 미국 경제가 타임머신을 타고 50년 전으로 돌아간 것만 같은 상황이었다. 지난 반세기 동안 여성들, 소수자들, 사회적 약자들이 꾸준히 쌓아 온 경제활동참가율이 눈 깜짝할 사이 무너져 내렸다.

상황은 더 악화될 것이다. 실업률과 경제활동참가율을 계산해 발표하는 미국 노동통계국(BLS)은 업무 폭증, 주 정부의 늦은 통계 보고, 분류 작업 문제 등으로 갑자기 쇄도하는 실업급여 신청과 공식 고용 통계를 계산하는 데 사용되는 가구 조사를 그때그때 따라잡아 반영하기 어려운 상황이라고 시인했다. 노동통계국은 밀린 업무를 파악하는 데 속도가 붙기 시작하자 주요 데이터 수정이 필요할 수도 있다며 경제 분석가들에게 주의를 주기도 했다. 그들이 말하는 데이터 수정이란 실업률이 더 증가하고 경제활동참가율이 더 감소할 것이라는 의미였을 것이다. 실업률 증가와 경제활동참가율 감소 모두 미국의 경제 성장에 적신호가 될 수 있다.

총생산을 생각해 볼 수 있는 간단한 방법이 있다. 현재 일하고 있는 전체 노동자 수와 평균 노동 생산성을 구하면 된다. 그 두 가지만 알면 된다. 얼마나 많은 노동자가 일하고 있고, 그 노동자들은 얼마나 생산적인가? 이 질문에 대한 답만 알면 된다.

성숙한 경제에서는 생산성이 잘 변하지 않는다. 그래도 변할 수는 있다. 최근 들어, 경제학자들이 알 수 없는 이유로 생산성이 조금씩 떨어지고 있다. 이 같은 변화는 고령화 인구나 우리가 일을 하기보다는 기술을 사용하면서 시간을 허비하고 있다는 사실과 관련이 있을 수 있다. 생산성은 코로나19 팬데믹이 발생하기 전 10년 동안 경제 성장률이 둔화됐던 이유를 설명해 주는 요인 중 하나다.

2000년 이후 경제 성장의 주역은 바로 경제활동인구의 규모였다. 경제활동참가율이 바로 그 규모를 판단하는 척도다. 이유가 어떻든 간에 당신이 일을 하지 않으면 경제활동인구에서 제외되고 여러분의 생산성은 0으로 떨어진다. 2007년부터 2010년까지 경제 활동 참여의 급격한 감소는 세계 금융 위기와 경기 침체로 인한 생산량 감소와 동시에 일어났다. 경제활동참가율은 2010년부터 2019년까지 소폭 반등했으며, 이는 특별하지는 않지만 꾸준한 성장세를 보인 당시의 경제 흐름과 일치하는 변화였다.

2020년 현재 경제 활동 참여는 붕괴했다. 발표돼 나오는 데이터는 급변하는 현실을 따라잡지 못하고 있다. 경제활동참가율은 61% 이하로 더 떨어질 가능성이 있다. 그 원인으로 현재 실직 상태에 있는 사람들 중 일부가 퇴직하기로 결정하거나, 아니면 일자리를 구하지 못해 경제활동인구에서 제외될 것이라는 점을 들 수 있다.

실업률이 일시적으로 높아지는 경우가 종종 발생하기도 하지만, 이번에 발생한 대량 실업은 단기간 내에 해결되지 않을 것이다. 일자리 감소는 일자리를 구하는 데 필요한 기술, 인적 관계, 신원 보증인이 줄어들면서 오랫동안 지속될 것이다. 말 그대로 파국을 맞았다고 할 수 있다. 즉 문을 닫았던 사업체들이 영업을 재개하고 실업자 중 일부는 다시 일자리를 찾을 수 있을지 모르지만, 일부는 결코 다시 일자리를 구하지 못할 수도 있다. 생산성이 조금 높아진다고 해도 생산량 감소는 오랫동안 계속될 것이다. 경제활동참가율은 마치 절벽을 뛰어내리듯이 급격하게 추락했다. 그 결과 경제는 물속에 잠겼다. 경제의 총생산은 어쩌면 수십 년 동안 그 안에 잠겨 있게 될지도 모른다.

봉쇄의 충격

───

미국 국민 대부분은 현재 미국 경제가 어떤 상황에 처해 있는지는 알고 있을 것이다. 그들은 실업률과 실업급여 신청이 충격적일 만큼 급증했다는 소식을 익히 들어 알고 있을 것이다. 또 그들은 봉쇄령이 내려져 모든 사업체가 문을 닫았다는 사실과 정부가 그들에게 집에 머물고, 가능한 한 외출을 자제하고, 외출 시 마스크를 착용할 것을 요구했다는 사실도 잘 알고 있을 것이다. 현재 어떤 일들이 벌어지고 있는지 알고는 있지만, 아직 그 상황에 적응하지는 못한 상태다. 모든 일이 너무 갑작스럽게 일어났기 때문에 미국 국민들은 경제 봉쇄의 충격에서 쉽게 벗어나지 못하고 있다.

지금 우리는 앞으로 무슨 일이 일어날지 아무도 모르는 상황에 직면해 있다. 미국 경제는 곧 정상적으로 재개할 것인가? 2021년 하반기가 되면 다시 정상적인 생활을 할 수 있을까? 아니면 일부 지역에서는 봉쇄 조치가 계속 실행될 수도 있을까? 무엇보다 가장 궁금하고 중요한 문제는 바로 코로나19의 2차 파도가 미국과 전 세계를 강타할 것이냐는 점이다. 그 2차 파도는 우리가 앞서 겪은 1차 파도보다 더 치명적일까?

1918년 스페인 독감이 대유행할 당시에는 2차 파도가 몰려왔다. 1918년 3월부터 6월까지 치명적인 1차 감염 파도가 전 세계를 덮치면서 수백만 명이 목숨을 잃었다. 그러나 그 감염 파도는 1918년 10월 발생한 2차 파도에 비하면 경미한 수준에 불과했다. 스페인 독감의 2차 파도는 필라델피아 같은 미국의 주요 도시 거리 곳곳에 시신이 장작더미처럼 쌓일 정도로 치명적이었다. 정부의 기능은 마비됐고 지방 당국은 넘쳐나는 시신을 제때 제대로 수습할 수 없었다. 도시에서는 더 이상 관을 구할 수 없었고 시신을 보관할 공간도 마땅치 않아 공동묘지에 의존할 수밖에 없었다. 공동묘지로 옮겨진 천에 싸인 시신들 위에는 소독약 가루가 흩뿌려졌다.

코로나19의 2차 파도 같은 경우에는, 거의 모든 공무원이 그와 관련된 이야기를 공개적으로 거론하기를 꺼리는 분위기다. 2차 파도가 무엇을 의미하는지 이해하는 사람도 거의 없는 듯하다. 2차 감염 파도는 1차 파도 때와 똑같은 바이러스를 통해 발생하는 게 아니다. 2차 파도는 기존 바이러스가 변이나 유전자 재조합을 거치면서 만들어진 훨씬 더 치명적인 변종 바이러스(실제 2020년 말부터 영국발 변이 바이러스, 남아프리카공화국발 변이 바이러스가 급격히 확산되었다. 2021년 1월에는 미국과 일본에서 새 변이 바이러스가 발견되면서, 세계는 변이 바이러스의 확산이라는 새 국면을 맞았다. _편집자 주)에 의해 발생한다. 역사적으로 보나 과학적으로 보나 우리는 그에 대한 대비를 해야 하지만, 거의 아무도 준비가 돼 있지 않다. 대부분이 2020년 연말쯤 되면 코로나19가 지나갈 것으로 추정했다. 정확한 근거가 없는 예측에 불과하다. 2021년에 더 치명적인 파도가 몰려올 가능성은 얼마든지 있다.

바이러스의 2차 파도와 별개로 많은 도시들이 봉쇄를 해제한 지 얼마 지나지 않아 다시 봉쇄에 들어가고 있다. 2020년 7월 17일 스페인은 첫 국가비상사태를 해제한 지 4주 만에 다시 봉쇄령을 내렸다. 바르셀로나의 한 주점 주인은 이렇게 말했다. "정부에서 또 다시 봉쇄령을 내려 문을 닫아야 한다면 가게 블라인드를 내려야겠죠. 그런데 가게 블라인드를 다시 내린다는 건 단두대에 누워 칼날을 제목에 떨어뜨리는 일이나 다름없어요. 살아남을 수 없을 테니까요."[7]

빠른 경제 회복에 관해 이야기하자면, 래리 커들로Larry Kudlow 경제자문위원장이 이끄는 2020년 백악관 경제자문위원회는 모든 게 잘될 것이라고 낙관했다. 그들은 몇 달 안에 일자리와 영업 이익을 회복시켜 줄 '억압된 수요'를 언급하면서, 2021년에는 경기가 아주 좋아질 것이라고 말했다. 어림없는 소리다. 그런 상황은 꿈도 꾸지 마라.

우선 봉쇄 조치로 문을 닫은 많은 사업체들이 영업을 재개하지 않을 것이다. 봉쇄 여부와 관계없이 이미 많은 사업체들이 파산했거나 폐업했기 때문이다. 2020년 7월 23일 〈워싱턴포스트〉는 "위기를 잘 버텨 낸 사업체들은 다시 문을 열었지만 회생이 어려운 사람들이 늘면서 문 닫은 사업장이 다시 문을 열 가능성은 더 낮아졌다."고 보도했다.[8] 사업자들은 그동안 그들이 일궈 온 사업을 한순간에 접어야 했다. 그들은 사업을 정리하기 위해 갖고 있는 자산을 헐값에 내놓고 있다. 직원들은 다시 예전 직장으로 돌아갈 수 없게 됐다. 임대차 계약이 해지됐고 가게 앞은 텅 비어 있어 휑한 상태다. 바로 이런 상황이 미국의 전반적인 현실이다.

심장 마비

――――

〈뉴욕타임스〉는 코로나19 팬데믹으로 뉴욕시가 입은 경제적 충격을 '심장 마비'에 빗대어 설명했다.[9] 뉴욕시 주요 기업 CEO 300여 명으로 구성된 비영리 조직인 파트너십 포 뉴욕 시티Partnership for New

York City는 이렇게 발표했다. "경제를 재개하고 복구하는 것은 경제를 봉쇄하는 것보다 훨씬 더 어려울 것입니다. 뉴욕 시민들이 뉴욕의 문화적·사회적·예술적 자산으로 소중히 여겨 온 명소들이 내년까지는 부분적으로나마 폐쇄될 것입니다. 상업 지구 주변에 밀집된 23만 소규모 사업장 중 3분의 1에 달하는 사업장이 다시 문을 열지 못할 수도 있습니다."[10]

이 같은 추세는 실시간으로 확인되고 있다. 소비 지출에 대한 조사에 따르면, '지출을 줄였다'고 답한 응답자는 31%에서 51%로 급증했고, '지출을 늘렸다'고 답한 응답자는 32%에서 21%로 급감했다. '지출 감소'와 '지출 증가' 사이의 격차가 30%까지 확대되면서 2008년 세계 금융 위기 이후 가장 큰 격차를 보이고 있다.

저축이 늘고 지출이 줄어드는 이런 추세는 코로나19 팬데믹이 발생하기 전인 2019년 말부터 나타났다. 미국인들은 곧 다가올 경제 붕괴를 예견이라도 하는 것 같았다. 어쩌면 일부는 미리 짐작하고 있었는지도 모른다. 급변한 소비 지출 추세에는 코로나19 팬데믹이 발생하기 전부터 이미 경기가 약화돼 있었다는 사실이 반영돼 있다. 이는 지출 감소와 지출 증가 사이의 폭이 더 확대될 것임을 의미한다. 저축은 급증할 것이고 지출은 크게 줄어들 것이다.

저축을 늘리고 소비를 줄이는 방법은 자신의 일자리와 포트폴리오를 걱정하는 시민 개개인이 취할 수 있는 현명한 전략 중 하나다. 그러나 그러한 전략이 단기적으로는 경제 회복에 걸림돌이 될 수 있다. 높은 저축률은 언론의 예측 전문가들이나 공무원들의 희망 섞인 예측을 박살내고 말 것이다. 급격하고 빠른 경제 회복은 일어나지 않을 것이다. 경제가 회복세를 보인다고 해도 속도가 더딜 것이다. 무너진 경제에 타격을 받은 개인, 기업가, 구직자들에게는 길고 힘들고 험난한 회복 과정이 될 것이다. 고용주들이 기존의 노동 인구를 재고용하기에도 벅찬 상황에서 신입 일자리가 사라짐에 따라 2020년과 2021년 대학 졸업자들은 더 큰 부담을 떠안게 될 것이다.

앞으로의
전망

신 대공황이 발생했다는 것은 분명한 사실이다. 관측자 대부분이 보기에 불분명한 점은 경제 회복의 성격과 시기다. 분명히 하자면 높은 실업률이 수년간 지속될 것이고, 미국은 2023년까지 2019년 수준의 생산을 회복하지 못할 것이다. 앞으로의 경제 성장률은 2009~2019년 경제 회복기의 가장 낮은 성장률에도 못 미칠 것이다. 세상이 끝나는 것까지는 아니더라도 우리가 예측할 수 있는 가장 비관적인 상황보다 훨씬 더 심각한 상황이 전개될 수도 있다. 이러한 전망을 뒷받침할 증거는 쉽게 찾아볼 수 있다.

생산량의 회복

———

초등학교 6학년 수준의 수학 실력이면 상황 분석을 시작하기에 충분하다. 2019년 미국의 생산 규모를 100이라 치자(실제 미국의 생산 규모는 22조 달러다. 계산을 쉽게 하고 이해를 돕기 위해 22조 달러를 100으로 치환해 계산하기로 하자). 2020년 2분기와 3분기에 걸쳐 생산량이 20% 감소했다고 가정하자(실제로 하락폭을 더 크게 잡아 예측하는 경우가 많으므로, 20% 정도면 낮게 잡은 추정치라 할 수 있다). 1분기와 4분기에는 생산량에 변동이 없었다고 가정할 경우, 6개월 동안 20% 하락한 것은 1년 동안 10% 하락한 것과 같다는 계산이 나온다. 100에서 10%가 감소한 값을 계산하면 90이 나온다(실제 수치에서 10% 손실이면, 2조 2000억 달러의 생산 손실이다).

1948년 이후 미국의 실질 GDP 연간 성장률은 단 한 번도 10%를 넘어선 적이 없었다.[11] 1984년 이후에는 실질 성장률이 5%를 넘어선 적이 없었다. 제2차 세계대전 이후 가장 높은 경제 성장률을 보인 해를 꼽아 보면, 1950년(8.7%), 1951년(8%), 1984년(7.2%)이었다. 2021년 실질 성장률이 연 6%가 될 것이라는 가정은 매우 관대하고 비현실적인 가정이다. 그 정도의 경제 성장률을 기록한다면 V자형 경제 회복도 가능할 것이다.

앞서 계산을 통해 얻은 생산량 90(2019년의 생산량 100에서 10% 감소한 값)을 기준으로 2021년 생산량이 6% 증가하면 총 생산량이 95.4가 된다. 2022년 95.4를 기준으로 생산량이 4% 증가(95.4 × 1.04)한다고 치면, 2022년 말 총 생산량이 99.2가 된다.

바로 여기에서 문제가 발생한다. 100을 2019년 생산량의 기준으로 삼아 2021년 실질 성장률을 6%로 가정하고 2022년 실질 성장률을 4%(1984년 이후로는 구경도 못했던 연간 경제 성장률이다)로 가정해 계산해도 2019년의 생산량을 회복할 수 없다. 실질 성장률을 관대하게 잡아도 100에도 못 미치는 99.2라는 숫자가 나오는 게 엄연한 현실이다. 40년 만의 최대 연간 실질 성장률을 2년 연속 달성해야만 2019년 수준의 생산량에 근접한 값이 나온다. 사실, 실질 성장률을 연 4% 미만으로 가정해 계산하는 것이 더 현실적일 것이다. 보다 현실적인 실질 성장률을 적용해 계산하면 2023년이 돼도 2019년의 생산량을 회복하기 어렵다.

UCLA 앤더슨 경영대학원에서 수행한 연구에서도 비슷한 결과가 나왔다. 2020년 6월 24일 발표된 연구 결과에 따르면, 미국의 실질 GDP 성장률 전망치가 2021년 5.3%, 2022년 4.9%로 2019년 수준의 생산량을 달성하는 데에는 역부족이다.[12] UCLA 앤더슨 경제연구소는 이렇게 전망했다. "당분기 실질 GDP 감소율이 연 42%에 달할 것으로 예상하며, 생산량은 2023년 초까지 2019년 최고 수준을 회복하지 못할 것으로 전망하고 있다." 이게 바로 신 대공황의 현실이다. 계속해서 감소하는 GDP에 문제가 있는 게 아니다. 불황 초기에 엄청난 규모의 경제 붕괴가 발생하기 때문에 경제가 수년간 고도성장을 지속한다 해도 수렁에 빠진 경제를 구제하기는 쉽지 않다.

성장 곡선

분석가들은 그래프로 나타낸 성장 곡선의 모양을 닮은 알파벳을 사용해 가며 회복의 강도를 논하고 있다. V자형 경기 회복은 경제가 급격하게 붕괴했다가 다시 급격하게 반등하면서 비교적 짧은 시간 안에 붕괴 전 생산량을 회복하는 것을 말한다. U자형 경기 회복은 경제가 급격하게 붕괴한 뒤 곧바로 반등하지 않고 한동안 그 상태로 머물다가 다시 빠르게 회복하는 것을 말한다. L자형 경기 회복은 경제가 급격하게 붕괴한 뒤 저성장이 무기한 지속되는 것을 말한다. 마지막으로 W자형 경기 회복은 경제가 급격하게 붕괴했다가 다시 빠르게 회복한 뒤 한 번 더 불안정한 상태로 붕괴했다가 마침내 회복되면서 생산량과 성장률이 이전 수준으로 복구되는 것을 말한다.

1982년 경기 침체가 발생한 뒤 1983년부터 1986년까지 3년에 걸쳐 이뤄진 경기 회복은 V자형 경기 회복의 전형이었다. 1982년 당시 심각한 경기 침체가 발생했지만, 1983년부터 1986년까지 경제가 강력한 고도성장을 하면서 경기 침체 이전의 생산량을 회복할 수 있었다.

W자형 경기 회복은 드물게 나타나지만, 미국의 경우 1980년에서 1983년 사이에 W자형 경기 회복을 겪었다고 할 수 있다. 1979년 실질 성장률이 3.2%였던 미국 경제는 1980년 가벼운 경기 침체를 겪다가 1981년 뚜렷한 회복세를 보였다. 그러다가 1982년 다시 침체기를 겪은 뒤 1983년 강한 회복세를 보이며 수렁에서 빠져나왔다. 경기가 침체기에 빠졌다가 다시 회복하는 패턴을 두 번 반복하면서 W자 형태를 만들어 내는 것이다.

U자형 경기 회복은 1944년에서 1948년 사이 미국 경제가 전시 wartime 경제에서 민간 경제로 옮겨 간 상황을 잘 설명해 준다. 전쟁이 한창이던 1944년 당시 경제 성장률은 8%였다. 전쟁 산업이 서서히 막을 내리고 참전 용사들이 노동 시장에 복귀하면서 미국의 실질 GDP는 1945년부터 1947년까지 3년에 걸쳐 계속 하락세를 이어 나갔다. 이러한 불경기를 거치고 난 뒤, 1948년 4.1%의 경제 성장률을 기록하며 경기가 다시 강하게 회복됐다. 미국 경제는 1945년부터

1947년까지 U자의 길고 평평한 밑바닥에 머물러 있었다.

L자형 경기 회복

———

마지막으로, 기나긴 2009~2019년의 경기 확장은 L자형 경기 회복의 전형이었다. 2007~2009년 사이에 경기가 급격하게 꺾이면서 침체했지만, 2009~2019년의 경기 회복은 더디고 약하게 진행됐다. 1980년 이후 경기 회복기의 평균 경제 성장률은 3.2%였다. 2009년 이후 경기 회복기에는 2.2% 성장에 그쳤다. 회복이 이뤄진 게 사실이지만, 이전의 경기 흐름과 새로운 경기 흐름 사이에 존재하는 생산 격차는 결코 좁혀지지 않았다. 미국 경제는 이전의 강한 경기 추세와 이후 약해진 경기 추세가 만들어 낸 격차로 4조 달러가 넘는 부의 손실을 입었다. 그러한 부의 손실은 신 대공황이 발생하기 전부터 소득 불평등과 GDP 대비 국가 채무 비율이 높아지고 있다는 점에서 심각한 문제였다. 앞으로는 2009년 이후의 약한 회복세보다 더 낮은 경제 성장률을 기록하게 될 것이다. 앞서 간단한 계산을 통해 살펴본 예에서 논의한 6% 성장과는 거리가 먼 성적을 낼 것으로 보이는 새로운 경기 회복기에는 과도한 정부 부채와 크게 늘어난 개인 저축으로 인해 성장률이 1.8% 정도에 그칠 것이다. 이는 코로나19

팬데믹이 발생하기 전 10년 동안 연평균 2.2%의 성장률을 기록한 것보다 더 심각한 수준이다. 게다가 2009~2019년에 이어 두 번째 L 자형 경기 회복이 계속될 것이다. 새로운 L자의 바닥은 더 평평해질 것이고, 첫 번째 L자형 경기 회복 때보다 더 큰 생산 격차가 발생할 것이다.

이렇게 성장세가 약화되는 데에는 몇 가지 원인이 있다. 그 원인에는 앞서 논의한 2차 대량 해고, 업무 복귀를 지연시킬 수 있는 정부 지원금, 파산, 세계 무역의 붕괴, 재택근무 증가, 경제 활동 참여 감소, 한 사업체가 폐업 위기를 맞으면 관련 공급 업체들도 어려움에 직면하게 되는 악순환의 반복 등이 포함된다. 그런데 약한 성장 추세의 가장 큰 원인이 될 수 있는 요인이 하나 더 있다. 바로 높은 저축률이다. 저축률이 높아지면 경제 성장률은 낮아질 수밖에 없다.

저축률이 높아진다는 말이 바람직하게 들릴 수도 있다. 장기적으로 보면, 바람직한 변화다. 그러나 저축이 늘어나면 경제 성장을 이끌 일자리와 높은 생산성의 원천이 될 투자가 줄어들 수 있다. 여기서 말하는 투자란 중국에서 하듯 유령 도시나 비생산적인 인프라에 쓸데없이 돈을 낭비하는 것을 말하는 게 아니다. 미국에는 인프라, 교육, 연구와 관련한 생산성 높은 투자 기회가 많기 때문에 투자가 미국의 경제 성장률을 높일 수 있는 가장 좋은 해결책이 될 가능성이 크다.

문제는 투자를 하면 장기적으로 수익을 얻을 수 있을지는 모르지만 단기적으로 소비가 줄어들 수밖에 없다. 사실상 소비가 미국 경제의 70%를 견인하고 있다. 미국이 정부 지출을 늘리기 위해 해외에서 더 많은 자금을 조달하지 않는 한 (단기적으로) 소비를 희생시키지 않고 (장기적으로) 투자를 늘릴 수 있는 방법은 없다. 그러나 미국의 재정 적자는 이미 기록적인 수준에 다다랐고, 다른 국가들은 자국의 경제 붕괴와 재정 적자를 해결해야 하는 상황에 놓여 있다.

미국 시장조사업체인 헤지아이Hedgeye의 분석가 다리우스 데일Darius Dale은 2020년 3월 이후 경제를 지탱해 줬던 많은 프로그램들이 이미 만료됐거나 곧 만료될 것이라고 지적했다. 2020년 7월 15일은 연방 소득세 납부 마감일이었다(기존 4월 15일에서 7월 15일로 연장됐다). 2020년 9월 30일은 학자금 대출 상환 유예 프로그램 만료일이었다. 2020년 10월 31일은 모기지 상환 유예 프로그램 만료일이었다. 2020년 12월 31일은 급여 보호 프로그램(PPP) 대출금 상환 유예 기간이 만료되는 날이었다. 이러한 긴급 대출 프로그램들이 더 많은 자금 투입으로 연장되거나 확대되지 않을 경우, 이미 약해질 대로 약해진 팬데믹 경기 회복을 떠받치고 있던 중요한 버팀목들이 사라지게 될 것이다. 이는 2021년 경제가 2020년 3~6월 정부 개입으로 끊어 냈던 가파른 하향 곡선을 다시 그려 나가게 될 것임을 시사한다.

30년간의 저성장
———

가장 엄격하고 철저한 분석을 바탕으로 한 연구 결과를 살펴보면, 향후 몇 년간 경제가 저성장하게 될 것이라는 예측조차 현 상황을 과소평가한 전망이 되고 만다. 가장 확실한 증거에 기반한 연구 결과는 앞으로 30년간 저성장이 지속될 것임을 시사하고 있다. 2020년 3월 캘리포니아 대학의 두 학자가 발표한 연구 논문 〈팬데믹이 경제에 미치는 장기적 영향Longer-Run Economic Consequences of Pandemics〉에는 1347년 발생한 흑사병을 포함한 10만 명 이상의 사망자를 낸 팬데믹들이 경제에 미치는 영향에 대해 분석한 내용이 담겨 있다.[13] 두 저자는 논문에서 다음과 같은 결론을 내린다. "팬데믹의 엄청난 거시 경제적 파장은 약 40년 동안 지속되고 실질 수익률 역시 크게 하락한다. (…) 팬데믹이 미치는 영향은 수십 년간 지속된다.(…) 팬데믹이 만들어 낸 결과들은 상당히 충격적이다." 이해를 돕자면, 논문에서 연구 검토한 팬데믹 15개 중 현재의 코로나19 팬데믹 사망자보다 더 많은 사망자를 낸 팬데믹은 4개뿐이다. 코로나19 팬데믹으로 인한 사망자는 지금 이 순간에도 계속 늘어나고 있다.

현 시점에서 저축과 소비의 균형을 논하는 것은 사실 탁상공론에 불과하다. 미국 국민들은 이미 행동을 통해 자신들의 의사 표시를 했다. 2020년 5월 기준 미국의 가처분 소득 중 저축한 돈의 비율은 7.5%에서 33%로 급증했다. 미국 국민들은 소비 대신 저축을 하고 있었다. 실직한 상태에서 다음 달에 낼 자동차 할부금이나 임대료를 걱정하고 있다면 소비를 줄이고 저축을 하는 게 당연하다. 또 실직한 상태가 아니라 해도 언제 해고될지 몰라 불안한 상황이라면 소비 대신 저축을 할 수밖에 없을 것이다. 안정된 직장과 수입이 보장된 상황에 있다고 해도 곧 다가올지 모를 디플레이션에 대비해 저축을 늘릴 수도 있다. 디플레이션이 오면, 물가가 하락하면서 현금의 실질 가치가 올라가기 때문에 현금이 우리에게 가장 좋은 자산이 될 수 있다.

갈수록 늘어나는 해고, 여기저기서 속출하는 파산, 악순환의 고리, 높은 저축률로 얼어붙은 소비 모두 경기 회복이 더디게 진행되고 실업률이 높은 상태로 유지될 것임을 의미한다. V자형 경기 회복은 일어나지 않을 것이다. 언론 매체에서 우리가 듣고 있는 것과 달리 침체한 경기가 회복할 조짐이 보이지 않는다. 우리는 현재 신 대공황을 겪고 있으며 앞으로 몇 년간은 이런 상황이 지속될 것이다.

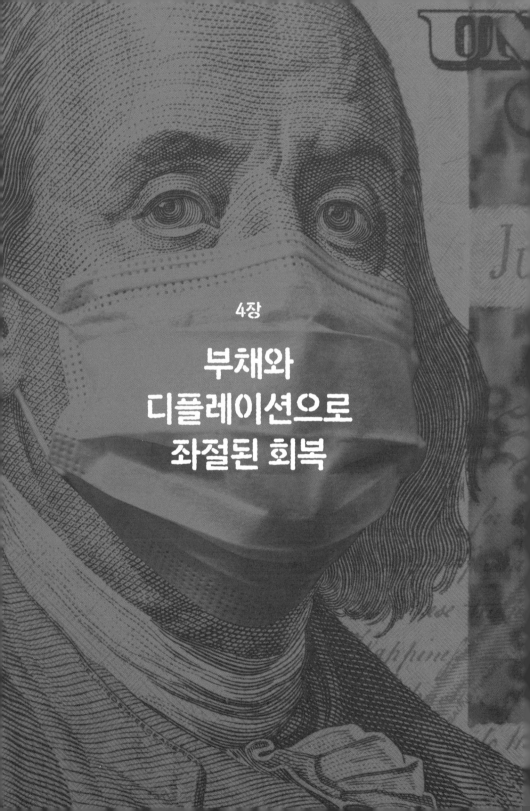

4장

부채와
디플레이션으로
좌절된 회복

오늘날 미국과 여러 선진국에서는 유난히 강력한 두 경제적 충격이 만들어 낸 제2의 물결이 일고 있다. 개별적으로 보면, 2008년 세계 금융 위기나 2020년 코로나19 팬데믹은 국가 재정을 송두리째 바꿔 놓을 만큼 강력했고, 정부가 돈을 마음껏 발행하고 빌릴 수 있도록 했다. 종합해 보면, 두 위기가 서로 맞물리면서 국가의 구매력을 완전히 바꿔 놓고 있다. (…) 우리는 이 시기를 매직 머니magic money의 시대라 부른다.

─세바스찬 말라비Sebastian Mallaby, 〈포린어페어스Foreign Affairs〉(2020년 7–8월호)

위기 대응 정책

　우리는 지금 어디로 가고 있을까? 코로나19 바이러스라는 재앙
이 모습을 드러내면서 거의 모든 가정에 불황의 그림자가 드리워진
가운데 또 어떤 일이 벌어질지 관심이 쏠려 있다. 개인, 사업체, 지역
사회가 팬데믹, 봉쇄, 불황, 미국 주요 도시에서 발생한 폭동을 동시
에 겪으면서 휘청거리고 있다. 남북 전쟁과 대공황 이후의 경제 회
복을 보면 알 수 있듯이 회복력은 미국을 상징하는 특성 중 하나라
할 수 있다. 회복은 희망과 리더십뿐 아니라 피해를 복구하고 방향
을 제시하고, 국민과 기업이 다시 위험을 감수하고, 다시 직원을 고
용해 열심히 일할 수 있는 발판을 제공하기 위해 설계된 일련의 공
공정책을 필요로 한다. 남북 전쟁 이후 재건 시대가 열리고 철도 건
설이 본격화 됐으며 1970년부터는 기술 혁신 시대가 이어졌다. 대공

부채와 디플레이션으로 좌절된 회복

황 이후에는 그랜드 쿨리 댐(1933~1942년) 같은 프로젝트에 대한 인프라 지출로 먼저 경기를 끌어 올렸고, 결정적으로 미국이 제2차 세계대전에 참전함에 따라 전쟁 산업이 대규모로 성장하면서 경기는 더욱 활성화됐다. 제2차 세계대전 이후 미국의 동원 해제 기간 동안에 발생한 경기 침체와 저성장은 1950년대의 국방비 증액, 아이젠하워 주간고속도로망 같은 대규모 인프라 프로젝트, 베이비붐으로 인한 인구 증가 등으로 상쇄됐다. 이들 부양책 중 어느 하나만으로는 문제를 해결할 수 없었다. 각각의 경기 부양책은 다른 정책들이나 더 큰 경기 흐름과 상호 작용을 하면서 효과를 냈고, 그 효과를 내기까지는 시간이 걸렸다. 그럼에도 영향력 있는 공공정책 발표와 실행으로 일자리 창출과 소비 진작 면에서 가시적인 효과를 거둘 수 있었고, 신뢰가 회복되고 공공정책을 확대하기 위한 민간 부문 투자와 기업 활동에 필요한 발판이 마련되면서 심리적 불안감이 해소되는 효과를 불러왔다. 이런 방식은 오늘날 우리가 계획에 따라 역할을 분담해 수행하는 '민관 협력public-private partnership' 접근 방식과는 달랐다. 당시의 경기 부양 방식은 정부 시책으로 민간 노력을 자극함으로써 결과적으로 정부가 세수를 얻고 경제 성장을 달성하는 유기적이고 순환적인 접근 방식이었다.

신 대공황과 신 대공황을 불러온 코로나19 팬데믹에 대한 공공정책 대응은 어떨까? 넓은 의미에서 보면 담보 확대, 화폐 발행, 필요시 유동성 공급 확대 등의 형태로 대대적인 통화정책 대응이 있었다. 또 실업급여 확대, 중소기업 급여 지원을 위한 대출, 신 대공황으로 심각한 피해를 입은 항공사, 호텔, 리조트, 기타 산업의 구제 금융 등과 같은 사상 초유의 재정정책 대응이 있었다. 수조 달러에 달하는 재정 적자와 부채의 화폐화를 통한 노력의 이면에는 부채의 지속 가능성에 대한 지나친 우려는 불필요하다고 주장하는 현대화폐 이론(Modern Monetary Theory, 이하 MMT, 정부 지출이 세수를 초과해서는 안 된다는 통념을 깨고 정부가 경기 부양을 위해 화폐를 계속 발행해야 한다고 주장하는 이론이다_옮긴이)이라는 통합형 거시 경제 이론이 깔려 있다. 얼마 전까지만 해도 MMT는 일부 급진 좌파가 지지하는 비주류 이론에 불과했다. 그러나 이제 MMT는, 경기 부양책으로 MMT를 수용한 국회의원 대부분이 한 번도 들어 본 적이 없는 이론이라고 해도 사실상 미국이라는 나라의 실질적인 경제 법칙이 됐다.

지금부터 우리는 위기 대응 정책으로서의 MMT, 통화정책, 재정정책을 자세히 살펴볼 것이다. 이 중 어느 정책도 불황 종식, 줄어든 일자리 회복, 실질 성장률 회복이라는 목표를 달성하지 못할 것이다. 이러한 정책들이 실패하는 데에는 경험과 행동에 근거한

부채의 화폐화

debt-monetization

정부 지출 증가로 인한 재정 적자를 보전하기 위해 중앙은행이 국채를 직접 사들이는 것을 말한다.

타당한 이유들이 있다. 마지막으로 우리는 디플레이션이라는 가장 큰 위험 요소와 거의 무제한적으로 화폐를 발행하고 정부 지출을 늘려도 디플레이션을 끝낼 수 없는 이유에 대해 살펴볼 것이다. 디플레이션을 해결할 방법(결론에서 자세히 다룰 것이다)이 있지만, 그 해결법은 오늘날의 중앙은행장들이나 국회의원들의 지적 도구 상자 안에는 존재하지 않는다. 이 같은 지적 공허는 앞으로 수년간 지속될 저성장을 예고하는 전조라 할 수 있다. 또 우리가 단순한 경기 침체가 아닌 불황에 직면하게 된 원인 중 하나이기도 하다. 이러한 지적 공허에 맞서 부와 기회를 잃지 않기 위해서는 투자자들이 더 대담해질 필요가 있다.

경제 구원에 나선 현대화폐이론가들

코로나19 팬데믹으로 인한 경제적 충격에 대한 대응책으로 정부 지출의 필요성이 대두되면서 경제정책의 변방에 있던 현대화폐이론이 이제는 경제정책의 중심에 우뚝 선 주류가 됐다. 바드 칼리지 교수 L. 랜달 레이 L. Randall Wray 와 투자 전문가 워런 모슬러 Warren Mosler 와 같은 현대화폐이론가들은 증표주의(chartalism, 화폐의 기원은 시장이 아니라 국가라고 주장하는 화폐국정론을 말한다_옮긴이)라는 진보주의와 케인스 이전의 경제학이 혼합된 특이한 화폐 이론을 주장한다. MMT 지지자들은 현재 세상이 가장 필요로 하는 공짜 돈을 세상에 안겨주면서 작지만 새로운 주류로 급부상한 집단이 됐다.

현대화폐이론

MMT 지지자들이 말하는 두 핵심 기관은 바로 연방준비제도와 미국 재무부다. 연준과 재무부는 따로 만들어졌고 서로 다른 지배 구조를 갖고 있지만, 두 기관은 다각도로 협력하며 일하고 있다. 재무부는 연준에 계좌를 갖고 있으며, 연준은 찍어 낸 돈으로 재무부 채권을 사들이고 수익을 재무부에 송금한다. 그러나 이 두 기관 사이에는 경제학자와 정책 입안자들이 존중하는 경계가 존재한다. 재무부는 화폐를 발행하지 않는다. 재무부 지출은 의회가 승인하지 않거나 연준이 낮은 금리와 자산 매입으로 이를 수용하지 않으면 제약을 받게 된다.

MMT는 이 같은 한계를 부정한다. 실제로 MMT 학자들은 재무부와 연준을 하나의 단일 개체로 본다. MMT 모델에서 재무부는 지출을 통해 화폐를 발행하는 주체가 된다. 재무부가 지출을 하면 연준 은행 계좌의 잔액은 줄어들고, 재정 지출의 수혜자인 국민이나 기업의 민간 은행 계좌의 잔액이 늘어난다는 것이다. 이 같은 관점에서 보면, 재무부가 지출을 하면 민간 부문의 부가 증가하게 된다. 재무부가 지출을 늘릴수록 민간 부문이 더 부유해지는 것이다. MMT를 지지하는 사람들은 허풍을 떨듯 묻는다. "재무부가 돈을 쓰지 않으면 돈이 어디서 나옵니까?"

MMT 옹호론자들은 화폐가 재무부 지출을 통해 처음 생겨나고 국가 권력에 의해 통제된다고 여긴다. 다시 말해서, 국가가 지출할 수 있는 돈의 양에는 한계가 없다고 생각하는 것이다. 만일 그게 사실이라면, 빈곤에서 인프라, 교육에 이르기까지 더 많은 정부 지출로 해결하지 못할 사회 문제가 없다. 재무부가 돈을 빌리고 지출을 늘려도 나라는 더 가난해지지 않는다. 재무부가 지출한 돈은 곧 수혜자들의 재산이 되므로 그 나라는 더 부유해지는 셈이 된다.

현대화폐이론은 1년 안에 정부의 적자 지출을 조지 워싱턴부터 빌 클린턴에 이르는 모든 대통령 임기 동안 누적된 국가 부채보다 더 많은 양으로 늘리기를 바라는 국회의원들에게 가뭄에 단비 같은 이론이었다. 의회는 정부 지출에 개의치 않겠지만, 1년간 재정 적자가 GDP의 20%를 넘어설 것으로 전망되는 상황에서 자신들을 지켜줄 지적 방어 수단이 필요할 것이다. 듣기에 꽤 그럴싸한 현대화폐이론은 적극적인 재정정책의 근거로 삼기에 제격이다. 그러나 현실 세계에서 그 이론의 결함이 드러날 때쯤이면, 정부가 푼 돈은 온데간데없이 다 사라져 버리고 미국 국민들이 그 뒷수습을 하게 될 것이다.

부채와 디플레이션으로 좌절된 회복

현대화폐이론은 새 병에 담긴 오래된 포도주다. 그 오래된 포도주는 시민들이 세금을 화폐로 낼 수밖에 없기 때문에 정부가 화폐의 가치를 통제할 수 있고 화폐를 무제한으로 발행할 수 있다는 믿음으로 만들어졌다. 정부가 발행한 화폐가 세금을 낼 수 있는 유일한 수단이라면, 시민들은 탈세 혐의로 감옥에 수감되는 것을 피하기 위해 정부가 공인한 화폐를 얻어야 한다. 즉 다른 선택권이 없는 폐쇄된 시스템이다. 새로운 병들은 MMT와 접목시킬 수 있는 보편적 의료 보장 제도, 무상 교육, 무상 보육, 기본 소득 보장 같은 진보적인 프로그램들의 위시 리스트로 만들어졌다. 몇 년 전만 해도 이와 같은 정책 제안들은 '재정적 여유가 없다'고 말하는 전문가들에 의해 쉽게 좌절됐다. 오늘날 MMT 옹호론자들은 이론상으로 꽤 그럴듯한 오래된 경제 이론을 근거로 "그럼요, 우린 할 수 있습니다."라고 대답하고 있다. 난감한 입장에 처한 사람들은 한때 적자 지출에 한계가 있다는 인식을 가졌다가 이제 그 한계를 전혀 살피지 않는 국회의원들(그 한계에 대해서는 진보 진영과 보수 진영이 이견을 보이고 있다)일 것이다. 재정 지출을 늘려 코로나19 팬데믹과 경제 불황으로 인한 문제들을 당장 해결할 수 있다고 하니 그들의 생각이 바뀐 것이다. 2020년 3월과 7월 사이에 3조 달러 규모의 추가 예산 법안을 통과시킨 미국 하원 의원들은 MMT에 대해 들어 본 적이 없을지도 모르지만, 법안을 통과시켰다는 것은 MMT에 대한 지지를 표명한 것이나 다름없다.

MMT 신봉자들

———

가장 유명한 MMT 신봉자는 스토니브룩 대학의 스테파니 켈튼 Stephanie Kelton 교수다. MMT에 대한 켈튼의 견해는 2020년 출간된 그녀의 신간 《적자 신화The Deficit Myth》에 잘 요약돼 있다.[1] 켈튼은 MMT에 대해 설명하면서 허물어진 인프라는 자금을 투입해 수리하면 바로 고칠 수 있다고 말한다. 그런 논리라면, 가정을 꾸릴 수 없게 하고 밀레니얼 세대를 빚의 노예로 만드는 1조 6,000억 달러 규모의 학자금 대출은 채무 면제로 해결이 가능하다. 실업과 불완전 고용은 별도의 요구 사항이나 조건 없이 미국 국민 모두에게 매달 수표로 기본 소득을 지급해 해결할 수 있다. 재무부 지출과 연방준비제도의 부채 화폐화를 통해 다양한 정부 지원 프로그램에 자금을 투입할 수 있다.

켈튼은 또 정부가 국가 화폐 사용에 이의를 제기하는 시민들에 맞서 화폐에 대해 독점적인 권력을 행사할 수 있다는 MMT의 어두운 단면을 설명하기도 한다. 일각에서는 MMT가 정부 재정이나 경제

부채와 디플레이션으로 좌절된 회복

성장과 관련된 문제를 해결하기 위한 21세기식 접근법이 될 것이라고 주장한다. 실제로 MMT 지지자들은 약 1세기 전 증표주의를 주창한 게오르크 프리드리히 크나프Georg Friedrich Knapp가 1924년 출간한 저서 《화폐국정론The State Theory of Money》에서 제의한 증표주의 원리를 받아들여 따르고 있다.[2]

켈튼과 크나프에 따르면, 화폐가 가치 있는 이유는 국가가 그 가치를 부여했기 때문이다. 이 같은 논리를 바탕으로 켈튼이나 그녀와 궤를 같이하는 동료들은 다방면으로 사고를 확장해 나간다. 만약 국가가 가치를 부여해 화폐가 된 것이라면, 금을 포함한 다른 모든 것이 화폐가 될 수 있다. 20세기 후반 이전에는 국가 화폐 대부분이 금이었다. 켈튼은 또 금이 화폐가 될 수 있었던 이유는 금의 희소성이나 유용성 때문이 아니라 국가가 금을 명목상 화폐라고 선언했기 때문이라고 주장한다. 지폐가 새로운 선언의 대상이 되자, 지폐는 화폐가 되고 금은 화폐로서 더 이상 기능하지 않게 됐다.

켈튼은 부채와 신용이 서로 다른 것 같지만 관점을 달리해 보면 사실 같은 것이라고 주장한다. 국가가 시민에게 달러를 넘겨줄 경우, 달러는 중앙은행의 부채이기 때문에 국가는 채무자가 되고, 그 달러를 받아들여 보유하게 된 시민들은 채권자가 된다. 화폐가 곧 부채(화폐=부채)라는 개념을 바탕으로 켈튼은 '화폐 체계^{hierarchy of money}'라는 것을 만들어 내기도 했다. 말 그대로 누구든 차용증만 발행하면 어떤 형태로든 화폐를 발행할 수 있는 것이다. 마치 연방준비제도가 시중에 유통되고 있는 통화량을 정의하는 통화지표 M0, M1, M2에 M4, M5, M6 등을 포함시켜 통화지표를 확대하는 것과 같다. 모든 통화는 화폐이고 신용인 동시에 부채다.

켈튼은 이 같은 화폐 체계가 작동하기 위해서는 국가 권력이 필요하다고 실토한다. 그녀는 "세법을 제정하고 집행할 수 있는 권력을 가진 국가만이 화폐를 발행할 수 있다. 탈세로 인한 처벌을 피하려면 국민이 그 화폐를 받아들일 수밖에 없기 때문이다."라고 썼다.[3] 켈튼은 탈세로 인한 처벌 유형에 재산 몰수와 세금 체납자 감치 등이 포함된다고 굳이 따로 명시하지는 않았다. 국가 권력은 국가 화폐의 근원이다.

심리적 제약

———

국가 권력이 세금으로 낼 수 있는 화폐의 종류를 공표할 수 있다는 것은 사실이다. 시민들이 세금을 납부하고 처벌을 면하기 위해 국가가 공표한 화폐를 돈으로 받아들일 수 있다는 것도 사실이다. 중앙은행과 재무부가 '재정 우위'(fiscal dominance, 통화정책을 수행하면서 재정정책을 우선시하는 상황을 말한다_옮긴이) 상황에서 정부 부채를 무제한으로 화폐화하고 정부 지출을 무제한으로 지원하기 위해 서로 협력해 일할 수 있는 것도 사실이다. 또 정부 지출은 개인이나 기업에 돌아가고 일시적으로나마 그 양만큼 그들을 더 부유하게 만드는 것도 사실이다.

MMT는 그것이 주장하고 있는 것 때문이 아니라 그것이 무시하고 있는 것 때문에 그 한계를 드러내게 된다. 문제는 화폐 발행에 대한 법적 제한 여부가 아니라 심리적 제약 여부에 있다.

화폐의 실제 근원은 국가 권력이 아니라 신뢰다. 거래를 하는 두 당사자가 거래의 수단이 화폐라는 사실을 신뢰하고 다른 사람들 역시 그렇게 믿는다면 사회에서 거래의 수단은 곧 화폐가 된다. 과거에는 금, 은, 구슬, 깃털, 종이 토큰, 신용을 나타내는 다양한 증표가 화폐로 사용되기도 했다.

신뢰는 자칫 잘못하면 깨지기가 쉽고 한 번 잃고 나면 회복이 불가능하다. MMT의 가장 큰 허점은 신뢰를 당연시한다는 데 있다. 신뢰의 중요성을 간과하는 데에는 양적 모델에 대한 과도한 의존, 국가 권력에 대한 과도한 의존 등 다양한 이유가 있다. 첫 번째 이유의 경우, 양적 균형 모델quantitative equilibrium model에 딱 들어맞지 않는다는 이유로 심리적 요소를 무시하는 것은 고의적 무지나 다름없다. 두 번째 이유와 관련해서는 베네수엘라, 소말리아, 시리아, 예멘, 레바논, 북한 등 국가 권력에 지나치게 의존해 실패한 국가들의 오랜 역사를 생각해 봐야 한다. 국가 권력은 완벽하지도 영원하지도 않다.

MMT의 또 다른 맹점은 바로 화폐유통속도와 회전율이다. MMT 관련 문헌에서 화폐유통속도가 논의되는 경우는 거의 찾아보기 어렵다. 화폐유통속도를 무시해야만 켈튼이나 레이 같은 MMT 신봉자들이 국가 화폐에 대한 신뢰가 무너지면서 발생하는 초인플레이션에서 자유로울 수 있다. 어떤 한 화폐에 대한 신뢰가 무너질 경우, 사람들은 가능한 한 빨리 그 화폐를 써 버리거나 다른 형태의 화폐를 얻으려고 한다. 화폐 발행이 아닌 이 같은 행동적 적응이 인플레이션의 실제 원인이다. 신뢰와 화폐유통속도는 반비례 관계에 있으며, 신뢰와 화폐유통속도 모두 MMT의 허점을 꼬집는 아킬레스건이 될 수 있다.

이 같은 허점들이 존재함에도 불구하고 켈튼은 아랑곳하지 않는다. 켈튼은 2020년 6월 9일 〈뉴욕타임스〉에 실린 논평에서 코로나19 팬데믹과 관련한 구제 금융에 대해 이렇게 표현했다. "국회의원들은 사실상 중앙은행인 연방준비제도에 수조 달러 규모의 유동성을 공급할 것을 요구하는 예산 법안을 손쉽게 통과시켰다."[4] 정책 결정의 간소화는 정치적으로 매력적일지는 몰라도 지나친 부채 증가를 동반하는 행동적 적응을 무시하는 잘못된 처사다. 높은 저축률과 위축된 소비 같은 행동적 적응은 초기 유동성 함정을 해결하기는커녕 더 악화시킬 뿐이다.

MMT의 결함은 앞으로 몇 년 안에 명백하게 드러날 것이다. 그리고 지속적인 디플레이션(MMT 정책은 경제를 성장시키지 못하기 때문이다)이나 인플레이션(MMT 정책이 국가 화폐에 대한 신뢰도를 떨어뜨리기 때문이다)을 발생시킬 것이다. 아마 둘 다 발생할 것이다. 디플레이션이 먼저 발생하고 뒤이어 인플레이션이 발생할 것이다.

유동성 함정
liquidity trap

중앙은행이 아무리 많은 유동성을 공급해도 투자나 소비 같은 실물 경제 활동으로 그 효과가 나타나지 않는 상황.

현재 MMT가 중요한 이론으로 부상한 이유는 그것이 제대로 작동해서가 아니라(효과가 없다) 의회가 무제한 정부 지출을 승인하고 연방준비제도가 정부의 부채를 화폐화하기 위한 근거로 삼을 만한 경제 이론이 필요하기 때문이다. 통화정책과 재정정책 모두 신 대공황에 직면한 미국 경제를 어떻게든 부양하기 위해 지나치게 과열된 양상을 보이고 있다. 화폐 발행이나 정부 지출은 경기 부양책이 될 수 없다. 그 이유는 아래에서 자세히 살펴보도록 하자. 겉만 번지르르한 MMT를 아무리 그럴듯하게 설명해도 결과는 달라지지 않는다.

연준의 실패

2007년 이후 연방준비제도는 실패에 실패를 거듭했고, 매번 더 큰 실패를 하는 바람에 전에 했던 실패는 새로운 실패에 묻혀 잊힐 정도였다. 우리는 이제 거의 그 막바지에 다다랐다. 상황을 제대로 이해하기 위해서는 우리가 어디에 있었는지부터 살펴봐야 한다.

2008년 세계 금융 위기로 발전하게 된 상황에 대한 연준의 대응은 2007년 7월 말 모기지 증권에 투자했던 베어스턴스의 헤지 펀드 두 개가 파산하면서 그해 8월에 시작됐다. 실효연방기금금리(effective federal funds rate, 연준이 정한 정책금리를 말한다)가 2007년 7월 5.26%에서 8월 5.02%로 떨어졌다. 그때부터 가파른 하락세가 이어지면서 2009년 1월 연방기금금리가 0.15%를 기록했다. 당시 벤 버냉키

Ben Bernanke 연준 의장은 금리에 대한 정보는 더 이상 언급하지 않고 '양적 완화'라는 명목으로 화폐 발행에 의존했다. 양적 완화는 QE1, QE2, QE3, 총 3차에 걸쳐 시행됐다. 화폐 발행의 영향으로 연준의 대차대조표는 위기 초반인 2007년 8월 8650억 달러에서 QE3 '테이퍼링tapering'이 완료된 직후인 2015년 1월 12일 4조 5200억 달러 이상으로 늘어났다. 테이퍼링이란 화폐 발행 규모를 서서히 축소해 나가는 것을 말한다. 연준은 2015년 12월 16일 첫 금리 인상(일명 리프트오프liftoff)을 하기 전까지 제로(0) 금리와 4조 5000억 달러의 대차대조표를 유지했다. 연방기금목표금리federal funds target rate는 2018년 12월 20일 기준 2.5%로 꾸준히 상승했다. 연준은 또 2017년 11월 '양적 긴축quantitative tightening'(QT)이라는 프로그램을 통해 대차대조표 축소에 들어갔다. 이는 본원 통화base money를 지나치게 축소하는 정책이었다. 연준은 2019년 8월 26일까지 대차대조표를 3조 7600억 달러로 줄였다. 보유 자산의 7600억 달러가 줄어드는 데 2년이 채 걸리지 않았다. 분석가들은 5000억 달러 규모의 통화량 감소가 발생할 때마다 약 1%의 금리 인상에 해당하는 효과가 발휘될 것이라고 추정했다. 양적 긴축을 통한 실질 금리 인상과 유효 금리 인상은 연준이 여전히 불안정한 경제 상황(2015~2018년)에서 극단적

양적 완화

quantitative easing

금리를 통한 경기 부양 효과를 기대하기 어려울 때, 중앙은행이 화폐를 발행한 후 그 화폐로 국채를 매입해 통화의 유동성을 높이는 통화정책이다.

인 통화 긴축정책을 시행했음을 의미했다. 물론 예측 능력이 부족한 연준은 이런 사실을 알지 못했다.

연준의 대응

2015년부터 시작된 금리 인상과 2017년부터 시작된 대차대조표 축소 모두 금리와 통화량을 정상화화기 위한 연준의 노력이었다. 연준의 목표는 금리를 4%대까지 끌어 올리고 보유 자산을 2조 5000억 달러 수준으로 축소해 앞으로 발생할 경기 침체에 대비하는 것이었다. 연준이 목표한 대로 정상화가 가능했다면 경기 침체에 맞서 싸우기 위한 잠재적 금리 인하와 통화 공급 증가라는 충분한 실탄dry powder을 보유할 수 있었을 것이다. 문제는 연준이 과연 자신들이 맞서 싸우고자 하는 경기 침체를 초래하지 않고 경기 침체가 발생하기 전에 통화정책을 정상화할 수 있느냐는 점이었다. 연준은 통화정책 정상화에 실패할 것이며 경기 침체를 일으키지 않고서는 제로 금리와 부풀려진 대차대조표에서 벗어날 수 없을 것이라는 게 변함없는 내 생각이었다. 연준은 결국 정상화에 실패했다. 연준의 지나친 긴축정책으로 2018년 10월 1일부터 2018년 12월 24일(사상 최악의 크리스마스이브 폭락을 기록했다)까지 증시가 20% 가까이 급락했다.

제이 파월 연준 의장은 2018년 12월 말 재빨리 정책 방향을 변경했다. 파월은 먼저 금리를 더 인상하지 않겠다는 신호를 보냈다(공식 성명에서 '인내심'이라는 단어를 사용했다). 연준은 2019년 3월 금리 인하 가능성을 암시했고, 2019년 7월 31일 금리 인하를 발표했다. 그해 연준이 세 차례에 걸쳐 단행한 금리 인하 중 첫 번째였다. 연준은 또 통화량을 줄이기 위한 양적 긴축(QT)도 종료하겠다고 발표하고 대차대조표를 다시 확대해 나가기 시작했다. 금리 인하와 신규 화폐 발행을 통한 연준의 적극적인 양적 완화 정책은 주식 시장의 활력소가 됐다. 증시는 코로나19 팬데믹으로 붕괴하기 직전인 2020년 2월 사상 최고치를 경신하기 전까지 가파르게 반등했다.

극단적 완화(2007~2014년)에 이어 극단적 긴축(2015~2018년)으로 변경했다가 또 다시 극단적 완화(2019~2020년)로 이어지는 연준의 통화정책 연대기에는 2019년 9월에 발생한 한 가지 주목할 만한 사건이 빠져 있다. 연준은 대차대조표를 2019년 9월 16일 3조 8000억 달러에서 2019년 12월 31일 4조 2000억 달러로 확대했다. 이러한 대차대조표 확대는 코로나19 바이러스로 인한 경제적 충격이나 신 대공황이 발생하기 전에 이뤄졌다. 2019년 9월의 화폐 발행은 9월 말 미국 국채 시장에서 발생한 심각한 유동성 위기로 단행됐다. 한 개 이상의 헤지 펀드와 투자 은행들이 거의 파산할 뻔한 상황과 관련이

부채와 디플레이션으로 좌절된 회복

있어 보이지만 정확한 원인은 밝혀지지 않았다. 간신히 막아 낸 이 위기는 금융 기관들이 돈을 빌리는 데 필요한 달러와 안전한 담보물(보통 미국 중기 국채^{U.S. Treasury notes})이 전 세계적으로 부족해지면서 발생했다. 간단히 말해서, 전 세계는 코로나19 팬데믹과 신 대공황에 타격을 입기 5개월 전에 이미 달러 유동성 위기를 겪고 있었다. 국채 시장의 비전문가들은 잘 이해하기가 어렵겠지만, 코로나19 팬데믹은 이미 발생한 금융 위기를 훨씬 더 악화시키는 힘의 승수로 작용했다.

연준의 이 같은 통화정책 연대기는 전반적인 통화정책의 실패와 특히 아래에서 설명할 통화주의^{monetarism}에 대한 장황한 이야기를 담고 있다. 연준은 2009년 이후 경제 성장을 이전 수준으로 회복시키는 데 실패했다. 연준은 2014년부터 2020년까지 금리나 대차대조표를 정상화하는 데에도 실패했다. 또 연준은 지난 13년 동안 물가 상승률 목표치인 2%를 유지하지 못했다. 연준은 2018년 말 경기 침체와 증시 폭락을 초래할 뻔했고, 그 이후에는 갑자기 정책 방향을 변경했다. 연준은 2019년 9월에 달러 유동성 위기가 닥칠 것을 미리 짐작하지 못했다. 연준은 대차대조표를 2020년 3월 1일 4조 2000억 달러에서 2020년 6월 1일 7조 2000억 달러로 늘리면서 이제는 청렴한 척하는 가식적인 이미지마저 내던져 버렸다. 2021년에는 수조 달러가 추가될 대차대조표 확대가 예상되고 있다. 연준이 할 줄 아는 유일한 일은 바로 때에 따라 주식 시장 가치를 부풀리는 것이다. 증시 투자자들은 연준이 하는 말에 주의를 기울이며 그에 따라 반응한다. 증시를 끌어 올리는 일은 연준의 이중 정책 목표(물가 안정과 완전 고용)에 속하는 임무는 아니지만, 연준은 그 일을 아주 잘 해내고 있다.

연준은 2020년 시장 붕괴가 발생했을 당시 경제에 불을 밝히는 데에는 성공했다. 위기 상황에서 유동성을 공급하는 일은 1907년 공황을 계기로 1913년 설립된 연방준비제도가 가장 중시하는 핵심 임무다. 연준은 화폐 발행, 직접 투자, 직접 대출, 보증, 부외 기구off-balance-sheet vehicle를 결합 사용해 자산 담보부 증권 대출 기구Term Asset-Backed Securities Loan Facility, 발행 시장 기업 신용 기구Primary Market Corporate Credit Facility, 중소기업 급여 보호 프로그램 유동성 기구Payroll Protection Program Liquidity Facility, 지방 정부 대출 유동성 기구Municipal Liquidity Facility, 메인 스트리트 대출 프로그램Main Street Lending Program, 머니 마켓 뮤추얼 펀드 유동성 기구Money Market Mutual Fund Liquidity Facility, 기업 어음 직접 매입 기구Commercial Paper Funding Facility 등을 출범시켰다. 틀림없이 연준은 시장 유동성과 은행 안정성을 유지하기 위해서라면 필요한 만큼의 자금과 기구를 마련해 낼 것이다. 문제는 이들 프로그램 중 어느 것도 경기를 부양하거나 일자리를 창출하지 못한다는 점이다. 이들

부채와 디플레이션으로 좌절된 회복

중 어느 것도 경제를 성장세로 되돌리지는 못할 것이다(2009~2019년의 약한 성장률로 되돌리는 것조차 어려울 것이다). 물론 헤지 펀드와 은행이 파산하지 않고 단기적으로 무역 시장이 얼어붙지 않도록 막아 주는 역할은 할 것이다. 그러나 이 프로그램들이 일자리나 경제 성장의 원천이 되지는 못한다.

화폐유통속도

연준이 실패한 이야기가 이렇게 장황해질 수밖에 없는 이유를 한 마디로 요약하자면, 바로 화폐의 회전율을 뜻하는 '화폐유통속도' 때문이라고 할 수 있다. 그 이유를 이해하기 위해서는 통화주의 이론부터 먼저 살펴볼 필요가 있다.

통화주의는 1976년 노벨 경제학상 수상자인 밀턴 프리드먼Milton Friedman과 밀접한 관련이 있는 경제 이론이다. 통화량의 변화가 GDP 변화를 결정짓는 가장 중요한 변수라는 게 이 이론의 기본 골자다. 화폐 단위로 나타낸 명목 GDP 변화는 두 요소로 나뉜다. 하나는 실질 GDP 증가율이고, 다른 하나는 물가 상승률이다. 실질 GDP 증가율에 물가 상승률을 더하면 명목 GDP 증가율을 구할 수 있다.

프리드먼은 생산량을 늘리기 위해 통화량을 늘리는 것이 일정 정도까지만 효과가 있다는 것을 보여 줬다. 그 이상의 명목상 증가는 물가 상승률에 의한 결과일 것이다. 사실상 연준은 명목 경제 성장을 이루기 위해 화폐를 발행할 수는 있지만, 높은 실질 경제 성장을 이루는 데에는 한계가 있을 것이다.

통화정책을 미세하게 조정하고자 하는 통화주의자라면 실질 경제 성장을 4%로 정할 경우 가장 이상적인 통화정책은 통화량이 4% 증가하고 화폐유통속도와 물가 수준은 일정하게 유지되는 것이라고 말할 것이다. 이렇게 될 경우, 가장 큰 실질 경제 성장과 제로 인플레이션을 달성할 수 있기 때문이다. 화폐유통속도가 일정하기만 하다면 모든 게 아주 간단해진다.

그런데 화폐유통속도가 일정하지 않다면 어떻게 될까?

프리드먼의 논지와 달리 화폐유통속도는 일정하지 않은 것으로 밝혀졌다. 화폐유통속도는 그야말로 예측 불허다. 화폐유통속도는 연준이 통제할 수 있는 요인이 아니다. 화폐유통속도는 심리적인 요인과 관련이 있다. 즉 개개인이 경제를 어떻게 전망하느냐에 달려 있다. 연준의 화폐 인쇄기로는 화폐유통속도를 조절할 수 없다. 바로 이 점이 정책 도구로서 통화주의가 지닌 치명적인 결함이다. 화폐유통속도는 행동과 관련된 강력한 현상 중 하나다.

넓은 의미의 통화량을 뜻하는 M2의 유통 속도는 1997년 2.2로 정점을 찍었다. 이는 M2의 화폐 한 단위(달러)를 시중에 풀면 명목 GDP가 2.2(달러) 증가한다는 의미다. 화폐유통속도는 계속해서 급격하게 떨어지고 있다. 세계 금융 위기가 발생하기 직전인 2006년에는 2까지 떨어졌고, 2009년 중반 그 위기가 최악에 다다랐을 때에는 1.7까지 폭락했다. 시장 붕괴와 함께 화폐유통속도는 계속해서 떨어졌다. 연준의 화폐 발행과 제로 금리정책(2008~2015년)에도 불구하고 2017년 말 화폐유통속도는 1.43까지 떨어졌다. 코로나19 팬데믹으로 급락하기 전인 2020년 초에도 1.37까지 떨어졌다. 화폐유통속도는 신 대공황이 길어지면서 앞으로 더 떨어질 것으로 예상된다.

소비자들이 지출을 늘리기보다 빚을 갚고 저축을 늘릴 경우, 연준이 통화량을 늘리지 않는 한 화폐유통속도와 GDP는 낮아질 수밖에 없다. 연준은 화폐유통속도가 떨어지고 있는 상황에서 명목 GDP를 유지하기 위해 막대한 돈을 찍어 내고 있다. 연준은 1930년대부터 이 문제를 외면해 왔다. 화폐유통속도가 0에 근접하면 경제 성장 역시 0에 근접할 수밖에 없다. 화폐 발행은 아무런 힘이 없다. 7조 달러

곱하기 0은 0이다. 은행이 대출을 해 주지 않아 통화량 확대 메커니즘이 깨질 경우 소비자 불안으로 인해 화폐유통속도가 떨어지면서 경제 성장도 불가능해질 것이다. 화폐유통속도가 뒷받침되지 않으면 경제 성장이 불가능하다.

이는 우리를 문제의 핵심으로 이끈다. 본원 통화 같이 연준이 통제할 수 있는 요인은 경제를 살리고 실업률을 낮출 수 있을 만큼 빠르게 성장하지 못하고 있다. 연준이 더 박차를 가해 집중해야 할 요인은 지출 형태의 은행 대출과 화폐유통속도다. 지출은 대출 기관과 소비자의 심리, 즉 기본적으로 행동 현상에 의해 이뤄진다. 연준은 소비자의 행동 양식을 바꾸고 성장을 견인하는 핵심이라 할 수 있는 인플레이션에 대한 기대치를 바꾸는 법을 잊어버렸다(한때 그 방법을 알고 있었는지는 알 수 없다). 인플레이션은 통화주의자와 오스트리아 학파 경제학자들의 엉터리 이론과 달리 통화량과는 거의 아무 관계가 없다.

20세기 이후 미국의 두 대통령은 인플레이션에 대한 소비자의 기대 심리를 근본적으로 바꾸는 데 성공했다. 두 대통령 모두 같은 기술을 사용했다. 한 대통령은 계획적으로, 다른 대통령은 우연히 그 기술을 사용했다. 한 대통령은 미국 경제를 살렸고, 다른 대통령은 경제를 거의 망가뜨렸다. 인플레이션을 일으킨다는 것은 되돌릴 수 없는 상황을 만드는 것과 같다. 결과는 좋을 수도 있고 나쁠 수도 있다. 화폐유통속도 상승에 따른 인플레이션의 증가 없이는 디플레이션의 깊은 구렁과 점점 악화되는 불황을 피할 길이 없다. 화폐유통속도를 높였던 두 대통령에 대한 이야기와 다시 화폐유통속도를 높일 수 방법에 대해서는 결론에서 더 살펴보도록 하자.

재정정책이 경기 부양책이
될 수 없는 이유

2020년 의회는 지난 8년간 발생한 적자 지출을 모두 합한 것보다 더 많은 적자 지출을 승인했다. 의회는 2020년에서 2021년 사이 조지 워싱턴부터 빌 클린턴에 이르는 모든 대통령 임기 동안 누적된 국가 부채보다 더 많은 국가 부채를 늘리는 데 합의할 것이다. 이러한 빚잔치식 지출에는 코로나19 바이러스 진단 검사 비용 260억 달러, 각종 지원 프로그램 행정 비용 1260억 달러, 주정부와 지방 정부 직접 보조금 2170억 달러, 공중 보건 지원 3120억 달러, 사업체 세금 감면 5130억 달러, 대기업 구제 금융 5320억 달러, 개인 실업급여·유급휴가·현금급여 지원 7840억 달러, 중소기업 급여 보호 프로그램 8100억 달러 등이 포함돼 있다.[5] 1조 달러 규모의 기본 재정 적자와 함께 이 모든 지출이 추가로 발생하면서, 2020년 기본 재정 적자와 승인된 지출을 합한 총 적자가 4조 3000억 달러에 이른다. 이렇게 눈덩이처럼 불어난 부채는 미국의 GDP 대비 부채 비율을 130%까지 증가시킬 것이다. 이는 미국 역사상 가장 높은 GDP 대비 부채 비율로 이제 미국도 일본, 그리스, 이탈리아, 레바논이 속한 세계 최대 채무국 대열에 합류하게 됐다.

엄청난 규모의 적자 지출과 그 지출이 미국 정부의 부채 비율에 악영향을 미친다는 데에는 의심의 여지가 없다. 과도한 적자 지출은 경제가 상승하는 것을 가로막아 우리가 현재 경험하고 있는 것보다 더 심각한 불황을 야기할 수밖에 없다는 사실에 대한 논의는 거의 이뤄지지 않고 있다. 지출은 '경기 부양책'이 아니다. 의회는 경제 성장이 회복될 때까지 위기를 모면하기 위한 임시방편으로 지출을 늘리고 있지만, 적극적인 지출만으로는 경제 성장을 이룰 수 없다. 그 이유는 존 메이너드 케인스의 대표적인 경제 분석과 최근 케인스의 접근법이 지닌 한계를 밝혀 낸 경제학자 카르멘 라인하트Carmen Reinhart와 케네스 로고프Kenneth Rogoff의 경제 분석에서 찾을 수 있다.

적자 지출이 침체된 경제를 부양할 수 있다는 견해는 존 메이너드 케인스의 경제학과 그의 고전인 《고용, 이자 및 화폐의 일반 이론The General Theory of Employment, Interest, and Money》에서도 찾아볼 수 있다.[6] 케인스의 견해는 쉽고 간단했다. 그는 생산량을 총수요(aggregate demand) 함수로 생각했다. 보통 총수요는 기업과 소비자의 수요에 따라 결정된다. 불황이나 디플레이션으로 소비자들이 지갑을 열지 않아 경제가 유동성 함정에 빠지면 총수요가 부족해지기도 한다. 이런 상황에서는 물가가 하락하고 현금의 가치가 상승하기 때문에 소비자가 지출보다 저축을 선호하게 된다. 사실 그런 상황에서는 앞으로 물가가 더 낮아질 것이기 때문에 구매 활동을 미루고 저축을 늘리는 게 현명하다.

케인스가 제시한 유동성 함정을 해결하기 위한 방법은 바로 정부가 위축된 개인 소비를 대신 채우기 위해 정부 지출을 늘리는 것이었다. 적자 지출은 디플레이션이라는 고비를 넘기고 케인스가 말하는 '애니멀 스피릿'(animal spirits, 소비 활동 등에 영향을 미치는 인간의 동물적 직관을 말한다_옮긴이)을 되살리기에 꽤 괜찮은 정책이었다.

케인스는 더 나아가 정부가 1달러를 지출하면 1달러 이상의 경제 성장을 이룰 수 있다고 주장했다. 정부가 정부 지출(혹은 정부 지원금)을 늘리면, 그 지출의 수혜자는 상품이나 서비스를 소비할 것이다. 또 상품과 서비스를 제공하는 업체는 도매업체와 공급업체에 대금을 지불함으로써 화폐유통속도가 증가하게 될 것이다. 이 같은 경제 순환에 따라, 적자 지출 1달러당 명목 GDP가 1.3달러 증가할 수

부채와 디플레이션으로 좌절된 회복

도 있다. 이러한 현상을 설명하는 이론이 바로 케인스의 승수^{multiplier} 이론이다. 생산과 세수가 증가하면서 재정 수지가 어느 정도 균형을 이루게 될 것이다.

사실 케인스의 이론은 일반 이론이 아니라 특수 이론이었다. 그의 이론은 제한된 조건에서만 작동했다. 케인스의 이론은 경기가 불황이나 회복 초기 단계에 들어섰을 때 효과가 있었다. 또 정부 부채 비율이 애초에 낮아 지속 가능한 수준일 때 효과가 있었고, 경제가 디플레이션과 유동성 함정에 빠졌을 때 효과를 보였다. 케인스는 이론가가 아니라 완벽한 실용주의자였다. 그가 제시한 이론은 1930년대에 적합한 해결 방안이었다. 안타깝게도 케인스가 세상을 떠난 뒤 그의 이론은 폴 새뮤얼슨^{Paul Samuelson}, 새뮤얼슨을 따르던 MIT 제자들, 여러 경제사상가에 의해 완전히 왜곡됐다. 특정 상황에서나 작동하는 케인스의 해결책은 언제 어떤 상황에서든 적자 지출을 통해 성장을 촉진할 수 있다는 만능 해결책이 돼 버리고 말았다(정부 지출이 학계 엘리트들이 인정하는 사회적 목적을 달성하기 위해 사용된다면 또 모를 일이다).

MMT는 MIT에서 나온 이론의 일종의 귀류법(reductio ad absurdum, 간접 증명법이라고도 한다_옮긴이)이다. 적자 지출이 언제 어떤 규모로 발생하든 지출한 비용보다 더 큰 성장을 가져올 것이라는 믿음은 현재 의회가 거침없이 승인하고 있는 수조 달러 규모의 정부 지출이 '경기 부양책'이라는 주장을 뒷받침해 준다. 이는 잘못된 믿음이다.

사실 미국과 전 세계 국가들은 카르멘 라인하트와 켄 로고프가 말한 쉽게 가늠하기는 어렵지만 실재하는 단계로 서서히 움직이고 있다. 즉 국가 부채가 계속 증가하면서 채권자는 정부의 지불 능력을 불신하게 되고 채무국은 긴축 재정, 완전한 디폴트(default, 국가가 채무를 상환하지 못하는 상황을 일컫는다_옮긴이), 상당히 높은 금리를 받아들여야 하는 상황으로 내몰리고 있다.

채무국의 화폐가 신뢰를 잃음으로써 그 국가가 부채를 늘려도 경제가 그만큼 성장하지 못하는 채권자-혐오creditor-revulsion 단계에 이르게 되는 과정은 다음과 같다. 각 국가는 보통 60% 미만의 관리 가능한 GDP 대비 부채 비율로 처음 출발한다. 경기 침체에서 벗어나거나 단순히 유권자의 표를 얻기 위해 경제 성장을 모색하는 과정에서 정책 입안자들은 차입금과 적자 지출을 점차 늘리기 시작한다. 처음에는 그 효과가 긍정적일 수도 있다. 특히 그 국가가 충분히 활용하지 못한 산업 역량이나 노동력을 갖추고 있는 상황에서 현명한 정부 지출로 더 큰 소득을 창출할 경우, 케인스 승수 효과를 기대할

부채와 디플레이션으로 좌절된 회복

수도 있다.

시간이 지나면서 GDP 대비 부채 비율은 70~80%까지 늘어나게 된다. 정치적 지지층은 정부 지출에 힘입어 형성되고 발전한다. GDP 대비 부채 비율은 점점 늘어나지만, 정부 지출로 얻는 결실은 점점 작아진다. 더 많은 정부 지출이 각종 재정 지원 혜택, 수당, 수익을 창출하기 어려운 공공 편의 시설, 지역 사회 기관, 공무원 노동조합 등에 투입된다. 그러면서 한계 효용 체감의 법칙이 작용하기 시작한다. 그러나 적자 지출과 공공재에 대한 대중의 욕구는 결코 채워지지 않는다. 결국 GDP 대비 부채 비율은 90%를 넘어서게 된다.

라인하트와 로고프의 연구에 따르면, GDP 대비 부채 비율 90%는 단순히 높은 수치가 아니라 물리학자들이 흔히 말하는 임계 문턱값critical threshold이다. 어떤 값을 기준으로 단계적 전환이 일어나 상태가 달라지는 경우, 그 값을 임계 문턱값이라고 부른다. 임계 문턱값인 GDP 대비 부채 비율 90%에 다다르면, 일단 먼저 케인스 승수가 1이하로 떨어진다. 부채 1달러를 지출하면 1달러 미만의 GDP가 증가한다는 의미다. 즉 부채를 늘려도 순 성장net growth이 일어나지 않고, 부채에 대한 금리가 상승하면서 GDP 대비 부채 비율은 증가한다. 현재 코로나19 팬데믹 관련 부채의 경우, 그 규모가 점진적으로

증가하는 게 아니라 기하급수적으로 증
가하고 있다. GDP 대비 부채 비율이 라
인하트-로고프의 90% 임계치를 이미 넘
어선 상태에서 급격한 부채 증가가 추가
로 발생하고 있는 상황이다.

한계 효용 체감의 법칙
law of diminishing marginal
returns

동일한 상품이나 서비스 소비
량이 증가할수록 그에 따르는
심리적 만족도가 점점 감소하
는 현상.

　채권단은 정책 입안자들의 정책 변경이나 경제 성장을 통해 GDP
대비 부채 비율이 자연스럽게 낮아질 것이라는 헛된 희망으로 더 많
은 국채를 계속 사들이면서도 한편으로는 불안해한다. 말 그대로 헛
된 희망이다. 그런 일은 일어나지 않는다. 사회는 빚에 중독돼 있고,
빚 중독은 빚 중독자들을 계속 유인한다. 미국은 세계 최고의 신용
시장으로 자국에서 발행한 화폐로 필요한 자금을 차입한다. 이런 이
유만으로도 미국은 다른 국가들보다 지속 불가능한 부채 동학debt
dynamic을 더 오랫동안 밀고 나갈 수 있다. 그러나 역사를 보면, 언제
나 한계가 존재한다는 것을 알 수 있다.

마지막 종착지
―――

　최후의 시나리오를 미루어 생각해 본 사람들은 채무 불이행으로

든 인플레이션으로든 미국이 곧 디폴트에 빠질 일은 없다는 데 동의한다. 그렇다고 해서 아무 문제가 없는 것은 아니다. 라인하트-로고프 연구의 핵심은 머지않아 닥칠 디폴트가 아니라 성장을 가로막는 구조적 역풍의 영향력에 있다. 미국과 관련해 특히 중요한 내용은 라인하트와 로고프의 2010년 논문 〈다시 보는 부채와 성장Debt and Growth Revisited〉에 담겨 있다.[7] 두 저자가 내린 결론의 요점은 GDP 대비 부채 비율이 90%를 넘어서면 "경제 성장률의 중간값median은 1% 감소하고 평균값은 그보다 훨씬 더 많이 감소한다"는 것이었다. 또 라인하트와 로고프는 "부채와 성장의 관계에서 나타나는 비선형성의 중요성"을 강조했다. 그러면서 부채 비율debt to equity ratio이 90% 미만인 경우, "부채와 성장 사이에는 체계적인 상관관계가 존재하지 않는다"고 덧붙였다. 달리 말하면, 부채 비율이 낮을 때에는 부채와 성장 사이의 상관관계가 높지 않다. 세금, 통화, 무역 정책을 포함한 모든 요인이 성장을 이끈다. 그러나 그 비율이 90% 임계치를 넘는 순간 부채가 성장에 가장 큰 영향을 미치는 요인이 된다. GDP 대비 부채 비율이 90%를 넘어서면, 경제는 부채의 한계 수확marginal returns 체감과 저성장을 거쳐 결국 채무 불이행, 인플레이션, 재협상을 통해 디폴트에 빠지고 마는 전혀 다른 상황에 직면하게 된다.

결국 국가 신용 등급은 디폴트 단계로 떨어질 수밖에 없겠지만,

The New Great Depression 신 대공황

그 전에 먼저 저성장 장기화, 임금 상승률 둔화, 소득 불평등 심화, 사회적 분열 등 곳곳에서 불만이 쏟아지지만 해결책은 찾을 수 없는 단계에 접어들게 될 것이다. 널리 인정받고 있는 다른 연구들 역시 라인하트-로고프 연구와 같은 결론을 내놓고 있다. 라인하트와 로고프는 이 분야에서 선두를 달렸을지 모르지만, 늘 평탄한 길만 걸어온 것은 아니다. 미국을 비롯한 선진 경제가 위험한 상황에 처해 있으며, 어쩌면 돌이킬 수 없는 상태에 이미 도달했을 수도 있다는 증거는 계속 쌓이고 있다.

결국 마지막 종착지는 미국 국채와 달러에 대한 신용의 급격한 붕괴가 될 것이다. 이는 정부가 계속 투자자의 달러를 끌어들여 자금을 조달하기 위해 금리를 인상한다는 것을 의미한다. 물론, 금리가 인상되면 적자가 더 늘어나면서 부채 상황이 더 악화될 것이다. 아니면 MMT 신봉자들이 주장하는 것처럼 연준이 부채를 화폐화할 수도 있지만, 이는 국가 신용도를 떨어뜨리는 또 다른 방법에 불과하다. 부채 함정에서 벗어나겠다고 빚을 내고, 유동성 함정에서 빠져나오겠다고 돈을 찍어 내서는 안 된다. 그렇게 하면 앞으로 20년은 더 저성장, 긴축 재정, 금융 억압(financial repression, 정부가 부채 상환 부담을 줄이기 위해 저금리 정책을 펴는 등 금융 시장에 적극 개입해 시장을 억압하고 왜곡하는 것을 말한다_옮긴이), 갈수록 벌어지는 빈부 격차를 마주하게 될 것이다.

    향후 20년간 우리가 마주할 미국의 경제 성장은 지난 30년간 일본이 보여 준 경제 성장과 비슷할 것이다. 경제 붕괴까지는 아니더라도 장기간 경기가 침체되면서 저성장이 이어지는 상태, 즉 장기 불황을 겪게 될 것이다.

디플레이션의
막다른 길

현대화폐이론은 국가의 권력을 찬양하는 지적 허영에 불과하며 화폐 제도를 운영하는 데 있어 신뢰가 매우 중요하다는 사실을 간과한다. 통화정책은 화폐유통속도를 무시한 채 그저 화폐 발행에 의존하고, 사람들이 충분한 돈을 갖고 있어도 소비 지출을 꺼리는 이유를 제대로 이해하지 못하기 때문에 실패한다. 재정정책은 부채 비율이 이미 너무 높아 시민들이 디폴트, 인플레이션, 세금 인상이 유일한 탈출구인 세상에 적응하게 되면서 실패한다. 실패한 현대화폐이론, 통화정책, 재정정책에는 한 가지 공통된 현상이 따른다. 바로 막다른 골목에 다다른 경제에 대비해 저축을 늘리고 소비를 줄이는 현상이다. 침몰하는 세 척의 배 위에는 디플레이션이라는 망령이 드리워져 있다.

신 대공황은 미국 재무부와 연방준비제도가 특히 더 경계하는 강력하고 지속적인 디플레이션을 몰고 올 것이다. 신 대공황으로 인한 디플레이션은 부채 부담을 더 악화시키는 가장 걱정스러운 결과일 뿐 아니라 자기실현적 유동성 함정 때문에 발생 가능성이 가장 높은 결과이기도 하다.

디플레이션의 위험

디플레이션이란 상품과 서비스 가격이 하락하는 현상을 말한다. 물가가 낮아지면 소비재 가격이 하락하면서 임금이 일정해도 생활 수준은 더 높아진다. 이는 시간이 지남에 따라 특정 제품들의 가격을 떨어뜨리는 기술과 생산성 향상에 근거해 생각해 보면 언뜻 바람직한 결과처럼 보일 수도 있다. 그렇다면 왜 연방준비제도는 보기 드문 정책 수단을 동원해 가면서까지 인플레이션을 일으킬 정도로 디플레이션을 걱정하는 걸까? 연준이 디플레이션을 두려워하는 데에는 세 가지 이유가 있다.

첫째, 디플레이션이 정부 부채에 미치는 영향 때문이다. 부채의 실질 가치는 인플레이션이나 디플레이션에 따라 변할 수 있지만, 부채의 명목 가치는 계약에 의해 고정된다. 예를 들어, 100만 달러를 빌릴 경우 디플레이션이나 인플레이션으로 100만 달러의 실질 가치가 증가하든 감소하든 채무자는 100만 달러와 이자를 상환해야 한다. 미국의 부채는 이미 실질 성장과 세수로 그 실질 금액을 상환할 수 없는 단계에 와 있다. 연준이 화폐 환상(money illusion, 화폐의 명목 가치를 실질 구매력으로 착각하는 현상을 말한다_옮긴이)을 일으키기 위해 점차 가속화되는 인플레이션을 일으킬 수만 있다면, 달러의 명목 가치 하락으로 미국의 부채 부담이 줄어들면서 부채를 상환할 수 있는 여력이 생길 것이다. 그런데 디플레이션이 발생하면 정반대 현상이 일어난다. 즉 미국의 실질 부채가 증가하면서 부채 상환이 더 어려워지는 것이다.

디플레이션이 위험한 두 번째 이유는 바로 디플레이션이 GDP 대비 부채 비율에 미치는 영향에 있다. GDP 대비 부채 비율은 부채를 명목 GDP로 나눠 산출한 값이다. 명목 부채는 신규 자금 조달과 그에 따른 이자 지급이 필요한 재정 적자가 지속됨에 따라 계속해서 증가하게 된다. GDP 대비 부채 비율의 경우, 현재와 같이 분자인 부채가 늘어나고 분모인 GDP가 줄어드는 상황에서는 그 비율이 증가할 수밖에 없다. GDP 대비 부채 비율이 급격하게 증가하면 국가 신용도가 추락하고, 금리가 상승하며, 금리 상승으로 인해 적자는 더

부채와 디플레이션으로 좌절된 회복

늘어난다. 결국 정부가 부채 상환 만기일을 지키지 못하거나 인플레이션이 발생하면 사실상 디폴트 상태에 빠지게 된다.

디플레이션을 우려하는 세 번째 이유는 은행 시스템과 시스템상의 위험과 관련이 있다. 디플레이션은 화폐의 실질 가치를 높임으로써 채무자가 대출 기관에 상환해야 할 부채의 실질 가치 역시 높인다. 이 같은 변화는 채무자보다 돈을 빌려준 금융 기관에 더 유리한 것처럼 보일 수 있다. 맞다, 디플레이션 초기에는 그럴 수 있다. 그러나 디플레이션이 계속 진행되면서 부채 규모가 너무 커지면 채무자는 결국 채무를 이행하지 못하는 상황에 처하게 된다. 이러한 채무 불이행은 대출 기관에도 손실을 입힌다. 정부는 인플레이션을 선호한다. 인플레이션은 채무자들이 지불 능력을 잃지 않게 함으로써 은행 시스템을 뒷받침해 주기 때문이다.

요약하자면, 연방준비제도는 인플레이션을 선호한다. 인플레이션은 정부 부채와 GDP 대비 부채 비율을 줄여 주고 은행과 같은 금융 기관을 뒷받침해 주기 때문이다. 디플레이션은 소비자와 노동자들에게 도움이 될 수 있으나 재무부와 은행에 피해를 입힐 수 있어 연방준비제도는 디플레이션에 강한 우려를 표한다. 연준의 관점에서 보면, 물가가 상승하면 경기 부양과 실업률 감소는 자연스럽게 따라

오는 결과다. 디플레이션이 발생해 그로 인한 위기가 현실이 되면 미국 정부는 적절한 인플레이션을 필요로 할 것이고, 연준은 인플레이션을 유도할 수 있어야 한다. 그러나 역설적이게도 연준은 그 방법을 모른다.

신 대공황의 경우, 적어도 초기에는 강력한 디플레이션으로 특징지어질 것이다. 저축률이 크게 증가하고 소비 지출과 화폐유통속도가 감소하면서 결국 디플레이션이 발생하고 말 것이다. 물가가 하락하면 저축이 늘어나고, 저축이 늘면 물가가 더 하락하는 등 경제는 전형적인 유동성 함정에 빠지게 되고 디플레이션 소용돌이에 휘말리게 된다. 직장을 잃은 노동자들, 문 닫은 사업체들, 다음은 자기 차례가 될지 모른다는 두려움에 떨고 있는 사람들은 돈을 빌리거나 돈을 쓰고 싶은 마음이 들지 않을 것이다. 디플레이션에 한번 빠지면 탈출하기가 매우 어렵다. 디플레이션 앞에서는 쉽게 찍어 낸 돈과 엄청난 적자 지출도 힘을 못 쓴다. 화폐정책과 재정정책을 총동원해도 꿈쩍하지 않을 것이다. 1930년대 이후 그렇게 심각한 디플레이션은 겪어 본 적이 없는 연준과 의회는 디플레이션에 맞서 통제할 수 있기 전까지는 경기 부양 목표를 달성하지 못할 것이다.

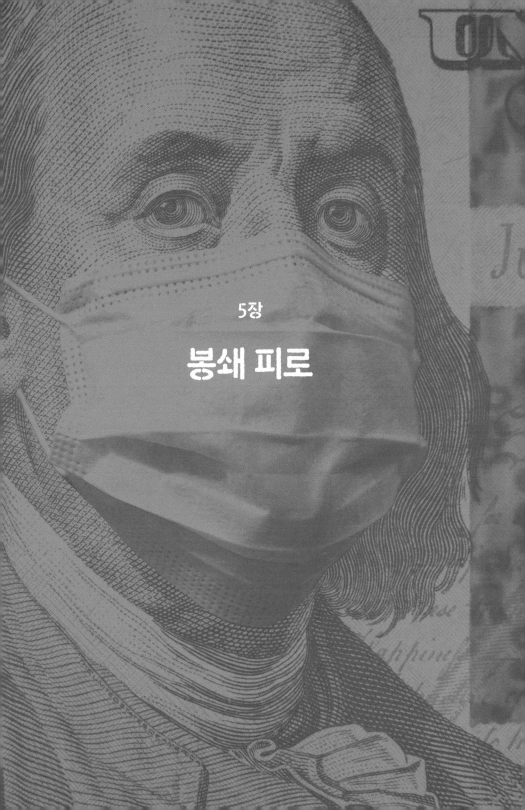

5장

봉쇄 피로

그 낯선 이는 그녀 옆에 있는 자기 말의 안장 위에 휙 올라타 그녀 쪽으로 몸을 숙이더니 무표정한 얼굴로 그녀를 바라봤다. 멍한 표정으로 빤히 바라보는 그 알 수 없는 시선에서는 어떤 위협도 느껴지지 않아 굳이 그 시선을 피할 필요는 없었다. (…) 그는 고삐를 살짝 쥔 채 곧고 우아한 자태로 어둡고 허름한 옷자락을 펄럭이며 그녀 곁에서 아주 능숙하게 말을 몰았다. 그의 창백한 얼굴은 사악한 황홀감에 젖어 웃고 있었고 그녀에게는 눈길조차 주지 않았다. 아, 전에 이 남자를 본 적이 있어. 누구인지 생각이 안 날 뿐이지 내가 아는 사람이 맞아. 전혀 낯설지 않아.

　　　—캐서린 앤 포터Katherine Anne Porter, 〈창백한 말, 창백한 기수Pale Horse, Pale Rider〉 (1939)

창백한 말
창백한 기수

캐서린 앤 포터는 20세기의 가장 훌륭한 미국 작가 중 한 명이었다. 포터는 주로 단편 소설을 써 비평가들에게 찬사를 받았지만, 1931년 그녀가 멕시코 베라크루스를 출발해 독일을 향해 항해했던 크루즈 여행담을 바탕으로 쓴 1962년 작《바보들의 배Ship of Fools》를 발표하기 전까지는 상업적 성공을 거두지 못했다. 장편 소설《바보들의 배》는 시나리오로 각색돼 1965년 비비안 리Vivien Leigh가 주연을 맡은 영화로 제작됐다. 이 영화는 아카데미상 8개 부문 후보에 올라 미술상과 촬영상을 수상했다. 또 1966년 포터는《캐서린 앤 포터 단편집The Collected Stories of Katherine Anne Porter》으로 퓰리처상과 전미도서상National Book Award을 수상했다.

비평가들에게 여전히 호평을 받고 있는 포터의 초기 작품 중에는 〈창백한 말, 창백한 기수〉를 포함한 단편 소설 세 편을 묶어 1939년 출간한 단편집《창백한 말, 창백한 기수》가 있다. '창백한 말, 창백한 기수'라는 제목은 요한계시록 6:8에 등장하는 '요한계시록의 네 기사'(Four Horsemen of the Apocalypse, 백색·적색·흑색·청색 말을 탄 네 기사로 각각 질병·전쟁·기근·죽음을 상징한다_옮긴이)에 착안해 지어졌다. 요한계시록 6:8은 다음과 같다. "보았더니 푸르스름한 말을 탄 기사가 있었습니다. 그의 이름은 죽음이었고, 저승을 다스리는 하데스 Hades가 그와 동행했습니다. 그들에게는 칼, 기근, 역병으로 지상의 사분의 일을 멸할 수 있는 권한이 주어졌습니다."

팬데믹의
생존자들

포터 자신도 역병에 걸려 죽음에 직면했다. 그녀는 1918년 스페인 독감 팬데믹에서 살아남은 생존자였다. 포터는 스페인 독감에 걸려 죽을 고비를 넘기고 겨우 살아남았다. 그녀는 스페인 독감을 앓는 과정에서 환각과 섬망에 시달리기도 했다. 병원에 입원해 회복하기까지 수개월이 걸렸고, 약해진 몸으로 머리가 다 빠진 상태로 퇴원했다. 퇴원 후 까만 머리카락이 아닌 흰머리가 다시 자라나기 시작해 이후 평생 동안 백발을 유지하며 살았다.

소설 〈창백한 말, 창백한 기수〉는 신문에 글을 기고하는 작가 미란다와 제1차 세계대전에 참전하기 위해 프랑스로 떠나기 직전인 아담이 등장하는 20대 초반 커플의 사랑 이야기다. 미란다는 스페인 독감 바이러스에 감염된다. 그녀는 기침, 발열, 호흡 곤란 같은 일반적인 증상이 보이다가 고열과 섬망 증상에 시달리는 급성 중증 단계에 이르게 된다. 미란다는 맨 처음 자기 방에서 아담에게 병간호를 받다가 병원에 입원해서는 전문 간호사 태너에게 간호를 받는다. 미란다는 정신이 혼미한 섬망 상태에서 현실과 꿈을 구분하지 못한다. 그녀는 천국과 지옥을 보는 환시를 겪기도 한다. 의사는 사형 집행인이고, 환자는 사형수다. 포터의 글에는 다음과 같은 내용이 담겨 있다.

살아 있는 두 남자가 벽에 비스듬히 세워져 있던 매트리스를 들고 오더니 시신 바로 위에 조심스럽게 펼쳐 놨다. (…) 넋을 잃은 듯 유유히 지켜보던 그 광경은 그야말로 기이했다. 그리고 이제 그마저도 다 끝나 버렸다. 그들이 머물던 자리에서 희뿌연 안개가 피어올라 미란다의 눈앞에 떠다녔다. 그 안개 속에는 학대받으며 분노했던 모든 이의 공포, 권태, 괴로움에 짓눌린 얼굴, 뒤틀린 등, 부러진 발, 갖가지 혼란스러운 고통, 무감각해진 마음이 서려 있었다. 그 안개가 당장 걷히기라도 하면 여기저기에 인간의 모든 고통이 나뒹굴고 있을는지도 몰랐다. 그녀는 두 손바닥을 펴들며 말했다. 안 돼, 아직은 안 돼. 근데 너무 늦었어. 안개가 걷히자 흰 옷을 입은 사형 집행인 두 명이 그녀를

향해 다가왔다.[1]

포터는 스페인 독감을 겪은 다른 동시대 사람들과 차별화된 두 가지 면모를 갖추고 있었다. 첫째, 포터는 작가로서 필력이 뛰어났다. 포터의 글은 오늘날에도 여전히 우리에게 감동을 주고, 우리가 과학 연구 결과를 통해서는 이해할 수 없는 스페인 독감 희생자들의 삶을 이해할 수 있게 해 준다. 둘째, 사실상 포터는 스페인 독감을 글로 풀어낸 유일한 작가였다. 스페인 독감의 경우, 최대 1억 명이 사망했을 것으로 추정하고 있다. 1918년 인류의 3분의 1에 해당하는 5억 명 이상이 스페인 독감에 감염됐다. 보통 연령이 낮거나 높을수록 위험이 증가하는 다른 팬데믹들과 달리 스페인 독감은 특히 이삼십 대 젊은 층에 더 치명적이었다. 제1차 세계대전에서 사망한 사람보다 스페인 독감으로 사망한 사람이 더 많았다. 인류 역사상 가장 치명적인 팬데믹은 14세기 흑사병이었고, 그다음이 바로 스페인 독감이었다.

여러분은 당시 엄청난 수의 독감 환자와 사망자를 기록하며 세계 곳곳을 휩쓸던 스페인 독감이라는 사회 재난을 계기로 그와 관련된 경험담이나 그것이 사회에 미치는 영향 등을 이야기하는 문학, 예술, 논평 등이 세상에 쏟아져 나왔을 거라고 생각할 수도 있다. 사실

전혀 그렇지가 않았다. 1918년 당시 이십 대 초중반이었던 어니스트 헤밍웨이, F. 스콧 피츠제럴드, 윌리엄 포크너, 존 도스 파소스 같은 위대한 작가 중 어느 누구도 자기 작품에서 스페인 독감에 대해 언급하지 않았다(피츠제럴드는 경미한 독감 관련 증상을 겪기도 했고, 헤밍웨이의 여자 친구는 독감 환자들을 돌보는 간호사였다). D. H. 로런스의 《채털리 부인의 사랑Lady Chatterley's Lover》과 T. S. 엘리엇의 시에 에둘러 표현한 내용이 일부 등장하기는 하지만 스페인 독감이 분명하게 언급돼 있는 경우는 없다. 그러나 캐서린 앤 포터는 스페인 독감에 대한 글을 훌륭하고 분명하게 써 내렸다.[2] 당시 그런 작가는 거의 그녀밖에 없었다.

침묵

———

예술가와 작가들이 침묵에 가까울 정도로 함구했다는 것을 보면, 당시 스페인 독감에서 살아남은 보통 사람들도 스페인 독감에 대해 거의 말하지 않았을 것임을 짐작할 수 있다. 사람들은 고인이 된 가족들이 생각나고 환자로 붐비는 병동, 겹겹이 쌓인 시신, 공동묘지의 모습이 떠올라도 자신들이 겪는 일에 대해서는 거의 언급하지 않았다. 스페인 독감은 치명적이었을 뿐만 아니라 마치 아무 일도 없었던 것처럼 사람들에게 일종의 침묵과 집단 기억 상실을 안겨 줬다. 삶은 계속됐지만, 스페인 독감에 대한 논의는 이뤄지지 않았다.

역사상 두 번째로 가장 심각했던 팬데믹에 대한 당시 사람들의 침묵을 이해하는 데 도움이 될 만한 몇 가지 설명이 제시된 바 있다. 첫째, 제1차 세계대전의 엄중했던 마지막 6개월 동안 스페인 독감의 가장 치명적인 파도가 몰아쳤다는 것이다. 전쟁 경험과 사상자에 대한 기억이 너무나 끔찍해서 스페인 독감 팬데믹은 부차적인 일처럼 느껴졌을 것이라는 견해다. 그렇지 않았다. 그저 감당하기 어려울 정도로 끔찍한 일이 너무 많았을 뿐이고, 전쟁 사상자 외에 독감 사상자까지 받아들이기가 힘들었을 수도 있다. 그런데 이 같은 견해는 전쟁 지역은 아니었지만 스페인 독감으로 심한 타격을 받은 인도, 서아프리카, 남아메리카 같은 지역을 생각하면 설득력이 떨어진다.

주로 유럽, 미국, 캐나다 지역에 한정된 설명으로는 전시 검열 때문에 스페인 독감 팬데믹을 솔직하게 논할 수 없었다는 의견이 있었다. 팬데믹에 대한 논의가 사기 진작에 방해가 될 수 있다고 여겼던 것이다. 당시 기자를 포함한 여러 사람이 전쟁으로 인한 역경이나 전장에서의 패배에 대한 글을 썼다가 선동 혐의로 체포돼 기소되기도 했다. 스페인 독감은 사람들이 숨김없이 논의할 수 있는 주제가 아니었다. 시민들은 거리에 켜켜이 쌓여 있는 시신들이나 더 이상

관을 구하지 못해 수레에 실려 가는 시신들을 보면서 무슨 일이 벌어지고 있는지 알고 있었다. 사람들은 숨진 배우자 곁에서 잠을 자며 생활했다. 시신을 옮겨 갈 곳이 마땅치 않은데다가 집 말고는 잠잘 곳이 없었기 때문이다. 주변 곳곳에서 스페인 독감의 참상을 쉽게 마주할 수 있었지만, 그런 이야기를 공개적으로 논할 수 있는 분위기는 아니었다. 담론에 대한 그러한 엄격한 통제가 전후 세계에까지 이어져 영향을 미쳤는지도 모른다.

마지막으로, 로라 스피니와 캐서린 아놀드Catharine Arnold가 쓴 책에 언급된 바와 같이 스페인 독감의 영향은 실로 엄청났지만 그에 대한 이야기는 우회적으로 표현되거나, 심지어 무의식적으로 표출되기도 했다는 견해가 있다.[3] 소설가 존 스타인벡John Steinbeck, 메리 매카시Mary McCarthy, 대실 해밋Dashiell Hammett 모두 스페인 독감을 이겨냈다. 아놀드는 "스페인 독감에 대한 경험이 존 스타인벡의 관점을 완전히 뒤바꿔 놨다."고 책에서 말한다.[4] 그녀는 소설가 토머스 울프Thomas Wolfe의 사연도 언급한다. "토머스 울프는 그의 가장 유명한 소설《천사여, 고향을 보라》에 스페인 독감으로 세상을 떠난 형에 대한 강렬하고 호소력 있는 이야기를 남겼다."[5] 스피니는 해밋의《몰타의 매The Maltese Falcon》에 등장하는 사설탐정 샘 스페이드를 통해 스페인 독감 희생자의 고립을 이해하게 된다. 스피니는 스페인 독감을 꼭 집

The New Great Depression 신 대공황

어 언급한 것은 아니었지만, 질병과 그 질병으로 인한 사회적 역기능에 대한 이야기가 1920년대 문학, 특히 버지니아 울프, 제임스 조이스, 유진 오닐의 작품에서 큰 몫을 차지했다고 지적한다.

　문학과 예술 비평은 스페인 독감이 1920년 이후 문화와 사회에 큰 영향을 미쳤지만 스페인 독감의 영향력이 밖으로 분명하게 표출되지는 않았고, 우회적으로 표현됐으며, 대부분 스페인 독감이라는 명칭을 직접 언급하지 않았다는 결론을 우리에게 넌지시 알려 준다. 스페인 독감 팬데믹에 대한 경험은 잠재의식 속에 묻혀 있다가 간접적인 방식으로 표출된 경우가 대부분이었지만, 어쨌든 그 경험은 실재했다.

트라우마

결과적으로 1928년 스페인 독감 팬데믹에는 우리가 잘 알지 못하고 이해하지 못하는 측면이 존재하며, 그것은 우리가 코로나19를 극복하고 신 대공황에서 회복하는 일과도 엄청난 관련이 있을 수 있다. 이는 바이러스가 우리 뇌와 중추 신경계에 미치는 영향과 관련이 있다.

존 M. 배리는 목격자 진술, 의학 보고서, 학술지 기사, 경험적 증거에 대한 포괄적인 내용을 근거로 제시하면서, 스페인 독감이 많은 희생자들의 인지 능력과 정신 건강에 상당히 부정적인 영향을 미쳤다는 사실을 지적한다. 섬망은 바이러스에 감염된 환자가 고열, 산소 부족으로 인한 장기 부전, 탈수 증상을 보이며 병세가 절정에 달할 때 흔히 나타날 수 있는 증상이다. 배리는 열이 내리고 환자들이 겉보기에 '회복된' 후에도 정신 질환이 오랫동안 지속됐다는 사실을 보여 주는 증거를 제시한다.

배리는 현대 의학 저널 기사와 공문서 등에서 발췌한 다양한 임상 관찰 내용을 다음과 같이 소개하고 있다.

영국: "(…) 심한 신체적 피로감과 정신적 무력감에 시달렸다. 섬망 역시 자주 겪었다. (…) 섬망 증상은 단순한 혼돈에서부터 광적인 흥분 상태까지 다양한 강도로 나타났다."

이탈리아: "(…) 병세가 급속도로 진행될 때 나타나는 정신 질환은 보통 2~3주 내에 진정됐다. 그러나 그 증세가 진정된다 하더라도 신경 쇠약으로 발전할 수 있고, 정신이 혼미한 상태가 지속되면서 치매로 발전할 수도 있다. 어떤 환자들은 우울증과 안절부절못하는 행동을 보이기도 했다. (…) 이 같은 증상들이 나타나면서 스페인 독감 팬데믹 기간 동안 자살률이 크게 늘어났다고 볼 수 있다."

프랑스: "(…) 독감을 앓고 난 뒤 회복기에 심각한 정신 장애가 자

주 관찰됐다. (…) 정신 장애는 불안, 폭력, 공포, 성적 흥분을 동반한 심각한 섬망 증세를 보이는 형태로 나타나는가 하면, 또 어떤 때는 괴로움에 대한 공포 같은 우울 증상이 나타나기도 했다.**6**

배리는 제1차 세계대전을 종결하기 위한 조약을 협의했던 1919년 베르사유 평화 회의Versailles Peace Conference에서 우드로 윌슨Woodrow Wilson 대통령이 보인 행동을 분석하기 위한 연구를 수행한다. 윌슨 대통령은 1919년 2월과 3월에 열린 초기 협상에서 독일에 막대한 배상금이 부과되는 것을 강력히 반대했다. 그 후 1919년 4월 스페인 독감의 3차 파도가 발생했을 때 윌슨은 바이러스에 감염돼 심각한 증상에 시달렸다. 윌슨의 보좌관들은 회복기에 있던 윌슨이 약간의 편집증 증세를 보이며 전과 달리 세부 사항을 재빨리 파악하지 못한다는 사실을 알아챘다. 윌슨은 독일이 거액의 배상금을 지불하고 전쟁의 모든 책임을 져야 한다고 주장하는 조르주 클레망소Georges Clemenceau 프랑스 대통령의 요구에 갑자기 동의했다. 역사학자들은 1919년 승전국이 독일에 요구한 강압적인 평화가 1920년대 독일에서 아돌프 히틀러와 국가사회주의 독일 노동자당National Socialist German Workers' Party이 부상하고, 1939년 제2차 세계대전이 발발하게 된 원인 중 하나였다는 데 동의한다. 스페인 독감을 이야기하면서 히틀러를 비난하는 것은 무리일 수 있다. 그럼에도 불구하고, 스페인 독감 바이러스, 윌슨의 정신 장애, 제2차 세계대전의 원인이 된 특정 결과들이 서로 관련돼 있음을 보여 주는 증거가 있다.

1924년 유명한 정신과 의사 칼 메닝거Karl Menninger는 미국정신의학저널American Journal of Psychiatry에 〈인플루엔자와 정신분열병Influenza and Schizophrenia〉이라는 제목의 논문을 게재했다.[7] 메닝거는 논문에 이렇게 적었다. "1918년 스페인 독감 팬데믹 기간 중에 관찰된 바와 같이 인플루엔자와 밀접한 연관성을 보이는 정신 질환 중 가장 흔한 질환은 단연코 정신분열병이었다." 로라 스피니는 1919년 초 스페인 독감에 걸려 폐렴으로 발전하면서 오랜 요양 기간 내내 우울증에 시달렸던 상속녀 낸시 쿠나드Nancy Cunard의 사례를 책에서 소개한다.[8]

다양한 자료를 통해 스페인 독감으로 인한 정신 질환이 세계 곳곳에 널리 퍼져 오랫동안 지속됐다는 사실을 확인할 수 있다. 많은 경우에 정신 장애는 끔찍한 살인, 자살, 가정 폭력 등을 통해 나타났다. 어떤 경우에는 우울증, 인격 분열, 인지적 혼란 등의 증상을 나타내며 소리 없이 지속되기도 했다. 보통 스페인 독감이라는 이름을 직접 언급하지 않음에도 불구하고, 독감은 그 증상이 아무리 경미하다고 해도 문학 작품, 영화, 그림 속에 등장하는 비운의 뮤즈를 떠올리게 했다. 스페인 독감의 종식은 대공황, 제2차 세계대전, 홀로코스트, 핵무기의 출현, 냉전, 그 사이사이에 발생했던 위기들을 관통하는 격동의 70년을 알리는 서막이었다. 스페인 독감이 남긴 유산은 바로 그 혼돈의 세기였다.

코로나19가 유발한 질환

———

스페인 독감이 종식되고 한 세기가 지난 지금, 코로나19에 맞서 싸우고 있는 우리는 분노, 비통, 사회적 무질서라는 새로운 유산을 마주하고 있을까? 스페인 독감이 유행하던 시기에도 특정 상황을 제외하고는 시행되지 않았던 경제 봉쇄라는 코로나19 팬데믹 대응책이 경기 회복을 지연시키거나 불가능하게 만드는 트라우마를 남길 수도 있을까? 현 단계에서는 이 같은 질문들에 대한 의학적인 답을 제대로 구할 수 없다. 그러나 스페인 독감 때와 마찬가지로 경험적 증거는 우리를 불안하게 만든다.

코로나19가 정신 건강에 미치는 악영향은 스페인 독감 때와 마찬가지로 두 가지 형태를 띤다. 첫째, 코로나19 바이러스가 중추 신경계를 물리적으로 침투하면서 발생하는 인지 장애다. 둘째, 격리, 고립, 경제 봉쇄의 심리적 영향에 따른 행동 장애다. 우리는 이 같은 정신 장애가 코로나19와 관련이 없다고 생각하는 경향이 있다.

코로나19가 폐와 다른 여러 장기에 손상을 입힌다는 사실은 이미 잘 알려져 있다. 그 외에 심각한 신경 손상을 일으킬 수 있다는 예비 임상 증거가 현재 나와 있다. 2020년 3월 31일 과학 학술지 〈라디올로지Radiology〉는 코로나19와 관련된 희귀 질환인 '급성 괴사 출혈 뇌병증acute necrotizing hemorrhagic encephalopathy'의 첫 사례를 보고하는 연구 결과를 발표했다.[9] 이 질환은 발작과 인지 장애 증상을 나타내며 생명을 위협할 수 있는 위험한 뇌 염증이다. 〈라디올로지〉의 연구에 따르면, 50대 후반의 항공사 직원으로 급성 괴사 출혈 뇌병증 진단을 받은 그 여성 환자는 기침, 발열, 정신 상태 변화 등의 증상을 보였다고 한다.[10]

미국 심리학 전문지 〈사이콜로지투데이Psychology Today〉는 코로나19와 관련된 정신 건강 문제를 요약해 소개하면서 신경학 전문가들에게 코로나19 팬데믹으로 발생할 수 있는 인지 기능 장애에 대한 연구를 발 빠르게 수행할 것을 촉구하는 유진 루빈Eugene Rubin 박사의 기사를 게재했다. 루빈 박사는 기사에 이렇게 적었다. "코로나19는 대중 매체를 통해 잘 알려진 호흡기 및 다른 여러 증상을 일으킬 뿐만 아니라 중추 신경계(CNS)에도 영향을 미칠 수 있다. 감염자 중 3

분의 1 이상이 현기증, 두통, (…) 미각이나 후각 상실, 사고력 저하를 포함한 급성 신경 행동 증상을 보이는 것으로 알려져 있다."

루빈은 스페인 독감 후유증의 불길한 기억을 상기시키면서 이렇게 경고했다. "게다가 코로나19 바이러스와는 직접적인 관련이 없는 코로나19 팬데믹으로 인한 정신적 증상들이 나타나고 있다. 얼마나 많은 코로나19 일선 의료진이 외상 후 스트레스 장애post-traumatic stress disorder 증상을 겪게 될까? 심리사회적 스트레스, 지속적인 공포, 사회적 고립, 사별, 실직, 재정 불안, 목적 상실로 인한 불안 장애, 우울증, 약물 사용 장애는 얼마나 많이 증가하게 될까?"

실제로 루빈 박사가 우려한 사회적 스트레스와 행동 기능 장애가 이미 나타나고 있다. 2020년 5월 29일 중독 치료 및 재활 네트워크로 유명한 리커버리 빌리지The Recovery Village가 발표한 설문 조사 결과에 따르면, 조사 전 한 달 동안 알코올 소비는 55% 증가했고, 불법 약물 사용은 36% 증가했다.[11] 또 코로나19 팬데믹 가장 큰 타격을 입은 뉴욕주, 뉴저지주, 매사추세츠주, 로드아일랜드주, 코네티컷주에서는 같은 기간 동안 알코올 소비가 67% 증가한 것으로 나타났다. 해당 설문 조사에서 알코올을 소비하고 약물을 사용한다고 답한 응답자 중 53%가 "스트레스를 다스리기 위해 애쓰고 있다"고 답했고, 32%가 "불안감이나 우울증 같은 정신적 증상을 다스리기 위해 애쓰고 있다"고 답했다. 설문 조사 보고서는 결론을 이렇게 내렸다. "코로나19 팬데믹 기간 동안 약물 남용이 증가할 것으로 예상되며 고립감, 권태감, 자산 및 일자리 회복 기회의 감소로 인한 스트레스 증가로 향후 알코올과 약물 중독률 역시 증가할 것으로 예상된다."

정신신경면역학 학술지 〈뇌·행동·면역 건강Brain, Behavior, & Immunity-Health〉은 다음과 같이 주의를 주는 동료 평가 논문을 발표했다.

코로나19 바이러스에 대항하기 위해 사용되는 완화 전략과 함께 코로나19는 개인과 집단의 정신 건강에 상당한 위협을 가하고 있다. (…) 코로나19 상황에서 나타나는 정신적 증상의 원인은 다원적이며 생물학적, 행동적, 환경적 결정 요인이 그 원인에 포함될 수 있다. 코로나19 위기는 인간관계 형성이라는 인간의 기본적인 욕구를 크게 위협하고 있으며, 이는 우리의 정신 건강을 크게 해칠 수 있는 결정적인 환경적 요인으로 작용할 수 있다. 또 신경 분류학에 의해 알려진 '뇌 양식brain style'이 인간관계 형성이라는 기본적인 욕구에 대한 위협과 상호 작용을 하면서 코로나19로 인한 정신적 증상을 일으킬 수도 있다. (…)

코로나19 팬데믹이 우리 인류에게 엄청난 위협임이 틀림없다. 코로나19 팬데믹은 우리의 건강과 경제 시스템을 아주 분명하고 눈에 띄는 방식으로 압박해 오고 있다. 코로나19는 다양한 영역을 넘나들며 인간의 가장 기본적인 욕구, 특히 인간관계 형성에 대한 우리의 욕구를 심각하게 위협하고 있다.[12]

해당 논문에서는 계속해서 인간관계와 공동체 형성에 대한 인간의 욕구를 장기간에 걸쳐 입증해 낸 심리학 연구에 대해 설명한다. 최근 격리, 자가 격리, 경제 봉쇄, 막연한 불안감이 한꺼번에 몰려오면서 우리 인간에게 꼭 필요한 공동체 의식이 약화되거나 심지어 파괴됐다. 논문에서는 "전례 없는 수준의 이러한 신체적 고립은 우리 인간의 기본적인 본능이나 의욕과 양립할 수 없다."고 지적한다. 신체적 고립의 부정적 측면 중 하나는 내적 통제가 어려울 수 있고, 피해자들이 사회적 마찰을 경험할 가능성이 높아진다는 것이다. 그 외에도 정신 건강에 미치는 여러 부정적인 영향이 해당 연구를 통해 밝혀졌다. 연구 결과에서 드러난 부정적 영향들의 공통된 맥락은 봉쇄와 격리가 엄청난 스트레스와 우울증, 자살, 사회적 영역에서의 기능 장애를 포함한 반사회적 반응을 유발한다는 것이다.

비영리 민간 기구인 퓨자선기금Pew Charitable Trusts에 글을 기고하는 크리스틴 베스탈Christine Vestal은 다음과 같은 소식을 전했다.

The New Great Depression 신 대공황

전국에 있는 정신 건강 상담 센터들은 미국 시민들이 코로나19 팬데믹에 어떻게 대응하고 있는지를 알려 준다.

(…) 위기 상담 센터들은 도움을 청하는 사람 수가 30~40% 정도 늘었다고 보고하고 있다. (…)

(…) 정신 건강 전문가들은 코로나19 팬데믹이 진행됨에 따라 정신 건강 상담을 필요로 하는 사람들이 눈덩이처럼 불어날 것이라고 예측하고 있다.

결국, 코로나19 팬데믹으로 인한 정신적 충격은 코로나19 바이러스로 인한 감염증보다 훨씬 더 많은 사람들에게 악영향을 줄 것이다. 전문가들은 또 그로 인한 광범위한 정서적 트라우마가 오랜 기간 지속될 것이라고 말한다. 이미 미국 시민 10명 중 4명 이상은 코로나19 팬데믹과 관련된 스트레스가 자신의 정신 건강에 부정적인 영향을 주고 있다고 느끼는 것으로 나타났다. (…)

존스 홉킨스 블룸버그 공중보건대학에서 학생들을 가르치고 있는 조지 에벌리는 "코로나19 팬데믹은 모든 이에게 있어 정신적으로 가장 해로운 일생일대의 재난이 될 게 분명합니다."라고 말했다.[13]

점점 더 많은 연구에서 위에서 설명한 내용과 일치하는 연구 결과들을 내놓고 있다.[14] 아직 연구 초기 단계이기는 하지만, 여러 의학 연구와 방대한 경험적 증거가 밝혀낸 사실은 코로나19 팬데믹이 신경 및 정신 건강에 문제를 일으킨다는 것이다. 첫 번째 문제는 바로 코로나19 바이러스가 뇌조직에 침투해 심각한 염증을 일으켜 사망에 이르게 하거나, 증상이 비교적 경미한 경우에도 심각한 방향 감각 상실, 인지 장애 같은 합병증을 일으킬 수 있다는 것이다. 이 같은 질환들은 스페인 독감의 급성 감염 시 나타나는 증상들과도 비슷하다.

두 번째 문제는 코로나19 바이러스에 감염된 사람들에게만 국한된 문제가 아니다. 코로나19 감염자든 아니든 누구에게나 적용될 수 있는 문제다. 이 문제는 코로나19 팬데믹 대응책으로 인한 우울증, 불안감, 반사회적 또는 폭력적 행동과 관련이 있다. 이와 같은 일련의 정신 장애는 격리, 자가 격리, 의무적인 봉쇄 조치가 만들어 낸 참담한 결과라 할 수 있다. 일단 사람들은 일상적인 사회적 교류, 대화, 친구나 가족과의 왕래가 단절되면, 적당한 기회가 올 때까지 기다리지 않는다. 그들은 그 상태에서 그대로 침잠한다. 그들은 평소 같았으면 일상적인 사회적 활동을 하며 보낼 시간을 공포, 망상, 통제 불가능한 상황에 대한 분노로 채운다. 사람들의 분노가 무기화되면서 거리를 오가는 사람들을 공격(아마 상대방도 똑같이 대응할 것이다)하는 수준까지 상황이 악화된다면, 그때는 사회 질서가 더 크게 붕괴하고 말 것이다.

코로나19 바이러스 감염으로 인한 직접적인 신경 장애는 과학자들이 주목하고 있는 심각한 문제 중 하나다. 그러나 이 문제가 스페인 독감 팬데믹 때 발생했던 비슷한 형태의 신경 장애만큼 사회의 관심을 끌지는 못할 것 같다. 그 이유는 바로 숫자 때문이다. 스페인 독감 팬데믹 기간에는 5억 명 이상이 독감에 걸렸고 그 중 1억 명이 사망했다. 전 세계 코로나19 바이러스 감염자는 2020년 10월 1일 현재 3,200만 명(진단 검사 부족을 감안하면 실제 감염자 수는 더 많을 것이다)을 넘어섰고 그 중 100만 명 이상이 사망했다. 코로나19 바이러스 감염자 수는 1918~1919년 스페인 독감 바이러스 감염자 수에 비하면 지극히 적은 숫자(10%가 채 안 된다)에 불과하다.

코로나19 감염자가 아닌 코로나19 봉쇄와 경제 혼란에 행동적 영향을 받은 사람 수를 따져 보면, 상황은 역전된다. 그 수치에는 사실상 미국의 모든 남녀노소가 포함된다. 즉 미국에서만 그 숫자가 3억 3000만 명에 달하고, 전 세계적으로는 수십억 명이 넘을 것이다. 코로나19 봉쇄 실패로 인한 일련의 증상은 사회와 경제에 막대한 영향을 미칠 것이다. 실제로 그로 인한 부정적인 결과를 매일 확인할 수 있다.

개인이 짊어져야 할 심리적 부담의 경우, 의사가 일련의 증상이나 질환을 파악한다는 점에서 임상과는 거리가 멀었지만, 심리적 부담은 우리 삶 전반의 행복과 건강에 상당히 부정적인 영향을 미쳤다. 팬데믹이 불어닥친 삶의 현실은 바이러스 감염 여부와 관계없이 수백만 명의 사람들에게 피해를 입혔다.

분노, 불만, 폭동

전 세계에서 가장 많은 사망자를 낸 진앙지 인근 브루클린에 있는 한 피트니스 스튜디오의 주인인 마리엠 자데^{Maryam Zadeh}는 2020년 4월 코로나19가 절정에 달했을 때, 공기 중에 미세 먼지가 가득하고, 유니온 스트리트 스튜디오 밖에 먼지 쌓인 자동차들이 늘어서 있던 모습을 기억한다. 당시 그녀는 그 미세 먼지가 그린우드 하이츠^{Greenwood Heights} 화장장의 잿더미에서 나오는 것이라는 사실을 불현듯 깨닫고 몸서리를 쳤다. 자데는 1931년부터 고와너스^{Gowanus}의 유니온 스트리트에서 관을 판매하고 있는 사우스 브루클린 캐스킷 컴퍼니^{South Brooklyn Casket Company} 앞에 줄지어 서 있는 영구차들을 봤다. 장례식장에는 아무도 없고 고인을 둘 곳도 마땅치 않았기 때문에 영구차 운전자들이 차도 가장자리에 있는 관을 가지러 와야 했다. 영구차들이 대기하고 있는 거리에서 재봉사들은 관의 안감을 꿰매고 있었고, 관을 짜는 장인들은 관에 손잡이를 달고 있었다. 심지어 관을 영구차에 싣고 있는 동안에도 작업은 계속됐다. 밀려드는 코로나19 사망자를 모두 매장하거나 화장하려면 시간이 부족했기 때문이다. 자데는 코로나19로 계단에 쓰러져 사망한 이웃도 기억한다. 당시 그 이웃이 거주하고 있던 건물 주민들은 다음날 고인을 수습하기 전까지 시신을 욕실에 넣어 두고 그 욕실 창문은 밤새도록 열어 둘 것이라는 당국의 설명을 들어야 했다.

코로나19 감염의 최전선에서 자데가 겪은 일들은 전장에서나 보고 들을 수 있는 이야기와 비슷했다. 실제로 브루클린과 전 세계는 코로나19 바이러스와 전쟁을 치르고 있었다. 그런 끔찍하고 충격적인 경험은 코로나19 바이러스가 과거 속으로 사라진다고 해도 평생 잊히지 않을 것이다.

코로나19 바이러스는 어떤 정치적인 성향도 갖고 있지 않다. 앞서 논의한 바와 같이, 과학자들은 바이러스가 살아 있는 생물체인지 아닌지조차 명확하게 알지 못한다. 지금까지 과학과 경험적 증거를 바탕으로 설명한 우울증, 불안, 사회적 기능 상실, 다소 폭력적인 성향 등을 포함한 코로나19의 정신적 영향은 시민, 소상공인, 시위 참가자뿐 아니라 정치인과 경찰 같은 공직자에게도 적용된다. 정치적 신념을 가진 사람들도 코로나19의 영향에서는 자유로울 수 없다. 이 점을 이해하는 것이 무엇보다 중요하다. 양극화된 사회에서는 사람들이 '반대 편'의 잘못된 점은 샅샅이 찾아내려 하고 자신들이 지지하는 사람들의 반사회적 행동은 눈감아 주려는 경향이 있기 때문이다. 반사회적 행동은 정치적 파장을 몰고 올 수 있지만, 코로나19로 인한 행동 장애는 정치적인 게 아니다. 그것은 임상 증상이자 전 세계적인 증상이다.

그에 대한 예는 차고 넘친다.

미국 북동부의 메인Maine주 베델에 있는 유명한 수제 맥주 전문점 주인인 릭 새비지Rick Savage는 자넷 밀스Janet Mills 주지사의 봉쇄 명령을 어기고 영업을 재개했다. 새비지는 또 2020년 5월 3일 오거스타의 메인 주의회 의사당에서 열린 대중 집회 때 주민들에게 영업 재개에 동참할 것을 촉구하는 연설을 하기도 했다. 메인주에서는 새비지의 보건증을 취소하는 조치를 취했고, 이는 새비지의 영업장과 생계 수단을 빼앗는 것이나 다름없었다. 메인주의 조치는 미국 수정헌법 제14조에 위배되는 결정이었을 것이다. 현재 그와 관련된 소송은 계류 중에 있다. 메인주는 새비지를 소환해 약간의 벌금을 부과할 수도 있었을 것이다. 주정부는 다른 주민들에게 본보기를 보여주기라도 하듯 그가 아예 영업을 할 수 없도록 만들어 버렸다. 메인 주정부와 주민들 역시 코로나19 팬데믹과 경제 붕괴로 인한 불안감을 표출하고 있었다. 정치적 관점으로는 상황을 제대로 이해할 수 없다. 코로나19라는 질병을 이해할 수 있어야만 상황을 제대로 분석할 수 있다.

봉쇄가 진행됨에 따라 봉쇄를 반대하는 사람들과 행정 명령을 시행하기 위해 파견된 경찰들의 분노와 폭력성도 점점 격화됐다. 2020년 4월 30일, 반자동 소총으로 무장한 시위대를 포함한 시위 참가자 수백 명이 그레천 휘트머 미시간 주지사의 엄격한 봉쇄령에 반대하는 시위에 참여하기 위해 미시간주 랜싱에 있는 주의회 의사당 앞에 모였다. 반자동 소총으로 무장한 시위대 일부는 주의회 의사당에 진입해 점거 시위를 벌이기도 했다. 랭신에서는 2020년 5월 14일에도 무장 시위대가 참여한 비슷한 시위가 벌어졌다.

2020년 5월 15일, 오리건주 세일럼에 있는 미용실 글래머 살롱 Glamour Salon 주인인 린지 그레이엄 Lindsey Graham은 케이트 브라운 Kate Brown 주지사의 봉쇄 명령을 따르지 않고 다시 영업을 재개하겠다는 입장을 밝히기 위한 기자회견을 열었다. 오리건주 산업안전보건청

(OSHA)은 그레이엄에게 벌금 1만 4000달러를 부과했다. 오리건 주정부는 글래머 살롱에서 근무하고 있는 미용사 23명의 미용사 면허증을 취소하겠다고 위협했다. 미용사 면허증이 취소될 경우, 오리건 주에서는 미용사로 일할 수 없게 된다. 주정부의 법적 공격은 거기서 멈추지 않았다. 5월 7일 아동보호국 _{Child Protective Services}에서는 그레이엄의 집을 급습했다. 아동보호국 요원들은 그녀의 집을 샅샅이 수색하고 보호자가 동석하지 않은 상태에서 그녀의 아이를 심문했다. 그들의 습격을 정당화해 줄 만한 아동 학대 신고 접수나 근거는 없었다. 브라운 주지사의 지휘 아래 이뤄진 벌금 부과, 미용사 면허 취소, 비밀경찰을 연상케 하는 급습은 그녀의 강압적인 명령에 무모한 도전장을 내민 한 시민을 응징하기 위한 수단이나 다름없었다.

2020년 5월 5일, 댈러스의 한 미용실 주인인 셸리 루터_{Shelley Luther}는 행정 명령을 어기고 법정을 모독한 혐의로 일주일 징역형과 하루당 500달러의 벌금형을 선고받았다. 루터는 그 적법성이 의심스러운 영업 정지 명령을 위반한 것으로 알려졌다. 현지 경찰은 루터에게 비형사적 제재와 명목상 100달러 정도의 과태료(주차 위반 티켓을 발부하듯 처리할 수도 있었다)를 부과할 수도 있었지만, 경찰과 판사가 공연히 그 혐의를 부풀리는 꼴이 됐다. 공판 기록에 따르면, 루터가 수감된 실제 이유는 그녀가 법원에 '사과'하기를 거부하고 자신의

봉쇄 피로

행동이 '이기적'이었다고 인정하지 않아서였다. 잘 알려진 대로 루터는 법정에서 "아이들을 먹여 살리는 것은 이기적이지 않습니다."라고 답했다. 이 사건이 널리 알려지면서 루터는 대중의 영웅이 됐고, 판사는 대중의 조롱을 받았다. 루터의 불복종이나 판사의 과잉반응 역시 코로나19 봉쇄가 유발한 불안과 반사회적 태도에 기인했다는 것이 내 생각이다.

코로나19 팬데믹과 봉쇄로 인한 불안은 반항, 시위, 경찰의 치안활동뿐 아니라 다른 방식으로도 표출됐다. 2020년 5월 14일 발표된 리얼-클리어 오피니언 리서치Real-Clear Opinion Research 여론 조사 결과에 따르면, 팬데믹이 진정됐을 때 미국 가구 중 40%가 공립학교 체제로 돌아가기보다는 홈스쿨링이나 원격 학습을 선택한 것으로 밝혀졌다. 2020년 3월 봉쇄 조치에 휴교령까지 포함되면서 학부모들은 자녀 교육을 계속해 나가기 위해 홈스쿨링이나 동영상 학습을 선택할 수밖에 없었다. 아이들을 교육하는 데 필요한 업무를 함께 나누고 학부모들의 재능 기부를 활용하기 위한 지역 단체와 협동조합이 결성되기도 했다. 새로운 교육 방식은 많은 학부모들이 휴교령이 해제돼도 홈스쿨링을 계속해 나갈 것이라고 말할 정도로 효과가 좋았다.

학부모와 영업주들이 주정부의 행정 명령에 맞서 연대하는 동안 주정부들은 주민들에 맞서 연대하고 있었다. 로이터 통신은 아칸소주, 하와이주, 켄터키주, 웨스트버지니아주가 'GPS 위치 추적이 가능한 발찌나 스마트폰 위치 추적 앱'을 사용해 코로나19 환자들을 가택 연금하는 방안을 고려하고 있다고 보도했다.[15] 또 관련 기술 업체의 한 관계자가 가택 연금 기술의 새 용도에 맞게 '체포된 사람 arrestee'이라는 단어를 '환자patient'라는 단어로 수정해 사용할 것을 주정부에 제안하기도 했다는 소식도 함께 전했다.

2020년 6월 초, 해군 대장 계급과 해병대 대장 계급을 포함한 퇴역 장성들이 미국의 군 통수권자인 트럼프 대통령을 공개적으로 맹비난했다. 그 중 가장 눈에 띄는 인물은 바로 해병대 퇴역 대장이자 전 국방장관인 제임스 N. 매티스James N. Mattis였다. 그는 트럼프 대통령을 이렇게 비판했다. "도널드 트럼프 같은 대통령은 내 생에 처음 본다. 그는 미국 국민의 통합을 위해 그 어떤 노력도 기울이지 않는다. (…) 오히려 우리를 갈라놓으려 한다. 우리는 지난 3년간 성숙한 리더십의 부재가 만들어 낸 결과를 목도하고 있다." 저명한 역사학자 빅터 데이비스 핸슨Victor Davis Hanson은 반역죄에 버금가고(공군 퇴역 중장인 제임스 클래퍼James Clapper는 트럼프 대통령을 '러시아 스파이 Russian asset'라고 불렀다) 쿠데타를 암시하는(해군 퇴역 대장인 윌리엄 맥레이븐^{William McRaven}은 트럼프를 집무실에서 몰아내야 한다면서 빠르면 빠를수록 좋다고 말했다) 발언을 한 매티스와 다른 장성들을 질책했다.[16] 핸슨은 "위기가 발생한 시기에 동시에 울려 대는 그들의 불평불만, 거짓말, 저항심을 불러일으키는 당파적 발언은 그들이 숭배해 마지 않는 바로 그 헌법 질서를 위협한다."고 경고했다.

팬데믹 세계의
심리사회학

그러고는 기어이 사건이 터지고 말았다. 2020년 5월 25일 미네소타주 미니애폴리스에서 마흔여섯 살의 아프리카계 미국인 조지 플로이드George Floyd가 위조지폐를 사용했다는 혐의로 백인 경찰관 데릭 쇼빈Derek Chauvin에게 체포되던 중 질식사했다. 수갑을 찬 플로이드가 살려 달라고 애원하며, "숨을 쉴 수가 없어요."라는 말을 계속 반복하는 동안 쇼빈은 그의 무릎으로 플로이드의 목을 9분 가까이 짓눌러 제압했고, 다른 경찰관 세 명은 곁에서 체포 과정을 도우며 그 모습을 지켜봤다. 조지 플로이드 사망 사건이 발생하고 수일 내에 체포 장면을 지켜봤던 경찰관 세 명이 해임됐고, 쇼빈은 3급 살인과 2급 과실 치사 혐의(나중에 보다 급수가 높은 2급 살인 혐의가 추가됐다)로 기소됐다. 해임된 세 경찰관도 2급 살인 공모 및 방조 혐의로 기소됐다. 쇼빈의 보석금은 125만 달러로 책정됐고, 다른 세 전직 경찰관의 보석금은 각각 100만 달러로 책정됐다. 네 명은 현재 재판을 기다리고 있다.

미국과 전 세계가 들끓었다. 조지 플로이드 사망 사건에 대한 반응은 비폭력 시위, 극단주의 폭력, 약탈 범죄가 뒤섞여 나타났다. 미국 전역의 도시 750여 곳과 전 세계 도시 100여 곳에서 인종 차별과 경찰의 만행을 규탄하는 항의 시위가 벌어졌다. 일부 시위대는 조직적인 극단주의자들(특히 안티파^{Antifa}라 불리는 네오파시스트 그룹이 그렇다)처럼 폭력적으로 변했고, 범죄 조직들은 경찰차를 불태우고 지역을 대표하는 랜드마크를 훼손하고 상점 유리창을 깨부수며 상품을 약탈했다.

6월 3일 미국 도시 200여 곳에서 야간 통행금지령을 발령했다. 30군데가 넘는 주에서 소요와 폭동을 진압하기 위해 주 방위군 2만 4000여 명을 투입했다. 조지 플로이드 사망 사건으로 촉발된 폭동에서 시위 참가자와 약탈자 1만 1000명이 체포됐고, 21명 이상 사망했다. 6월 9일 안티파가 이끄는 시위대는 시애틀 시청을 점거하고, 시애틀 동부 경찰서 부근에 캐피톨 힐 자치 구역(이하 CHAZ, Capitol Hill Autonomous Zone)이라는 자치 공동체를 세웠다. 시애틀 동부 경찰서 경찰들은 시위대와의 충돌을 피해 관내를 빠져나왔다. 총으로 무장한 시위 참가자 일부가 포함된 시위대는 현장에 버려진 경찰 바리케이드와 급조한 자재로 보안 경계선을 설치했다. 경찰은 CHAZ에서 철수했고 노숙자들이 그곳에 초대됐다. CHAZ의 식량은 금방 바닥이 났다.

반항적인 미용사부터 대도시의 무장 시위대에 이르기까지 미국인들의 분노, 불만, 폭동은 단 90일 만에 밖으로 터져 나왔다. 미국의 인종 차별은 수세기 동안 이어져 왔고, 1865년 노예 제도를 폐지하는 수정 헌법 제13조를 채택한 이후 인종 차별이 일상화되면서 미국 문화에 깊이 뿌려 박혀 있었다.

그러나 조지 플로이드 사망 사건 이후 나타난 비폭력 시위 확산이나 격렬한 폭력처럼 격화된 반응을 불러일으킨 인종 차별은 많지 않았다. 제2차 세계대전이 우드로 윌슨 대통령의 스페인 독감 때문이라고 하기에는 좀 무리가 있는 것처럼, 도시 폭동을 코로나19 탓으로 돌리기에는 지나친 감이 없지 않다. 안티파는 만반의 준비를 하며 기회가 오기만을 기다리고 있었다.[17] 그렇지만 감염에 대한 공포, 격리와 봉쇄로 인해 점점 표출되고 있는 반사회적 행동, 코로나19 팬데믹이 언제 끝날지, 과연 끝나기는 할지, 그야말로 아무것도 알 수 없는 불확실성이 1968년 볼티모어 폭동 이후 보이지 않던 규모의 전국적인 사회 불안을 일으키는 요인들로 작용하고 있는 게 사실이라고 해도 과언이 아니다. 불안과 우울증이 곳곳에 만연해 있다. 플로이드의 사망이 불안과 우울증에 불을 붙인 성냥이었다면, 봉쇄 피로는 그 불을 활활 타오르게 하는 불쏘시개였다고 할 수 있다. 그가 판사에게 반항하는 댈러스의 미용사든, 방망이를 휘두르며 뉴욕 경찰에 반항하는 극단주의자든, 미국 시민들은 옹졸한 독재자 역할을 정당화하기 위해 코로나19 팬데믹을 이용하고 있는 정치인들이 만들어 내는 심리사회적 영향에 시달리고 있다.

조지 플로이드 사망 사건으로 촉발된 불안의 여파는 어떤 상황에서도 감당하기 어려웠을 것이다. 아무리 좋은 상황에서도 사람이 죽고, 유리창이 깨지고, 물건을 빼앗기고, 건물이 불타고, 영업주들의 의욕을 완전히 꺾어 버리는 상황이 발생하면 사회적으로 큰 부담이 될 것이다. 더군다나 조지 플로이드 사망 사건 직후 격렬한 항의 시위가 이어지던 때는 가장 좋은 상황은 고사하고 코로나19 위기 상황이었다. 플로이드 사건이 발생할 무렵, 봉쇄 해제 후 일부 영업장만이 임시로 영업을 재개하고 있었다. 당시 사람들은 여전히 코로나19 바이러스를 두려워하며 생활하고 있었다. 봉쇄가 풀리고 얼마 지나지 않아 발생한 폭동으로 인한 엄청난 피해는 많은 사람들에게 최후의 결정타가 됐을 것이다. 맨해튼 중심가를 횡단하는 차량에서 촬영한 것으로 유명한 한 동영상을 보면, 수많은 고급 상점의 진열대와 창문에 나무판자 보호벽이 덧대져 있어 마치 허리케인이 해안으로 빠져나가기만을 기다리는 해변의 판자 식당들을 보는 것 같다. 그들의 바람과 달리 머리에 검은색 헬멧을 쓰고 손에 쇠지렛대를 들고 있는 사람들이 허리케인처럼 그곳을 오고갔고 막대한 피해가 발생했다. 이 같은 사회적 붕괴로 코로나19 봉쇄의 충격에서 회복하는 데 더 많은 시간이 걸릴 것이다.

〈월스트리트저널〉 편집 부국장 다니엘 헤닝거Daniel Henninger는 2020년 7월 22일자 자신의 칼럼에 팬데믹, 우울증, 사회 불안이 한데 맞물려 발생하는 심리사회적 영향을 정확히 포착해 담아냈다.[18]

> 시민 질서가 심각한 문제가 되고 있지만, 현재 각 도시에서 벌어지고 있는 대혼란 너머로 꽤 슬픈 일이 일어나고 있다. 도시가 내뿜던 활력, 즉 도시의 존재 이유나 다름없는 그 활기가 팬데믹, 봉쇄 그리고 새로운 문화로 자리매김한 지속적인 시위에 억눌려 사라져 가고 있다.

뉴욕 그리니치빌리지에서 보석 같은 재즈 클럽 두 곳을 처음 열고 현재까지 운영해 온 스파이크 윌머Spike Wilmer는 뉴욕이라는 도시를 누구보다 정확히 이해하고 있었다.

뭐라고 설명하기가 어렵지만, 예전의 그 느낌과 분위기가 사라져 버렸어요. 뉴욕 하면 떠오르던 그 분위기 말이에요. 뉴욕이 사라져 가고 있어요. (…)

매우 긴장돼 있죠. 사람들은 몹시 불안해 보이고 화가 나 있어요. 모든 곳은 굳게 닫혀 있고, 어쩌다 열려 있는 곳이 있다고 해도 활기는 찾아볼 수 없어요. 야간에도 마찬가지예요. 즐길 수 있는 게 아무것도 없어요. 밤 9시에 집을 나서면 유령, 좀비, 위험한 사람들이 사는 유령 도시 같죠.

코로나19 팬데믹으로 인한 경제 붕괴에 수반되는 사회 혼란의 위험성은 전 세계가 실감하고 있다. 런던 정치경제대학교의 브랑코 밀라노비치Branko Milanović 교수는 〈포린어페어스〉에 기고한 기사에서 코로나19 팬데믹의 사회경제적 영향을 설명했다.[19]

신종 코로나바이러스 팬데믹의 경제적 충격을 거시 경제학으로 해결하거나 완화할 수 있는 일반적인 문제로 이해해서는 안 된다. 더 정확히 말하면, 전 세계는 앞으로 세계 경제의 본질이 근본적으로 달라지는 상황을 마주하게 될 것이다. (…)

(…) 저금리 정책을 펴도 노동자들이 직장에 나가지 않아 발생하는 부족분을 메꾸지는 못한다. 전쟁 중에 공장이 폭격을 맞아 가동이 불가능할 경우, 금리를 낮춘다고 해서 그 다음 날, 그 다음 주, 그 다음 달 공장에서 생산해 내지 못하는 부족분이 채워지지 않는 것과 같은 이치다.

(…) 코로나19의 인적 손실은 다른 무엇보다 가장 큰 비용을 야기할 것이고, 그 비용은 사회 분열로 이어질 수 있다. 가진 것 없이 절망에 빠져 실직 상태에 있는 사람들은 그들보다 나은 상황에 있는 사람들에게 적대감을 느끼기가 쉬울 것이다. (…) 만약 정부가 폭동이나 약탈 등을 진압하기 위해 준군사나 군사 조직을 투입해야 한다면, 사회는 붕괴하기 시작할 것이다. (…)

현재 경제정책이 할 수 있는 가장 중요한 역할은 전례 없는 이 위기 상황 속에서 끈끈한 사회적 연대를 유지해 나가는 데 있다.

밀라노비치는 조지 플로이드 폭동이 발생하기 전에 쓴 위 기사에서 이미 '군사력'과 '폭동이나 약탈'이라는 말을 언급했다. 그러고 보면, 그의 말은 소름 끼칠 정도로 정확하다. 밀라노비치는 소득 분배와 불평등 연구 분야에 조예가 깊은 경제학자다. 사회적 연대를 강화해야 한다는 그의 주장은 코로나19 확산과 봉쇄 후 경제 회복과 관련해 임상의와 심리학자들이 조언하는 내용과도 일치한다. 경제학과 정치학은 오래 전에 하나로 합해졌다. 이제 경제학과 의학이 손을 맞잡았다.

나는 2019년 출간한 《애프터매스Aftermath》의 결론에 다음과 같이 적었다.

2008년 세계 금융 위기와 그 여파보다 더 나쁜 시나리오를 떠올리기가 쉽지 않을 수도 있겠지만, 미국 역사를 죽 훑어보면, 그에 버금가는 시나리오들을 심심치 않게 발견할 수 있다. (…)

(…) 최악의 시나리오에는 금융 붕괴는 물론이고 그 이상의 위기 상황, 즉 자본 시장 규모가 확대되고 그물망처럼 연계된 기관들 사이의 전염 효과가 더 높아지면서 그 부작용이 중요한 인프라와 사회 질서에까지 영향을 미치게 되는 그런 상황까지 포함돼야 한다. (…)

또 다른 촉매제로는 팬데믹, 전쟁, 중앙은행이 구조에 나서기 전에 갑자기 발생하는 대형은행의 파산 등이 있다. 팬데믹, 전쟁, 대형은행 파산은 모두 일어날 확률이 낮은 사건이라 할 수 있지만, 앞으로 몇 년간 이 중 단 한 가지 사건도 일어나지 않을 확률은 제로에 가깝다. (…)

사회학자와 역사학자들은 문명의 얄팍한 껍데기를 상세히 기록해 왔다. 일단 중요한 시스템이 무너지고 나면, 문명화된 행동 양식도 삼 일 이상 지속되지 못한다. 삼 일 정도만 지나면, 정글의 법칙이 세상을 지배하게 된다. 시민들은 자신의 지위나 위치를 유지하기 위해 폭력, 돈, 고립, 그 외에 여러 강압적인 수단에 의지하게 된다. (…) 우리가 염려하는 것은 이 같은 행동 변화의 정당성이 아니라, 극단적인 상황에서 무장한 준민병대가 거리로 몰려나와 폭력을 휘두르기까지 몇 주도 아니고 단 며칠밖에 걸리지 않는다는 사실이다. 문명이란 그렇게 얄팍한 껍데기에 불과하다.[20]

부의 흐름

마지막 장에서는 새로운 경제 질서 속에서 어떤 상황이 펼쳐질 것인지를 살펴보고, 포스트 팬데믹 시대에 부를 지키고 번영해 나가기 위한 구체적인 방법을 제시할 것이다. 생각하는 것만큼 내용이 그리 어렵지는 않을 것이다. 철저한 분석과 발 빠른 대응이 가장 중요한 핵심이다.

독일 기업가 휴고 스티네스Hugo Stinnes는 1920년대 초 바이마르 초인플레이션Weimar hyperinflation이 극에 달했을 때 많은 엄청난 부를 축적했다. 스티네스는 라이히스마르크(reichsmark, 1924년부터 1948년 6월 10일까지 독일에서 사용한 통화다_옮긴이)를 빌려 실물 자산을 사들였다. 라이히스마르크 가치가 폭락하는 동안 실물 자산의 가치는 급등했다. 그는 그 가치가 떨어질 대로 떨어진 라이히스마르크 은행 대출금을 상환했고, 실물 자산은 그대로 유지했다. 그의 별명은 독일어로 Inflationskönig, 즉 '인플레이션의 왕'이었다.

1920년대 후반, 존 F. 케네디 대통령의 부친 조지프 P. 케네디Joseph P. Kennedy는 월스트리트에서 엄청난 돈을 벌었다. 먼저 버블 시기에 주식을 늘린 다음 1929년 월스트리트 대폭락 때 공매도를 했다. 당시 투자자 대부분이 전멸했지만, 케네디는 그 어느 때보다 더 부유한 사람이 됐다.

이 사례들은 초인플레이션과 시장 붕괴가 발생한 시기에도 돈을 벌 수 있다는 사실을 보여 준다. 이 같은 투자 기술에는 정확한 예측, 정부의 정책 대응 예측, 혼란이 시작되기 전의 민첩한 투자가 포함된다. 위기에 대한 정책 대응을 예측할 수 있으면 투자는 쉽고 간단하다. 예측이 정확하면 정책 대응을 예상하는 일도 어렵지 않다. 그러나 정확한 예측을 하기란 어렵다. 즉 투자자가 투자 시장에서 우위를 점하기 위한 비결은 바로 복잡성 모델을 통한 정확한 예측을 하는 데 있다.

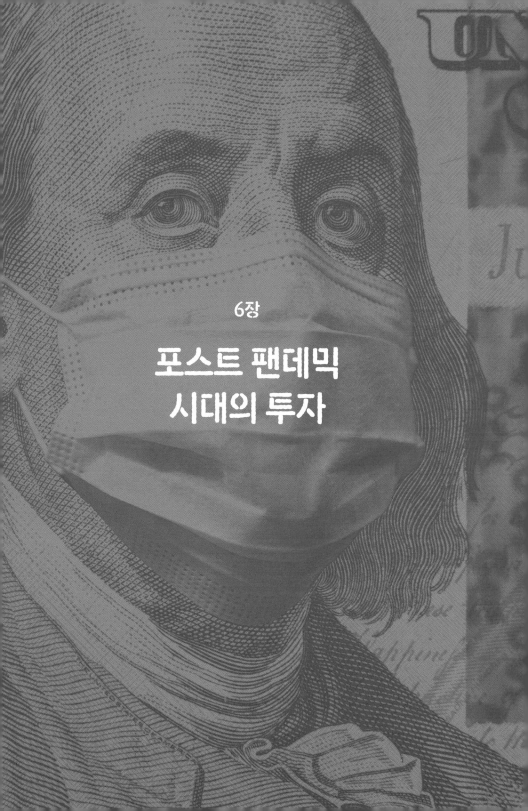

6장

포스트 팬데믹
시대의 투자

무엇보다 가장 놀라운 것은 우리가 사회 질서라고 말하는 그 평범한 습관들이 사회 질서를 고꾸라뜨리는 일련의 사건이 시작되는 데에도 딱 들어맞는다는 사실이었다.

— H. G. 웰스H. G. Wells, 《우주 전쟁The War of the Worlds》 (1898)

선택의 기로

    H. G. 웰스의 《우주 전쟁》은 스페인 독감 팬데믹이 발생하기 20년 전에 출간됐지만, 책에는 독감과 관련된 역사 이야기가 자주 언급된다. 그 이유는 분명하다. 웰스는 화성인의 지구 침공을 막아내기란 불가능하다고 묘사했다. 열선포와 독가스포가 탑재된 화성인들의 트라이포드는 그 당시 지구의 군대가 사용하는 무기로는 사실상 대항이 불가능한 전투용 기계였다. 화성인들은 지구 곳곳을 누비며 인간을 죽이고 건물을 파괴하고 농장을 불태웠다. 그러다가 인류가 멸종 위기에 처한 순간 갑자기 화성인들이 죽음을 맞이하게 된다. 웰스는 그 장면을 이렇게 묘사하고 있다.

    뒤집힌 전투용 기계들이 여기저기 널려 있었고, 그 안에는 부패

균과 병균에 감염돼 죽은 화성인들이 있었다! 화성인들에게는 세균에 저항할 수 있는 면역 체계가 없었다. (…) 인간이 갖은 방법을 다 동원하고 실패한 끝에 하나님의 지혜로 이 땅에 온 가장 보잘것없는 세균에 의해 그들은 그렇게 전멸했다.

(…) 화성에는 세균이 없다. 화성에서 온 침입자들은 스스로 이곳에 찾아와 스스로 세균을 먹고 마셨다. 인간의 미세한 아군들이 화성인들을 공격하기 시작했고, 내가 그들을 발견했을 때 그들은 이미 돌이킬 수 없는 죽음을 맞은 뒤였다.[1]

웰스의 작품은 전 세계적으로 폭발적인 인기를 얻으며 유명해졌다. 웰스의 책에 적힌 "세균에 저항할 수 있는 면역 체계가 없었다."라는 구절은 스페인 독감 환자들의 공감을 불러일으켰다. 스페인 독감 팬데믹 발생 당시의 과학자 대부분은 스페인 독감이 세균에 의한 질병이라고 믿었다. 스페인 독감이 인플루엔자 바이러스에 의한 질병이라는 사실은 1931년이 돼서야 밝혀졌고, 전자 현미경이 발명된 직후인 1935년 처음 그 실체를 확인할 수 있었다. 스페인 독감 환자들은 소설 속의 화성인들만큼이나 바이러스에 취약했고, 그 중 많은 사람들이 갑작스럽게 죽음을 맞았다. 면역력이 없는 인간의 생명을 위협할 수 있는 치명적인 신종 바이러스인 코로나19 바이러스가 출현하면서 《우주 전쟁》에 대한 내용이 다시 뉴스에 등장하고 있다.

웰스가 1898년 당시 독자들을 겨냥해 쓴 소설에 담긴 또 다른 주제는 오늘날의 투자자들에게도 매우 의미 있는 메시지를 전달한다. 그 주제는 바로 인식과 현실 사이에 존재하는 차이다. 인식과 현실 사이의 불균형은 객관적인 현실이 존재함에도 불구하고 관찰자들이 현실을 받아들일 준비 돼 있지 않거나 현실을 알아차리지 못할 때 발생한다. 《우주 전쟁》에서 화성인들은 실제로 지구에 착륙해 자기들이 사용할 전투용 기계를 조립하기 시작했다. 그럼에도 불구하고 많은 사람이 그 사실을 믿지 않거나 무시했다. 그 소식은 화성인이 착륙한 지역에서 지역 마을로, 그리고 마침내 런던과 전 세계로 동심원을 그리며 서서히 퍼져 나갔다. 그 소식을 접할 때마다 많은 사람들이 불신과 무관심으로 일관했다. 결국 그 소식이 사실로 밝혀졌을 때에는 이미 너무 늦은 상황이었다. 화성인들은 곳곳에서 난동을 부리고 있었고 그들을 피해 도망칠 시간도 없었다. 웰스는 일종의 경고의 메시지로 이 내용을 소설에 담았다. 화성인에 대한 경고가 아닌 기술과 기술의 위험성에 대한 인간의 무관심에 대한 경고였다. 미국의 사회심리학자 레온 페스팅거Leon Festinger는 1957년 이 같은 현상을 두고 '인지 부조화cognitive dissonance'라 처음 명명했지만, 인지 부조화 현상은 인류 문명만큼이나 오랜 역사를 지녔다.

현실과 개인의 믿음이 일치하지 않을 경우에는 시간이 지나면서 심리적 갈등을 겪게 된다. 관찰자가 현실을 인정하고 심리적 갈등을 해소하기 위해서는 자신의 생각을 바꿔야 한다. 그렇게 하지 않으면 관찰자가 자신의 생각과 일치하지 않는 현실에 압박을 느끼거나 스트레스를 받으면서 자칫 심리적 불안 상태에 빠질 수도 있다. 인지 부조화를 겪는 사람이 철로에 서서 달려오는 기차를 바라보고 있다고 상상해 보자. 그는 현실을 왜곡해 아예 기차가 없다고 생각하거나, 기차가 움직이지 않는다고 믿거나, 기차가 곧 멈출 것이라고 스스로를 설득할지도 모른다. 결국 그 사람은 기차가 달려오고 있다는 사실을 인정하고 철로 밖으로 뛰쳐나갈 것인지, 아니면 그 자리에서 기차에 치여 죽을 것인지를 결정해야 하는 선택의 기로에 서게 될 것이다.

인식의 차이가
수익의 차이를 만든다

　　인지 부조화는 오늘날 많은 시장 참여자들의 행동을 가장 잘 설명해 주는 심리학 이론 중 하나다. 미국은 스페인 독감 이후 최악의 팬데믹, 대공황 이후 최악의 불황, 1968년 이후 최악의 폭동을 동시에 겪고 있다. 반면에 미국의 주요 증시 지수는 2020년 2월부터 3월 사이에 발생한 손실을 6월 초에 이르러서는 대부분 회복했다. 나스닥 종합주가지수는 2020년 9월 2일 사상 최고치인 1만 2056을 기록했다.

　　주식을 매수하는 사람들은 시장은 현재가 아니라 미래를 내다본다고 주장한다. 긍정적인 전망은 새로운 강세장을 정당화한다. 그러나 그런 긍정적인 전망은 일부 투자자의 인식에 불과하다. 현실은 완전히 다르다.

　실업률이 감소하기는 할 것이다. 실업률이 75년 만에 최고치를 기록한 만큼 어느 정도 감소하기는 하겠지만, 적어도 5년 혹은 그보다 더 오랫동안 팬데믹 이전 수준으로 회복하지 못할 것이다. 경제 성장이 회복세를 보이기는 하겠지만 미미한 수준에 그칠 것이다. 아무리 빨라도 2023년까지는 2019년 생산 수준을 회복하기가 어려울 것이다. 변호사들이 사상 최대 규모의 대기업 파산 신청을 하기 위해 파산 법원에 줄을 서고 있다. 많은 중소기업들이 구제 금융과 장기 저리 대출에도 불구하고 다시 영업 재개를 하지 않을 것이다. S&P 500 지수의 주가수익률(price-to-earnings ratios, 주가를 한 주당 순이익으로 나눈 값으로 증시 거품을 가늠하는 대표적 지표 중 하나다_옮긴이)은 2000년 초 닷컴 버블 이후로는 볼 수 없었던 수준에 이르고 있다. 신규 개인 투자자들은 이미 파산 신청을 한 허츠 주식을 매입하기 위해 온라인 주식 거래 계좌를 개설하고 있다. 신규 개인 투자자인 다야니스 발디비에소는 정부에서 받은 재난지원금에 대해 이렇게 말했다. "공짜로 생긴 돈이나 마찬가지잖아요. 재미 삼아 한번 해 보기로 했어요. 일종의 도박 게임 같은 거죠."[2] 보통 파산 절차가 진행 중인 기업의 주식 가치는 0에 가깝다. 그런데 발디비에소 같은 초보 투자자들은 허츠 주가가 2020년 6월 첫째 주 순전히 투기로 주당 0.72

달러에서 주당 5.5달러로 급등하면서 돈을 세 배로 불리는 경험을 했다. 그 후 6월 10일 뉴욕증권거래소(NYSE)가 허츠의 상장 폐지 결정을 발표하면서 허츠 주가는 다시 곤두박질쳤다. 허츠 주식을 매입한 초보 투자자들은 파산과 주식 거래에 대한 단기 속성 교육을 받은 셈이다.

그렇다면 경제 상황은 어떨까? 여전히 좋은 가격에 주식을 매입할 수 있는 상황에서 경기가 빠르게 회복하고 정상화되고 있는 것일까? 아니면 약한 성장세, 높은 실업률, 생산 감소, 곧 붕괴할 또 다른 주가 버블이 관측되는 상황에서 경기가 느리게 회복하고 있을까? 두 시나리오 모두 정답이 될 수는 없다. 하나가 현실이라면, 다른 하나는 현실에 대한 부정이 된다. 이처럼 인식과 현실 사이에 존재하는 차이는 시장 참여자들을 통해 나타나는 인지 부조화의 한 예가 된다. 이 같은 인식 차이는 투자자들이 이익을 내는 데 큰 기회로 작용하기도 한다. 만약 주식 시장의 판단이 옳다면, 경제는 곧 호황을 맞게 될 것이고 투자자들은 상업용 부동산, 기업 신용, 신흥 시장, 관광 산업 관련 투자에서 수익을 내게 될 것이다. 주식 시장의 판단이 틀릴 경우, 투자자는 주식 매도, 국채 매입, 미국 달러 매도, 금 매입 등을 통한 투자 수익 기회를 노려볼 수 있을 것이다. 과연 어느 쪽이 맞을까?

포스트 팬데믹 시대의 투자

인지 부조화에 대한 이러한 사고 실험(thought experiment, 특정 상황이나 개념을 이해하기 위해 가상의 시나리오를 이용하거나 상상력을 동원하는 실험을 말한다_옮긴이)은 투자자들에게 몇 가지 중요한 사실을 알려 준다. 그 첫 번째는 바로 모든 종류의 시장에서 돈을 벌 수 있다는 사실이다. 보통 약세장에서는 제때 주식을 매도하고 시장에서 빠져나와 상황을 관망하는 게 좋다고 말하는데, 이는 사실이 아니다. 그렇게 하면 부를 보전할 수는 있겠지만, 투자자는 약세 시장에 존재하는 수익 창출 기회를 놓치고 만다. 안타깝게도 보통 투자자들이 투자 대상으로 고려하는 자산의 종류는 주식, 채권, 현금에 한정된다. 401(k)(미국의 퇴직연금제도를 말한다_옮긴이) 플랜을 통한 투자를 할 때도 마찬가지다. 주식, 채권, 현금 외에도 부동산, 사모펀드, 대체 투자 상품, 천연자원, 금, 통화, 미술품, 로열티 등 여러 종류의 자산을 매매할 수 있는 유동 시장이 존재한다. 이렇게 다양한 종류의 자산은 주식과 채권이라는 지루하기 짝이 없는 투자의 범주를 넓혀 줄 뿐 아니라 진정한 투자의 다각화를 실현할 수 있게 해 준다. 투자의 다각화야말로 투자 위험을 높이지 않으면서 수익을 늘릴 수 있는 투자 방법 중 하나다.

인지 부조화에서 얻을 수 있는 두 번째 교훈은 시장에서 중요한 것은 옳고 그름이 아니라 정보라는 사실을 이해하면 수익 창출 기회가 뚜렷하게 보인다는 것이다. 시장은 투자자가 새로운 정보를 얻고 이용하기 전에 해당 정보를 가격에 즉각 반영해 계속해서 새로운 가격이 책정되는 가격 발견 기능이 효율적으로 작동하는 곳이라는 근거 없는 믿음이 존재한다. 예전에도 그랬지만 오늘날에는 특히 더 허무맹랑한 생각이다. 이 '효율적 시장 가설efficient markets hypothesis'은 1960년대 시카고 대학 교수 휴게실에서 만들어져 나온 가설로 이후 여러 세대의 학생들에게 전파됐다. 효율적 시장 가설은 뒷받침할 만한 실증적 증거는 찾아보기 어렵다. 닫힌 형태closed-form 방정식으로 볼 때나 멋들어져 보이는 가설이다.

시장은 효율적이지 않다. 시장은 문제가 생길 조짐만 보여도 얼어붙는다. 계속 일정한 가격 범위를 오가며 움직이지도 않는다. 주가가 큰 폭으로 상승하거나 하락하며 널뛰기를 하기도 한다. 이때 전략적으로 주식을 매수하거나 매도하면 수익을 낼 수 있다. 이게 바로 시장이다. 시장이 효율적이라고 주장하는 사람들은 눈 가리고 아웅 하지 마라. 무엇보다 가장 중요한 것은 효율적 시장 가설이 투자자들을 인덱스 펀드, 상장지수펀드(ETF), 그리고 '시장은 이길 수 없다'는 신념 아래 시장의 효율성을 믿고 그대로 따라가는 패시브 투자로 몰아가는 데 이용됐다는 사실이다. 효율적 시장 가설은 계좌 잔고와 신규 금융 상품 판매를 기준으로 수수료를 챙기는 월스트리트 자산 관리사들에게는 꽤 유용한 가설이다. 거의 매 10년마다 30% 혹은 그 이상의 손실을 감수하며 잃어버린 자산을 다시 복구하기 위해 처음부터 다시 시작해야 하는 투자자들에게는 이로울 게 없는 가설이다. 여러분은 합리적 예측, 마켓 타이밍, 합법적인 내부 정보를 활용해 시장을 이길 수 있다. 프로는 그렇게 투자를 하고, 로봇도 마찬가지다. 일반 투자자 역시 시장을 이길 수 있는 방법으로 투자할 수 있다.

시장이 맞는 경우는
거의 없다

사실 시장의 예측은 맞을 가능성보다 틀릴 가능성이 더 크다. 시장의 예측이 틀릴 경우, 인식과 현실 사이의 갭은 투자자들에게 유리하게 작용할 수도 있다. 2007~2009년 금융 위기는 주택 담보 대출 연체율이 급격히 증가했던 2007년 봄에 처음 그 실체를 드러내기 시작했다. 2007년 8월에는 모기지 헤지 펀드 두 개와 단기 금융 투자 신탁 한 개가 비슷한 시기에 파산하면서 유동성 압박이 발생하기도 했다. 그러고 나서는 문제가 해결되는 듯 보였다. 9월에는 행크 폴슨Hank Paulson 재무장관이 구조화투자기관을 구제하기 위한 지원책으로 슈퍼 SIV 펀드 조성 계획을 발표했다(결국 무산됐지만, 발표 당시에는 꽤 괜찮은 제안처럼 들렸다). 2007년 10월(금융 위기가 시작되고 6개월이 지난 시점)에는 증시가 사상 최고치를 경신했다. 당시 그 상승세는 부분적으로 폴슨과 당시 벤 버냉키 연준 의장의 근거 없는 확신에 바탕을 두고 있다. 2007년 12월 아부다비에서 싱가포르에 이르는 여러 국가의 국부 펀드가 우선주와 부채를 사들이면서 시중 은행들을 구제했다. 모든 일이 뜻대로 잘 풀려 나가는 것처럼 보였다.

그런데 2008년 3월 투자은행 베어스턴스가 파산하고 만다. JP모건이 베어스턴스를 재빨리 인수하면서 시장은 안도의 한숨을 내쉬었다. 그 후 6월에는 미국의 양대 국책 모기지 기관인 패니매와 프레디맥이 파산했다. 의회는 구제금융법안을 통과시켰고, 시장은 다시 그 상황에 만족하며 안심했다. 최악의 상황은 그렇게 또 막을 내렸다!

2007년 8월 봄부터 시작된 경고를 시작으로 우리는 금융 기관들이 순차적으로 파산하고 있는 모습을 분명하게 지켜보고 있었다. 그리고 금융 기관의 파산은 거기서 멈추지 않을 게 분명했다. 리먼 브라더스는 1998년 이후 월스트리트 투자은행 중 가장 부실했고, 리먼 브라더스 내부 관계자들 사이에서는 곧 자기들 회사가 파산할 차례라는 이야기가 공공연하게 나돌았다. 2008년 8월 나는 이 같은 위기 상황을 존 매케인 선거 캠프 경제팀에 설명했다. 당시 나는 비웃음을 샀고, 다시는 그 자리에 초대받지 못했다.

2008년 9월 15일 결국 리먼 브라더스도 파산 신청을 했다. 인식('위기는 끝났다')과 현실('위기는 이제부터 시작이다')의 갭이 한순간에 좁혀지는 순간이었다. 투자자 대부분이 나락으로 떨어졌다. 요약하자면, 시장은 물론이고 2007년 주택 담보 대출 문제가 큰 차질 없이 지나갈 것이라고 말했던 버냉키 연준 의장도 금융 위기가 올 것이라고는 예상하지 못했다는 것이다. 시장은 미래에 일어날 일들을 예측하기에 효율적인 할인 메커니즘이 아니었다. 인지 부조화는 암울한 현실에도 불구하고 투자자들이 계속 헛된 희망을 품을 수 있게 해줬다. 시장은 허무맹랑한 비현실 속에 있었고, 2008년 9월에 잔인한 현실을 마주하게 됐다.

시장은 2008년 세계 금융 위기가 일어날 것이라고 예측하지 못했다. 2020년 주가 대폭락이 일어나리라는 것도 예상하지 못했다. 미래에 대한 예측은 시장이 하는 일이 아니다. 앞으로 무슨 일이 일어날지 이해하는 것은 여러분의 몫이다.

어떻게 시장을
이길 것인가

어떻게 하면 시장을 이길 수 있을까? 세 가지 단계가 있다. 정확한 예측을 하고, 정확한 정책 반응 함수policy reaction function를 추정하고, 두 단계에 앞서 먼저 거래를 시작하는 것이다. 이 세 가지 단계는 독창적인 모델과 최적의 실행 계획을 통해 아래에서 자세히 설명할 것이다. 세 가지 단계를 이해하고 나면 구체적인 투자 방법을 자연스럽게 알게 될 것이다.

투자와 관련된 방법론과 조언을 자세히 살펴보기 전에 이것만은 꼭 기억하기 바란다. 투자의 기본은 계속해서 정보를 구하고 민첩하게 행동하는 것이다.

'투자하고 잊어버려라'(set it and forget it, 자동으로 최적의 자산 배분을 해 주는 금융 상품이 추구하는 투자 방식이다_옮긴이)라는 월스트리트의 표어는 돈을 잃기 딱 좋은 방법이다. 인덱스 펀드를 매입해 '장기 투자'를 하라니 말도 안 되는 소리다. 10년마다 시장 가치의 30~50%를 잃게 될 경우, 장기 투자는 존재하지도 않는다. 시장이 결국 손실을 만회할 테니 괜찮을 것이라는 논리는 옳지 않다. 다우존스 산업평균지수가 2만 9000에서 1만 8000까지 하락할 경우, 결국 다시 2만 9000선을 회복할 수도 있지만 5년에서 10년이 걸릴 수도 있다. 월스트리트에서는 "그렇긴 하지만, 돈을 모두 돌려받으셨잖아요!"라고 말할 것이다. 사실 그렇지 않다. 다우 지수가 2만 8000일 때(상승 랠리가 꺾이면서 3.5% 하락했을 때) 매도해 1만 9000일 때(다시 상승 랠리로 전환 후 처음 5.5.% 하락했을 때) 다시 매입한 후에 다시 2만 9000선을 회복했다면 어떻게 될까? 이 경우 증분 수익률은 53%다. 반면에 장기 투자로 다시 2만 9000선을 회복한 경우의 증분 수익률은 0%다. 월스트리트 자산 관리사들은 이런 이야기는 입 밖에도 내지 않는다. 그들은 여러분이 계좌에 돈을 넣어 두면 그 자금을 관리하는 대가로 랩 수수료wrap fee를 챙길 수 있기를 바랄 뿐이다. 그들은 여러분, 여러분의 부, 여러분의 은퇴에는 관심이 없다.

이러한 투자 기술('계속해서 정보를 구하고 민첩하게 행동하기')은 주식 시장뿐 아니라 채권, 사모펀드, 금을 포함한 모든 종류의 자산에 적용될 수 있다. 나는 내가 하는 조언에 깜짝 놀라는 사람들을 끊임없이 마주한다. 그들은 "6개월 전에는 정반대의 말을 했잖아요!"라며 의아해한다. 맞다. 6개월 전에는 완벽했던 그 조언들이 예상대로 잘 작동해 상당한 수익을 냈을지도 모른다. 그러나 이제 다시 매도를 하고 돈을 챙겨 새로운 투자를 시도해야 할 수도 있다. 달러 가격이 레인지 바운드(가격이 일정한 범위 내에서 상승과 하락을 반복하는 것을 말한다_옮긴이) 패턴을 보이고 가격 예측이 어느 정도 가능한 통화나 원자재 시장에서는 특히 더 그렇다. 유로·달러(EUR/USD) 환율은 1달러에서 1.6달러 사이를 오르내릴 수는 있지만, 파산한 회사의 주식처럼 0으로 하락하거나 애플의 주가처럼 터무니없이 높은 수준까지는 오르지 않을 것이다. 가격 흐름을 파악할 수 있는 지표 pivot point 를 기준 삼아 방향을 바꾸는 것은 필수적인 투자 기술 중 하나다. 시장, 상황, 뉴스는 매일 바뀐다. 시장을 이기기 위해서는 그 변화에 맞게 투자 포트폴리오 중 일부라도 수정해 최적의 포트폴리오를 구축해야 한다.

데이트레이딩(day-trading, 초단기 주식 매매를 말한다_옮긴이)을 말하는 게 아니다(나는 데이트레이딩 기법을 추천하지 않는다). 하루하루 단기 매매를 통한 푼돈 모으기가 목표가 돼서는 안 된다. 일부는 이 기

The New Great Depression 신 대공황

법에 소질을 보이기도 하지만, 대부분 큰 손해를 입거나 무일푼이 된다. 단기 매매가 아닌 지속적은 업데이트와 중기 전망(6개월 전망)을 통한 투자가 돼야 한다. 주식 포지션을 5년에서 10년 동안 유지해서 수익을 낼 수 없다는 이야기가 아니다. 물론 그렇게 해서 수익을 낼 수 있는 경우도 있다. 그럼에도 불구하고, 여러분이 언제 달려올지 모를 기차를 제때 피하기 위해서는 주식 포지션을 6개월 단위로 계속해서 평가할 수 있어야 한다. 시장은 이런 노력은 잘 하지 않는다. 시장은 아무 준비도 하지 않고 있다가 달려오는 기차에 그대로 치여 투자자들을 붙들고 함께 쓰러지는 일에 익숙하다. 그러나 개인 투자자들은 올바른 모델과 미래지향적인 거래로 적절한 중기 투자 전략을 실행에 옮길 수 있다.

모델과 관련해 한마디 하자면, 나는 수년간 경제 모델 대부분을 맹렬하게 비판해 온 사람이다. 필립스 곡선Phillips curve, 나이루NAIRU, 중립금리R-star, '부의 효과wealth effect', 블랙-숄즈Black-Scholes, '무위험 이자율risk-free rate' 같은 모델들은 모두 엉터리 학문이다. 그것들은 현실과 아무런 관계가 없다. 바로 그런 엉터리 학문이 인식과 현실 사이의 불균형을 야기하고, 현실이 그 잘못된 인식을 처참히 무너뜨릴 때마다 경제는 충격에 휩싸이고 만다. 엉터리 모델(통상 동태확률 일반균형dynamic stochastic general equilibrium, 혹은 DSGE 모델이라고 불리는 모형들)들은 폐기돼야 한다. 그러나 그런 일은 일어나지 않을 것이다. 3세대에 걸쳐 학계의 경제학자들이 그런 모델들을 개발하고 영속화하는 데 막대한 시간과 노력을 투자해 왔기 때문이다. 괜찮다. 경제학자들의 손실이 여러분에게는 이득이 될 것이기 때문이다. 결함이 있는 모델에 근거한 정책이 도입된다 하더라도 여러분이 그 결함을 이해하고 있다면 그 정책을 치고 나가 선두를 점할 수 있다.

분산 투자diversification에 대해 말하자면, 분산 투자는 효과가 있다. 분산 투자는 위험 부담 없이 수익을 개선할 수 있는 확실한 방법 중 하나다. 문제는 투자자 대부분이 분산 투자가 무엇인지 잘 모른다는 데 있다. 그들의 자산 관리사들도 잘 모르긴 마찬가지다. 자산 관리사는 여러분이 10개 종목(에너지, 원자재, 산업, 소비재 등을 포함한 종목 10개라고 치자)으로 구성된 주식 30주를 가지고 있으면, 여러분이 분산 투자자라고 말할 것이다. 여러분은 분산 투자자가 아니다. 10개 업종에 걸쳐 30주가 분산돼 있을지는 모르지만, 전부 다 주식이다. 즉 한 종류의 자산에 투자가 집중돼 있는 것이다. 주가는 종목 간에, 그리고 증시 전체와 밀접한 상관관계를 가지고 있다. 같이 올라가고 같이 떨어진다. 예외가 있기는 하지만, 집중 투자의 위험을 완화해 줄 만큼 예외가 자주 발생하지는 않는다. 패시브 투자, 인덱스 투자, 핫머니hot money, 상장지수펀드, 로봇과 관련해 이 같은 상관관계가 형성되는 데에는 다 그만한 이유가 있다. 그러나 여러분이 이러한 인과적 요인 하나하나까지 다 파고들 필요는 없다. 종목이 다른 주식을 매입한다고 해서 분산 투자를 하는 게 아니라는 사실만 제대로 이해하면 된다. 진정한 분산 투자는 한 종류의 자산이 아닌 여러 종류의 자산을 통해 이뤄진다. 주식을 일부 보유하고 있어도 괜찮다. 다만, 주식과 큰 상관관계가 없는 채권, 금, 부동산, 사모펀드, 그 외에 다른 자산을 여러분의 투자 포트폴리오에 추가해야 한다. 그게 바로 투자 수익을 개선하는 방법이다.

로봇에 관해 이야기하자면, 오늘날 주식 거래의 90% 이상이 사람이 아닌 로봇에 의해 이뤄진다. 아무리 이야기해도 투자자들은 이 말을 잘 이해하지 못한다. 주식 매매 로봇은 단순히 익명성과 값싼 매매 서비스를 제공하는 전자 주문 매칭 시스템이 아니다. 그런 시스템은 1990년대부터 존재해 왔다. 오늘날 주식 거래는 인간의 개입 없이 10억분의 1초라는 나노초 단위로 매수과 매도를 결정하고 거래를 실행하기 위해 코드화된 알고리즘을 사용하는 실제 로봇에 의해 이뤄진다. 여러분이 투자 결정을 내릴 때, 여러분은 다른 투자자들과 경쟁하고 있는 게 아니라는 사실을 기억해야 한다. 여러분은 사람이 아닌 로봇과 경쟁하고 있는 것이다.

이는 우리에게 희소식이다. 로봇은 멍청하기 때문이다. 로봇은 알고리즘이 시키는 대로만 한다. '인공 지능^{artificial intelligence}'이라는 말
이 들리면, '지능'이라는 단어는 무시하고, '인공'이라는 단어에 집
중하면 된다. 실리콘 밸리의 엔지니어들이 개발한 코드로 프로그램
화돼 있는 로봇 대부분은 월스트리트에 발 한 번 디뎌 본 적이 없다.
로봇들은 대규모 데이트 세트, 상관관계, 회귀 분석을 이용하고, 특
정 단어와 관련된 주요 뉴스의 제목과 기사를 읽는다. 특정 키워드
가 발견되거나 가격 변동이 정해진 기준선을 벗어나면 로봇이 나서
서 매수나 매도 주문을 낸다. 그게 전부다.

　일단 로봇의 알고리즘을 이해하면, 로봇과의 경쟁에서 우위를 선
점하기란 쉽다. 로봇은 미래가 과거와 비슷할 것이라고 상정한다.
그러나 미래와 과거는 다르다. 인간의 본성은 변하지 않을지 모르지
만, 상황은 항상 변하기 마련이다. 그렇기 때문에 역사가 존재한다.
로봇은 그 키워드를 이야기하는 사람들이 자기 스스로 뭘 하고 있는
지 알고 있을 것이라고 상정하지만, 사실 그들은 자신이 뭘 하고 있
는지조차 잘 모른다. 연방준비제도는 다른 어떤 주요 경제 기관보다
도 형편없는 최악의 예측 기록을 갖고 있다. 물론 그렇다고 IMF가
연준보다 낫다는 이야기는 아니다. 공식적으로 발표하는 예측은 항
상 귀담아들어야 하지만 절대 그 내용에 의존해서는 안 된다. 주요
예측을 발표하는 담당자들은 자신이 뭘 하고 있는지 전혀 알지 못한

다. 로봇의 거대한 데이터베이스에는 엄청난 양의 데이터가 들어 있겠지만, 아주 오래된 데이터는 많지 않을 것이다. 20~30년은 합리적인 기준점을 형성하기에 충분한 시간이 아니다. 20~30년보다는 90년이 더 낫고, 90년보다는 200년이 훨씬 더 나을 것이다. 로봇은 기계적으로 '떨어질 때 매수'하고, 모멘텀을 좇고, 연준을 신뢰한다. 로봇이 시장을 절벽으로 몰고 있다는 사실을 알고 있으면 잘못된 판단을 피할 수 있고 로봇의 맹점을 통해 이득을 볼 수도 있다. 거듭 말하지만, 여러분은 현실과 인식 사이의 갭을 통해 이익을 얻을 수 있다.

내부자 거래insider trading에 대해 한마디 하자면, 그것은 (대부분) 합법이다. 내부자 거래는 큰 변화의 움직임이 있기 전 주식을 사고팔아 시장에서 이익을 취할 목적으로 중요한 미공개 정보를 이용하는 것을 말한다. 정보를 훔치거나 신뢰 관계를 훼손한 변호사, 회계사, 임원, 혹은 부적절한 방법으로 입수한 것으로 보이는 '핫팁'(hot tip, 확실한 투자 정보를 말한다_옮긴이)을 가진 사람을 통해 정보를 입수했을 경우에만 불법이다. 더 나은 분석, 더 나은 모델, 스스로 개발했거나 서비스 이용자 자격으로 사용하는 독점 시스템을 통해 합법적으로 정보를 얻어 낸 경우에는 정보를 훔친 게 아니므로 그 정보를 바탕으로 거래하는 것은 완전히 합법이다. 실제로 학술 연구도 내부 정보를 바탕으로 시장보다 먼저 거래하는 것이 시장을 이길 수 있는 유일한 방법이라는 것을 보여 준다. 적절한 모델과 마켓 타이밍의 조합 덕분에 가능한 일이다. 그 조합이 바로 시장 수익률을 상회할 수 있는 비결이다. 한편, 모델을 통해 얻는 결과는 새로 업데이트된 정보와 조건부 상관관계를 바탕으로 늘 변하기 때문에 민첩하게 행동하는 것이 특히 중요하다.

내용을 요약해 보면 다음과 같다.

제대로 작동하는 모델을 사용한다(아래에서 더 자세히 설명할 것이다).
지속적으로 업데이트한다(6개월 단위로 평가한다).
분산 투자한다(한 종류의 자산이 아닌 여러 종류의 자산을 활용한다).
독점할 수 있는 내부 정보를 획득한다(합법적으로 정보를 얻으면 된다).
마켓 타이밍을 활용한다(시장을 이기기 위한 방법이다).
로봇과의 경쟁에서 우위를 선점한다(로봇은 그렇게 똑똑하지 못하다).
인식의 차이를 인정한다(결국 현실이 늘 승리한다).
발 빠르게 행동한다.

이게 바로 투자 전략이다. 이제 최적의 예측 분석 모델과 포트폴리오 배분에 대해 자세히 살펴보도록 하자.

예측 분석 모델

앞서 정책 담당자와 월스트리트 자산 관리사들이 사용하는 엉터리 모델에 대해 살펴봤다. 그렇다면 어떤 예측 모델이 실제로 효과를 발휘할까?

우리의 모델 구축 기술은 현실에 맞게 불확신한 상황을 예측할 수 있게 해 주는 네 분야의 학문을 활용한다. 그 첫 번째 분야는 바로 복잡성 이론complexity theory이다. 복잡성 이론은 복잡한 동적 시스템의 결과로 타이밍을 예측하기는 어렵지만 충격의 강도 분포를 예측하기는 매우 쉽다는 사실을 알려 준다. 쉽게 말해서, 복잡성 이론에서는 큰 시장 변동이 정규 분포('종형 곡선bell curve')나 균형(DSGE) 모델이 예측하는 것보다 더 자주 발생한다는 것을 의미한다. 종형 곡선 모

블랙 스완

black swan

발생 가능성이 매우 낮지만 실제로 발생할 경우 상당한 충격과 파급 효과를 몰고 오는 사건.

델이 100년에 한 번 큰 사건이 발생할 것으로 예측할 때 여러분은 7~10년에 한 번 큰 사건이 발생할 것(복잡성 이론과 멱함수 곡선power curve으로 예측)임을 알고 있다면, 다른 사람들이 '블랙스완'을 외치며 발을 동동 구르고 있을 때 여러분은 오히려 그 사건을 통해 이익을 얻을 수 있을 것이다(블랙스완이라는 허무맹랑한 표현은 그것을 외치는 사람조차 제대로 설명하지 못하는 상투적인 경제 용어다). 복잡성 이론은 또 극단적 사건의 본질(즉 그 사건의 새로운 성질)은 시스템에 내재된 요인에 분석하는 지식으로는 추론할 수 없다는 사실도 잘 알려 준다. 그렇기 때문에 충격적인 사건은 월스트리트가 예상치 못한 양상으로, 월스트리트가 예상한 것보다 더 자주 발생하는 것이다.

두 번째 분야는 바로 응용 수학에서 나온 공식인 베이즈 정리Bayes' theorem다. 베이즈 정리는 추론 방식으로 문제를 해결하기에는 정보가 부족할 때 사용할 수 있는 도구다. 만약 어떤 문제를 해결하는 데 필요한 모든 정보가 주어져 있다면, 똑똑한 고등학생 정도면 그 문제를 풀 수 있을 것이다. 정보가 부족한 경우라면 어떻게 할까(사실 정보가 부족한 경우가 대부분이다)? 정보가 아예 없는 경우에는 어떻게 할까? 바로 그럴 때 베이즈 정리를 사용하면 된다. 베이즈 정리는 복잡성 이론의 불확실성을 극복하는 데에도 도움이 된다. 복잡성 이론과 베이즈 정리가 서로 잘 어울리는 이유다. 나는 2003년부터 2014년까지 미국 정보기관에 근무하면서 베이즈 정리를 사용하는 법을 배웠다. CIA와 로스앨러모스 국립 연구소는 대테러counterterrorism부터 핵폭발 시뮬레이션에 이르기까지 거의 모든 예측 분석에 베이즈 정리를 사용한다. 그러나 월스트리트는 베이즈 정리를 거의 사용하지 않는다. 거듭 말하지만, 월스트리트의 손실이 곧 여러분의 이익이다.

보통 여러분은 경험, 역사, 직관, 일화, 모아 둔 자료 등을 바탕으로 추론한 개연성 있는 답을 논리적으로 추측함으로써 문제를 풀기 시작한다. 전통적인 통계학자와 학계 경제학자들은 그런 식으로 답을 추측하는 행위를 경멸한다. 그들은 더 많은 데이터를 요구한다. 하지만 데이터가 없고 그냥 방치해 둘 수 없는 중요한 문제라면, 일단 논리적인 추측을 통해 답을 구하는 게 여러분이 할 수 있는 최선의 방법이다. 그리고 난 뒤에 새로운 정보가 생기면 그때 다시 추론해 얻은 답을 업데이트하면 된다. 새로운 데이터를 얻게 되면 자문해 봐야 한다. 처음 추측을 통해 얻은 답이 참(혹은 거짓)인 경우, 새로 얻은 그 데이터 포인트가 나올 수 있는 조건부 확률은 얼마인가? 이 질문에 답하기가 쉽지만은 않을 것이다. 추측을 잘못한 경우 자기 자신에게 솔직해져야 하고, 확증 편향에 빠지지 않도록 주의해야 하기 때문이다(여러분이 원하는 정보만 살펴보지 말고 새로 얻은 데이터 전체를 평가해야 한다). 이 단계에서 여러분에게 가장 좋은 친구는 겸손이다.

그 추측이 맞을 가능성이 낮아지거나(이때는 틀린 답을 폐기하면 된다) 높아지거나(이때는 돈을 투자하면 된다) 둘 중 하나다. 그 추측이 맞을 확률이 90%에 달하면, TV 프로그램에 출연해 범주 예측^{categorical forecast}을 할 수 있을 만큼의 실력을 갖춘 셈이다. 2016년 나는 TV 방송에 출연해 트럼프가 대통령 선거에서 승리하고, 영국 유권자들이 브렉시트에 찬성표를 던질 것이라고 정확하게 예측했다(당시 힐러리 클린턴이 승리할 것이고 영국은 유럽 연합에서 탈퇴하지 않을 것이라는 예측이 지배적이었다). 나는 두 경우 모두 여론 조사에만 의존하지 않고 그레이하운드(미국의 버스 회사다_옮긴이) 버스에 붙은 외부 광고 수를 세고, 복음주의가 널리 퍼져 있는 오자크 산지를 방문하고(미국 복음주의 기독교인들은 트럼프 대통령의 주요 지지층이다_옮긴이), 택시 기사, 호텔 직원, 런던의 바텐더들과 매일 대화를 나누며 얻은 경험적 정보를 활용했다. 월스트리트 분석가들에게 책상에 앉아 컴퓨터 스크린만 보지 말고 사무실 밖으로 좀 나가 보라고 충고하곤 하지만, 그 충고를 따르는 사람은 거의 없다.

세 번째 분야는 역사다. 학계 경제학자들과 월스트리트 분석가들은 역사를 경멸하거나 그냥 무시해 버린다. 역사는 수량화할 수 없고 방정식으로 사용할 수 없기 때문이다. 그들 손해다. 역사보다 더 나은 스승은 없다. 각 사건은 반복되지 않을지 모르지만 패턴은 반복된다. 역사를 그대로 수량화하기는 어려울 수 있지만, 인지 지도cognitive map를 통해 요인들 간의 관계를 나타내는 교점을 만들어 활용할 수 있다. 서로 연결되는 교점의 상호 작용 강도를 수량화하면 된다. 복잡성 이론은 그 인지 지도를 그리는 데 도움이 될 수 있고, 베이즈 정리는 교점으로 만들어진 결과에 수적 강도를 부여하는 데 사용될 수 있다. 이는 여러 학문 분야가 서로 어떻게 연계될 수 있는지를 보여 준다.

오늘날 분석가들이 그레이엄 앨리슨Graham Allison이 말한 투키디데스의 함정Thucydides trap을 인용하는 모습을 보면 흥미롭다.[3] 앨리슨은 오늘날의 신흥 강국(중국)과 패권국(미국) 사이에 벌어질 수 있는 충돌을 경고하면서 기원전 5세기 신흥 강국(아테네)과 패권국(스파르타) 사이에 벌어진 펠로폰네소스 전쟁을 언급한다. 앨리슨의 경고는 역사가 거시적 분석의 질을 높이는 데 어떻게 활용될 수 있는지 아주 잘 보여 주는 예다. 여러분이 예측하는 데 도움이 될 만한 역사적 사실을 하나 더 상기시켜 주자면, 스파르타가 전쟁에서 승리할 수 있었던 이유 중 하나는 바로 팬데믹이었다.

 네 번째 학문 분야는 바로 행동 심리학이다. 행동 심리학은 경제학에서 엄청난 주목을 받았지만, 거시 경제 모델에는 거의 적용되지 않은 분야다. 어떤 면에서 보면, 행동 심리학은 상식에 대한 과학적 연구로 경제학자들은 사람들이 '비합리적'이라는 결론을 자주 내린다. 잘 설계된 실험을 통해 뚜렷한 인지 편향^{cognitive bias}을 발견할 수 있었고, 그러한 인지 편향이 경제학자들이 보기에 합리적이든 비합리적이든 인간의 의사 결정에 영향을 미친다는 사실을 확인할 수 있었다. 오늘날 행동 심리학 분야에서 가장 유명한 심리학자는 프린스턴 대학 명예 교수이자 노벨상 수상자인 다니엘 카네만^{Daniel Kahneman}(카네만은 고인이 된 동료 아모스 트버스키^{Amos Tversky}에게 노벨상 수상의 공로를 돌렸다)과 듀크 대학 교수인 댄 애리얼리^{Dan Ariely}다. 그들이 발견해 낸 많은 인지 편향 중에는 '확증 편향^{confirmation bias}'(우리는 자신이 동의하는 데이터는 받아들이고 동의하지 않는 데이터는 무시하는 경향이 있다), '기준점 편향^{anchoring bias}'(우리는 처음 정해 둔 기준에 갇혀 그와 반대되는 증거를 발견해도 그 기준을 잘 바꾸지 않는다), '최신 편향^{recency bias}'(우리는 최신 정보에 지나치게 큰 영향을 받는다) 등이 포함된다. 이 인지 편향들 중 일부가 서로 모순된다는 생각이 든다면, 여러분의 생각이 맞다. 이 같은 인지 편향은 광범위한 행동에 적용되지만, 특히 자본 시장을 분석하는 데 유용하게 사용될 수 있다. 행동 심리학은 시장 거품(확증 편향은 투자자들이 경고 신호를 무시하게 만든다)과 시장 붕괴(손실 회피 편향loss-aversion bias은 투자자들이 수익을 내는 것보다 손실을 피하는 것이 더 가치 있다고 여기게 만든다)를 설명하는 데 도움이 된다. 행동 심리학은 투자자들의 행동을 분석 도구로서 상당히 설득력이 있고 유용하다. 행동 과학Behavioral science은 월스트리트에서 자주 언급되고 칵테일파티에서도 자주 논의되기는 하지만, 그들이 사용하는 모델에는 거의 적용하지 않는다. 일반적인 위험 관리 모델은 여전히 미래가 과거와 비슷하고, 시장 거품은 존재하지 않으며, 시장 붕괴는 '백 년에 한 번 발생하는 폭풍' 같은 사건(실제로는 언제든 일어날 수 있다)이라고 상정한다. 월스트리트의 그러한 행태에도 불구하고 향상된 기술은 행동 심리학의 통찰을 예측 분석 모델에 적용할 수 있게 해 줬다.

새로운 모델에 복잡성 + 베이즈 + 역사 + 심리학을 결합하는 것은 시작에 불과하다. 거기서부터 교점(핵심 요인이나 시장성이 높다는 예측 결과를 나타내는 개별 셀)과 에지edge(밀집된 연결망에서 교점을 연결하는 선)로 구성된 인지 지도를 구축해 나갈 수 있다. 각 시장이나 자산의 종류(금리, 주가 지수, 통화, 원자재 등)에 맞는 개별 인지 지도가 만들어진다. 이 인지 지도들은 관련 요소를 가장 잘 이해하고 있는 각 분야 전문가들의 지도 아래 구축된다. 에지의 방향(A→B)이 주어지고 강도가 부여된다. 일부 에지는 재귀 함수로 인해 전방향 omnidirectional(A↔B)이 된다. 교점에는 응용 수학이라는 새로운 분야에 기초한 코드화된 명령이 포함돼 있다. 마지막으로, 교점 처리 과정에서 시장 데이터와 단순 주요 뉴스보다 더 복잡한 방대한 뉴스 피드의 판독 내용이 입력된다. 에지의 강도와 교점은 시장과 정치적 상황을 반영하기 위해 지속적으로 업데이트된다. 시장성 높은 예측 결과를 나타내는 교점은 일반적으로 6개월 단위로 조정되며 필요에 따라 그 기간을 늘리거나 줄일 수 있다.

이것이 바로 우리의 예측 분석 시스템이다. 이 예측 분석 시스템은 단타 매매자를 위한 게 아니다. 이 새로운 모델들은 내일 무슨 일이 일어날지는 알려 주지 못한다. 대신 6개월 후 무슨 일이 일어날지 예측해 알려 준다. 이러한 중기 투자 예측 분석은 투자자가 시장보다 앞서 거래할 수 있게 해 준다. 시장보다 앞선 거래는 투자자가 일관된 위험 조정 수익과 초과 수익률을 달성하고 대폭락을 피할 수 있는 가장 좋은 방법이다.

예측 모델이 우리에게
알려 주는 것들

2021~2022년 포스트 팬데믹 시기에 대한 우리의 예측 분석 결과를 요약하면 다음과 같다.

디플레이션(또는 강한 디스인플레이션disinflation)이 우세하게 나타날 것이다.

주가는 바닥을 치지 않았다.

금리가 더 하락할 것이다.

채권의 랠리가 지속될 것이다.

금 가격은 큰 폭으로 상승할 것이다.

코로나19 경기 회복은 더디고 약하게 진행될 것이다.

실업률은 10%대에 머물 것이다.

상업용 부동산 가격은 더 하락할 것이다.

주거용 부동산에 투자하기 좋은 시기다.

달러는 단기적으로 강세를 보이다가 2022년 약세로 돌아설 것이다.

석유 가격은 생산량 감소와 제재에 따라 예상을 뛰어 넘는 호조세를 보일 것이다.

위의 예측 분석을 바탕으로 한 구체적인 포트폴리오 배분은 다음과 같다.

주식

증시는 추가로 하락할 여지가 있다. 2020년 4~9월의 주식 랠리를 뒷받침하는 몇 가지 요인이 있었지만 그 중 어떤 것도 지속 가능하지 않으며, 미국 경제와 개인의 선호도에 근거한 실물 경제와도 동떨어져 있다.

주식 랠리의 첫 번째 동인은 바로 로봇의 영향이다. 로봇의 알고리즘은 연방준비제도가 양적 완화를 하고, 정부 관료가 긍정적인 정책 발표를 하고, 모멘텀이 발견되고, 풀백(pullback, 주가 하락을 의미하나 주가가 추가 상승을 하기 전 일시적으로 하락하는 것을 말한다_옮긴이)이 발생하면 주식을 매입하도록 설계돼 있다. 이 소프트웨어는 다우 지수가 2020년 2월 12일 2만 9551에서 3월 23일 1만 8591까지 떨어질 것이라고는 예상하지 못했다. 당시 다우 지수는 6주도 안 돼 37% 하락을 기록했다. 그러나 트레이딩 로봇들은 11년간 발생한 모든 증시 하락이 연준의 지원책에 의한 랠리에 뒤이어 발생했다는 사실을 알고 있었다. 3월 15일 연준이 예정에 없던 회의에서 금리를 대폭 인하해 제로 금리에 돌입하기로 결정하자 로봇들은 일제히 '떨어질 때 매수'하라는 명령을 따랐다. 3월 27일 2조 3000억 달러 규모의 경기 부양법안 통과는 사실상 무제한에 가까운 재정 부양책이 통화 부양책과 함께 시행될 것이라는 사실을 로봇에게 확인시켜 줬다. 펀더멘털(주요 거시 경제 지표를 말한다_옮긴이) 분석이나 이익 예측 같은 건 필요하지도 않았다. 알고리즘은 계속해서 늘어나는 화폐 발행과 적자 지출을 확인하면서 증시를 바닥에서 끌어올렸다. 추가적인 통화와 재정 부양책은 V자형 경기 회복과 확실한 모멘텀이 있을 것이라는 긍정적인 전망과 맞물려 최근 증시가 연일 사상 최고치를 기록하는 상황을 만들어 냈다. 주가 상승의 두 번째 동인은 미국 경제가 V자형 반등을 그리며 2020년 3월 주가 대폭락에서 빠르게 회복할 것이라는 지나치게 낙관적인 믿음이다. 경기 회복 시나리오를 증명해 보이기라도 하듯 증시 자체가 V자형 반등을 보여 온 것은 사실이다.

그러나 이러한 낙관적인 전망에는 세 가지 문제가 따른다. 첫째, V자형 경기 회복이 일어날 것임을 보여 주는 증거가 없다. 극히 낮은 수준에서의 완만한 회복세로는 경기가 반등을 그리며 회복하기가 힘들다. 현재까지 미약한 수준의 경기 회복을 보이고 있고 그마저도 전례 없는 적자 지출과 제로 금리에 힘입은 결과다. 이러한 경기 부양책이 언제까지고 반복되지는 않을 것이다. 이미 제로 금리에 들어선 이상 금리를 더 내리지도 못한다. 2020년 6월 10일 파월 연준 의장은 2022년까지 제로 금리를 유지할 것이라고 밝혔다. 통화와 재정 정책 수단을 더 이상 사용할 수 없는 경우, 소비자와 기업의 총수요가 증가하지 않는 한 경기 회복이 사실상 불가능하다. 현재 소비자나 기업 모두 소비 지출을 꺼리고 있다. 두 번째 문제는 V자형 경기 회복을 옹호하는 사람들조차 반등을 나타내는 V자의 오른쪽 라인이 다소 완만한 기울기를 보일 것으로 내다보고 있다는 것이다. 코로나19 이전의 총생산 수준을 빠르게 회복하기보다는 약한 반등세를 보일 것이라는 전망이다. 세 번째 문제는 주가가 개인 투자자들의 투기, 헤지 펀드 모멘텀 전략, 인덱스 펀드를 살 수밖에 없도록 만드는 인덱스 펀드의 시장 장악에 의해 상승하고 있다는 것이다.

　문제는 앞서 언급한 경제 동력들이 현실과 상충하고 있다는 데 있다. 재정 부양책은 과도한 부채 때문에 효과를 내지 못하고, 통화 부양책은 화폐유통속도 감소로 효과를 내지 못한다. 경제든 기업 이익이든 회복이 된다 하더라도 더디게 진행돼 약한 성장이 이어질 것이다. 또 주식 시장과 실물 경제 사이의 괴리가 갈수록 더 심화되고 있다. 현실은 결코 바뀌지 않을 것이므로 결국 주가가 현실에 수렴되면서 주가가 하락하게 될 것이다. 물론 이런 변화가 하룻밤 사이에 일어나지는 않을 것이다. 현실을 직시하려면 어느 정도 시간이 필요하기 때문이다.

물론, 일부 민간 부문과 기업은 증시가 하락해도 호조세를 보일 것이다. 방위 산업 관련 종목은 대만 해협, 남중국해, 북한, 시리아, 이란, 베네수엘라 같은 분쟁 지역에서 국제적 긴장이 고조됨에 따라 군비가 증가하면서 주가가 오히려 상승할 수도 있다. 미국의 적대국들은 미국을 시험하고 자국의 팬데믹 문제에 대한 주의를 분산시키기 위해 코로나19 팬데믹에 쏠린 관심을 이용하려 들 것이다. 천연자원 관련 종목(석유, 물, 농업, 광업)은 공급망이 붕괴돼 전 세계가 필수품과 원자재를 확보하기 위한 쟁탈전을 벌이면서 이득을 보게 될 것이다. 기술 관련 종목은 코로나19 팬데믹에 가장 적은 영향을 받고 있는 게 사실이지만, 기술주들은 이미 상당히 높은 가격을 기록하고 있어 앞으로 얼마나 더 오를 수 있을지 알 수 없다. 그러나 확실한 모멘텀이 나타나면 지금보다 더 높이 뛸 수도 있을 것이다.

2020년 4분기 데이터가 나오고 성장 둔화, 파산 신청 증가, 부실채권 증가, 높은 실업률 지속, 디플레이션이라는 현실을 직시할 때쯤이면, 증시가 다시 급락하면서 인식과 현실 사이의 갭이 좁혀질 것이다. 분석 능력이 향상된 예측 모델들은 2021년 말 다우 지수는 1만 6000선, S&P 500 지수는 1,750선을 기록할 것으로 예측하고 있고 방위 산업, 천연자원, 기술 관련 종목에서 일부 좋은 성과가 나올 것으로 예측하고 있다.

금

어째서 금이죠?

    사람들이 내게 자주 묻는 질문이다. 그 질문을 하는 사람들의 마음을 이해한다. 오늘날 사람들이 금에 대해 잘 이해하지 못하는 건 그들 잘못이 아니다. 경제계 엘리트, 정책 입안자, 교수, 중앙은행장들은 금은 금기시하는 생각을 중심으로 똘똘 뭉쳐 왔다. 광산 전문학교라면 몰라도 경제학을 가르치는 대학에서는 감히 금에 대해서는 가르치지 않는다. 만약 여러분이 금을 통화로 여기며 옹호하는 발언을 할 경우, 여러분은 '금을 밝히는 사람^{gold nut}', '구시대적인 사람' 혹은 그보다 더 이상한 사람 취급을 받게 되고, 그 자리에서 오가는 대화에 더 이상 낄 수 없는 사람이 될 수도 있다.

물론 상황이 늘 지금과 같았던 것은 아니다. 1974년 나는 국제경제학을 공부하는 대학원생이었다. 어떤 관찰자들은 닉슨 대통령이 무역 상대국들에게 달러를 금으로 바꿔 주는 금 태환 제도를 중단하기로 한 1971년 8월 15일 금본위제가 폐지됐다고 믿는다. 하지만 그건 정확한 사실이 아니다.

당시 닉슨의 발표는 큰 반향을 일으켰다. 그러나 그는 금 태환을 일시적으로 중단할 생각이었고, 발표를 하면서도 그렇게 말했다. 닉슨은 금 태환 제도를 잠시 중단하고, 브레튼 우즈Bretton Woods 회의와 비슷한 새로운 국제 통화 회의를 열고, 금과 다른 여러 통화에 대한 달러화의 평가 절하를 단행한 다음 새로운 환율로 금본위제를 재개할 생각이었다. 나는 1971년 닉슨 대통령이 금 태환 일시 정지를 발표할 당시 그와 함께 캠프 데이비드(Camp David, 미국 대통령 전용 별장이다_옮긴이)에 머물렀던 고문 두 명에게서 이 계획이 사실임을 확인받았다. 최근 몇 년 동안 나는 케네스 댐Kenneth Dam 전 재무부 부장관과 1971년 재무부 국제 통화 담당 차관을 역임하고 이후 연준 의장을 지낸 고(故) 폴 볼커Paul Volcker와 이야기를 나눴다. 그들은 금 태환은 일시적으로 중단될 계획이었고, 금 태환을 일시 정지한 목적은 새로운 가격으로 다시 금본위제로 복귀하는 것이었다는 사실을 확인해 줬다.

닉슨이 세웠던 계획 중 일부는 이뤄졌고, 일부는 이뤄지지 않았다. 1971년 12월 워싱턴 D.C.에서 국제회의가 열렸고, 그 회의에서 스미스소니언 협정Smithsonian Agreement이 맺어졌다. 스미스소니언 협정에 따라 달러화는 금 1온스당 35달러에서 금 1온스당 38달러로 평가 절하됐고(이후 온스당 42.22달러로 평가 절하됐다) 독일, 일본, 영국의 주요 통화에 대한 달러화의 평가 절하가 이뤄졌다.

그러나 진정한 금본위제로 돌아가려던 계획은 결국 실행되지 않았다. 당시는 국제 통화정책과 관련해 여러모로 혼란스러운 시기였다. 독일과 일본은 국제 무역과 외국인 직접 투자에서의 환율의 역할에 대해 이해하지 못한 밀턴 프리드먼Milton Friedman의 영향 아래 변동 환율제로 이행했다. 프랑스는 완강하게 버티며 진정한 금본위제로 돌아갈 것을 주장했다. 닉슨 대통령은 1972년 재선 운동을 벌이는 데 몰두했고, 얼마 지나지 않아 워터게이트 사건이 뒤따르면서 금에 신경 쓸 겨를이 없었다. 결국 달러화의 평가 절하는 이뤄냈지만, 공식적인 금 태환 제도는 영영 재개되지 않았다.

금 태환 일시 정지로 촉발된 이 국제 통화 분쟁이 해결되기까지는 여러 해가 걸렸다. IMF는 1974년이 돼서야 비로소 금이 화폐성 자산이 아니라고 공식 선언했다(그런데 IMF는 1970년대에는 금 수천 톤을 보유하고 있었고, 오늘날에도 여전히 2,814톤을 보유하고 있으며, 이는 미국과 독일에 이어 세 번째로 가장 많은 금 비축량이다).

그 결과, 내가 대학원 시절에 들었던 수업이 금을 화폐성 자산으로 배웠던 마지막 수업이 되고 말았다. 여러분이 1974년 이후 경제학을 공부했다면, 금은 역사책에서나 찾아볼 수 있었을 것이다. 아무도 금에 대해 가르치지 않았고, 아무도 금에 대해 배우지 못했다. 따라서 오늘날 투자자 대부분이 금을 이해하지 못하는 것은 전혀 놀랄 만한 일이 아니다.

그러나 금이 그 자리에서 완전히 퇴장한 것은 아니었다. 1974년 포드 대통령은 프랭클린 델라노 루스벨트 대통령의 행정명령 6102호를 무력화하는 법에 서명했다. 1933년 루스벨트 대통령은 미국 시민의 금 소유를 금지했다. 당시 금은 밀수품이었다. 1974년 포드 대통령은 금 소유를 다시 합법화했다. 미국 시민들은 40여 년 만에 처음으로 금화와 금괴를 소유할 수 있었다. 공식적인 금본위제는 폐지됐지만, 새로운 개인 금본위제가 시작됐다.

금이 자유롭게 거래되면서 금시장에도 강세장과 약세장이 나타나기 시작했다. 금 가격이 고정돼 있던 금본위제 시대에는 볼 수 없었던 현상이다.

금의 양대 대형 강세장은 1971~1980년(금 2200% 상승), 1999~2011년(금 750% 상승)에 형성됐다. 이 두 강세장 사이에 약세장이 두 차례(1981~1998년과 2011~2015년) 형성됐다. 그러나 금의 장기 추세는 분명하다. 1971년 이후 금 가격은 두 번의 약세장을 거쳤음에도 불구하고 5000% 이상 올랐다. 금 가격의 일일 변동성과 가끔 발생하는 하락세를 걱정하는 투자자들은 이렇게 강력한 금의 장기적 동력은 이해하지 못하고 있을 가능성이 높다.

금의 세 번째 대형 강세장은 약세장이었던 금시장에서 금이 온스당 1,050달러로 바닥을 쳤던 2015년 12월 16일 시작됐다. 그 이후로 금의 달러 가치는 90% 이상 상승했다. 인상적인 수치이기는 하지만 2200% 상승하고 760% 상승했던 이 전의 두 대형 강세장과 비교하면 보통 수준의 상승세다. 이 같은 패턴은 금시장의 가장 큰 상승장은 아직 오지 않았음을 시사한다.

가격의 시계열은 일직선으로 움직이지 않는다. 2015년 12월 16일에 시작해 2016년 7월 6일까지 이어진 금의 대형 랠리는 힐러리 클린턴의 2016년 대선 승리 예측에 대한 불안과 2016년 6월 23일 브렉시트 국민 투표 후 일시적으로 증폭된 불안에 힘을 받아 형성됐다. 이후 금은 차익 실현(profit taking, 매수 가격과 매도 가격 간 발생하는 차액으로 이익을 얻는 것을 말한다_옮긴이) 욕구와 연준의 금리 인상으로 인해 빠르게 팔려 나갔다. 금값은 힐러리 공포에 힘입어 온스당 1,303달러까지 반등했다가 트럼프가 대통령에 당선되면서 다시 폭락했다. 트럼프의 승리는 곧 주식 시장이 가장 투자하기 좋은 곳임을 의미했다. 2016년 트럼프 당선의 여파로 금 가격은 온스당 1,125달러까지 하락했다.

2017년 초부터 2019년 초까지 금은 위험감수·위험회피거래(risk on/risk off, 경제 동향이 안정되면 위험 자산에 투자하고, 경제 동향이 불안하면 안전 자산에 투자하는 현상을 말한다_옮긴이)와 트럼프와 중국 간의 무역 전쟁 속도에 따라 수평 추세를 그리며 거래됐다. 2019년 6월 20일 금 가격은 온스당 1,365달러까지 뛰었다. 브렉시트 직후인 2016년 7월 8일의 금 가격과 정확히 일치하는 시세였다. 도중에 고점과 저점이 형성되기는 했지만 장기 투자자 관점에서 볼 때, 금 가격은 3년간 수평 추세를 유지하며 움직였다. 그러다가 금값은 불꽃놀이 폭죽이 터지듯 뛰어올랐다. 2020년 8월 18일 금 가격이 온스당 2,000달러까지 치솟으면서 딱 1년 만에 45% 상승을 기록했다. 이 같은 상승세는 저금리, 인플레이션에 대한 공포, 팬데믹이 수익에 미치는 악영향으로 증시에 대한 우려가 지속되면서 나타난 결과였다.

그렇다면 이제 금은 어느 쪽으로 움직일까?

금 가격은 세 가지 주요 요인에 의해 결정된다. 첫 번째 요인은 바로 공포 요인으로, 경제 상황이나 정세가 불안하면 안전 자산safe-haven 거래에 대한 선호도가 높아진다. 공포 요인은 지정학적 사건, 금융 전쟁, 시장 붕괴, 새로운 유행병 등으로 촉발된다. 두 번째 요인은 실질 금리 수준이다. 실질 금리는 인플레이션을 감안한 이자율로 명목 금리에서 인플레이션을 뺀 근삿값이다. 금은 보유 기간 중에는 아무런 수익이 발생하지 않으며, 투자자의 달러를 얻기 위해 현금 등가물과 경쟁한다. 실질 금리가 오르면 현금은 더 매력적인 자산이 된다. 현금의 가치가 상승하면 금의 달러 가격은 역풍을 맞게 된다. 세 번째 요인은 기본적인 수요와 공급과 관련이 있다. 수요와 공급 면에서 보면, 금도 다른 원자재들과 다를 게 없다. 금 공급량은 충분한데 투자 심리가 위축돼 수요가 감소하면 금의 달러 가격이 역풍을 맞게 된다. 이 세 요인이 한데 맞물려 금값을 올리거나 반대로 내릴 수도 있다. 또 한두 가지 요인은 역풍으로 작용하는 반면 다른 나머지는 금값을 상승시키는 요인으로 작용할 수도 있다.

공포 요인은 시시각각 변한다. 코로나19 팬데믹 초반에는 공포가 금값을 올리는 요인 중 하나였다. 미국에서의 신규 확진자 감소나 2020년 4~9월의 증시 상승이 코로나19 팬데믹에 대한 공포를 어느 정도 누그러뜨리기는 역할을 하기도 했다. 금값의 정체기가 오래 지속되지는 않을 것이다. 더딘 경기 회복, 증시 하락, 코로나19의 2차 파도, 동아시아에서의 중국과의 갈등이 한데 맞물려 불안감이 증폭되면서 단기적으로 금값을 상승시키는 요인으로 작용할 것이다.

2015년부터 2018년까지 연준이 금리를 인상하고 통화량을 줄이는 강력한 통화 긴축정책을 펴면서 실질 금리가 금값 상승을 계속 가로막는 역풍으로 작용해 왔다. 그런 역풍은 이제 더 이상 불지 않을 것이다. 연준은 제로 금리를 발표했고(연준은 제로 금리를 무기한 유지할 것이다), 통화량은 불과 몇 달 만에 두 배(3조 5000억 달러에서 7조 달러로 증가)로 늘었다. 역풍이었던 실질 금리가 순풍이 됐다. 명목 금리가 제로인 경우, 약간의 인플레이션만 발생해도 실질 금리가 마이너스로 떨어지기 때문이다.

세 번째 요인인 기본적인 수요와 공급은 금값 상승의 긍정적인 요인으로 작용해 왔다. 중국, 러시아, 이란, 터키, 그 외에 여러 국가가 시장에 혼란을 일으킬 만한 가격 충격을 유발하지 않고 수백 톤에 달하는 금을 꾸준히 매입해 왔다. 반면에 전 세계 채광 생산량은 늘어날 기미가 보이지 않는다. 2015년 이후 전 세계 연간 금 생산량은 3,100톤으로 제자리걸음을 하고 있다. 2013년 금값 폭락으로 주요 생산국(중국, 호주, 러시아, 미국, 캐나다)의 금광 채굴 계획이 대거 무산되면서 연간 금 채굴량이 사실상 상한선에 이르렀다고 볼 수 있다. 폐쇄됐던 금광들 중 일부가 재가동에 돌입할 움직임을 보이고 있지만, 채굴을 재개하기까지는 시간이 걸릴 수 있다. 폐광 생산을 재개하고 새로운 광산을 개발하는 데 필요한 자본, 사업 허가, 채굴 장비 등을 마련하는 데 5~7년이 걸릴 수 있다. 그 동안에 연간 금 생산량은 제자리에 머물러 있을 것이고, 금 수요는 강한 상승세를 지속할 것이다. 즉, 공급은 늘지 않고 수요는 증가하면서 금값이 더 오를 것이다.

금이 최근의 팬데믹 횡보consolidation 패턴에서 벗어나 온스당 2,000달러 이상까지 꾸준히 상승할 수 있도록 이끌어 줄 동인은 과연 무엇일까? 그 동인으로 세 가지를 들 수 있다.

그 첫 번째 동인은 코로나19 팬데믹 시기에 투자자들을 구제하기 위한 대응책으로 대규모 화폐 발행을 단행하면서 미국 달러화에 대한 신뢰가 무너졌다는 데 있다. 중앙은행들이 신뢰를 회복하기 위한 기준점으로 금을 사용해야 한다면, 금 가격이 온스당 1만 달러 이상은 돼야 할 것이다. 금값이 떨어지면 중앙은행들이 패리티^{parity}를 유지하기 위해 통화량을 줄여야 할 수밖에 없고, 이렇게 되면 디플레이션이 발생할 가능성이 크다.

두 번째 동인은 금 강세장의 단순한 연속 패턴에 있다. 이전의 두 강세장을 기준 삼아 평균 상승률과 지속 기간을 계산해 적용하면 2025년 금 가격이 온스당 1만 4000달러까지 상승한다는 예측값이 나온다. 이전의 강세장과 새로운 강세장 사이에 어떤 연관성이 꼭 존재하는 것은 아니지만, 강세장과 관련된 이전 기록들을 잘 살펴보면 예측하는 데 유용한 기준점을 얻을 수 있다.

세 번째 동인은 새로운 재난에 따른 패닉 바잉(panic buying, 가격 상승과 공급 부족에 대한 불안으로 생필품, 부동산, 주식 등을 사재기하는 현상을 말한다_옮긴이)이다. 패닉 바잉은 코로나19의 2차 파도, 금 ETF(상장지수펀드)나 상품 거래소의 실물 인도 요건 불이행, 예상치 못한 지정학적 갈등 등으로 인해 나타날 수 있다. 현재 금 가격에는 이 같은 사건들이 몰고 올 반향은 반영돼 있지 않다. 이 중 한 가지 사건만 실제로 발생해도 금값을 올리는 동인이 되기에 충분할 것이다. 세 사건 모두 얼마든지 발생할 수 있는 일들이다. 세 사건이나 패닉 바잉을 일으킬 수 있는 다른 사건들이 실제로 발생할 경우, 금 가격이 온스당 2,000달러 이상까지 상승하고, 앞서 설명한 여러 이유로 인해 거의 온스당 3,000달러 이상까지도 상승할 수 있을 것이다.

보통 금광 주식은 금값이 더 높거나 낮으면 시차와 레버리지를 통해 그 뒤를 따라간다. 2021년 금 가격이 더 상승하면서 금 주식도 덩달아 상승할 것이다. 그러나 보통 금 주식의 가격 상승은 금값 상승보다 6개월 이상 시간이 지나야 일어난다. 이는 금광 주식이 2021년 후반 크게 상승할 것임을 시사한다. 이러한 시차는 금값이 한참 앞서 나가는 것을 보면서 금광 주가가 그 뒤를 바로 따라잡지 못하는 이유를 이해하지 못하는 금광 주식 투자자들에게 좌절감을 안겨 주기가 쉽다. 금광 주가는 금 가격을 뒤따라갈 것이다. 시간이 걸릴 뿐이다. 금 주식은 또 금괴에 대한 레버리지 베팅으로 작용하기도 한다. 이는 광산업 자체에 고정 비용과 가변 비용이 혼합돼 있기 때문이다. 고정 비용을 감당하기에 충분한 수익을 창출하는 데에는 시간이 걸리지만, 일단 충분한 수익이 실현되면 증분 수익incremental revenue이 손익분기점인 순 가변 비용을 넘으면서 이익이 생긴다. 시장은 주가에 반영되는 순환 매출recurring revenue에 배수를 적용한다. 금 가격이 100% 상승할 때, 금광 주식이 300% 이상 상승하는 경우를 심심치 않게 볼 수 있다(거듭 말하지만, 시차가 존재한다).

금괴에 비견되는 이러한 금광 주가의 동력은 확실하게 확립돼 있어 변하지 않을 것이다. 물론, 금 가격이 더 상승하면 금광 주식이 무조건 다 승자가 된다는 이야기는 아니다. 주식은 저마다 그 특유의 특징을 가지고 있다. 모든 광산 회사가 똑같지는 않다. 금광 주가 상승의 가장 큰 요인 중 하나는 해당 광산 회사의 경영 능력과 전문 기술이다. 금광 회사 중 일부는 엄격한 재무 통제력을 지닌 노련한 경영진에 의해 매우 잘 운영되고 있다. 또 일부는 한몫 챙기는 데에만 급급한 투기성 사업을 하고, 또 다른 일부는 무책임한 경영을 하거나 사기를 치기도 한다. 금값은 분명히 오르겠지만, 그렇다고 모든 금광 회사가 번영을 누리지는 못할 것이다. 전문적이고 경험이 풍부한 경영진이 운영하는 금광 회사들만이 다가오는 금값 상승기의 승자가 될 것이다. 참고로 대규모 광산 회사들은 금광을 새로 찾기보다는 소규모 광산 회사의 매장량을 확보하려는 경향이 있기 때문에 인수 프리미엄을 기대할 수 있는 소규모 광산 회사가 더 나은 투자처가 될 수 있다.

금괴는 온스당 2,000달러에서 2025년 온스당 1만 4000달러까지 오를 것으로 보인다. 이는 앞으로 4년간 금 가격이 700% 상승할 것이라는 이야기다. 잘 운영되는 금광 회사들의 주식은 같은 기간 동안 6개월 간격을 두고 금값을 뒤따르며 2000% 상승할 것이다.

부동산

시간과 장소의 영향을 받지 않고 한 가지 원소(금의 원자 번호는 79다)로 이뤄진 금 현물과 달리 부동산은 저마다 제각각이다. 그렇기 때문에 부동산 가치 평가는 과학이라기보다는 예술에 가깝다. 부동산 가치를 평가하는 주요 변수로는 용도(주거용 또는 상업용), 위치, 시공품질, 시공일자, 사용 상태, 임대료, 금융비용, 경제 상황과 금리를 포함한 주요 경제 지표 등이 있다. 이러한 여러 평가 요인에 따라 다양한 부동산 투자 상품이 매력적인 투자 상품과 그렇지 못한 투자 상품으로 나뉠 수 있다. 부동산 투자에 일률적으로 적용할 수 있는 투자법은 없다. 그렇긴 하지만 우리의 경제 예측에 따르면 다음과 같은 투자 방식을 적용하면 좋을 것으로 보인다.

상업용 부동산은 전반적으로 더 하락할 여지가 있다. 코로나19 팬데믹 봉쇄와 새로운 불황으로 인한 경제적 어려움과 주요 소매업체 파산, 파산은 면했지만 영업을 중단한 소매업체, 대출 금융 기관의 철수, 임차인들의 집세 거부 운동rent strike, 임차인의 임대차 계약 재협상 요구 증가, 디플레이션 추세 등을 포함한 부동산 산업 특유의 여러 요인이 한데 맞물린 결과다.

이러한 지속적인 요인들 외에도 부동산 전망을 더욱 어둡게 하는 시기적 요인들이 있다. 2020년 폭동으로 인한 피해로 임차인들이 영업장을 청소하고 보수 공사를 진행해야 하는 입장에 처하면서 봉쇄 해제 후 영업 재개 시점이 더 늦춰질 것이다. 약탈과 재산 피해를 입은 고급 소매업체들은 더 큰 보험 비용을 부담하게 될 것이다. 일부는 영업 재개를 하지 않을 것이고 또 다른 일부는 인구 저밀도 지역으로 이전하게 되면서 고급 상권에 빈 점포들이 늘어날 것이다. 2020년 6월 21일 럭셔리 패션 브랜드 발렌티노Valentino는 자사 매장이 입점해 있는 뉴욕 5번가 639번지 건물주에게 화려한 4층짜리 매장에 대한 장기 임대차 계약을 파기해 달라는 소송을 제기했다. 발렌티노 측은 '사회경제적 환경이 급변해 뉴욕 매장을 정상적으로 운영할 수 없는 상황'이라고 주장했다.4 발렌티노의 소송은 소매업체와 고객들의 인식이 얼마나 빠르게 바뀔 수 있는지, 그리고 상업용

부동산 시장이 어째서 계속 어려움을 겪을 수밖에 없는지 상기시켜
준다.

소매업체들의 임대료 지불 거부와 함께 물류 창고나 생산 라인 등
을 운영하는 많은 제조업체들은 미니애폴리스와 뉴욕 같이 문제가
많은 도시를 떠나 보다 안전한 지역으로 이전해 갈 것이다. 그러나
그 업체들이 다른 지역으로 이전하기까지는 시간이 걸릴 것이고, 건
물들 중 일부는 한동안 공실 상태로 방치될 것이다.

여행, 호텔, 리조트, 게임 산업은 코로나19 팬데믹과 봉쇄로 인해
막대한 타격을 입었다. 그들의 사업이 빠른 시일 내에 정상화되기는
어려울 것이다. 영업 재개를 하기까지 시간이 걸릴 것이며, 사회적
거리 두기와 방역 지침 때문에 고객을 이전처럼 수용하는 데 한계
가 있을 것이다. 또 영업 재개를 한다 하더라도 영업장을 찾고 이용
하는 사람들은 많지 않을 것이다. 사람들이 여전히 코로나19 감염을
걱정하고 있는데다, 여가 생활 등에 쓸 수 있는 재량 소득이 줄어들
었기 때문이다.

이 밖에도, 상업용 사무실 공간에 대한 새로운 기준이 등장할 것
이다. 고용주와 직원들은 재택근무 방식을 통해 얻은 뜻밖의 성과에

놀라워했다. 사회적 상호 작용을 하는 데 제약이 따른다는 단점에도 불구하고, 주요 도시에서의 높은 사무실 유지 관리 비용을 절감할 수 있다는 점은 누가 봐도 확실한 장점이었다. 재택근무가 지닌 여러 이점이 확인되면서, 기업 사무실 공간에 대한 수요가 크게 감소할 것이다.

　마지막으로, 코로나19 팬데믹 이전에 이미 발생한 문제들이 산적해 있다. 그 중 가장 눈에 띄는 문제는 미국 주요 도시에서 사무실 공유 서비스 사업을 운영하는 위워크WeWork가 거의 파산 직전 상황에 몰렸다는 것이다. 위워크가 개인이나 기업에 임대하는 사무실은 위워크 소유가 아닌 장기 임대한 사무실이 대부분이다. 코로나19로 소기업을 운영하는 임차인들이 파산하고 재택근무 방식이 새로 도입되면서 위워크 사무실에 대한 전반적인 수요가 감소하고 있다. 위워크는 뉴욕시에서 가장 많은 사무실을 빌려 쓰고 있는 임차인으로, 펜 플라자Penn Plaza, 첼시, 그래머시파크Gramercy Park, 월스트리트, 그 외에 임대료가 비싼 여러 지역에서 890만 평방피트가 넘는 사무실을 임대해 사업 운영을 하고 있다. 위워크가 주요 임차인으로 입주한다는 계획 아래 브루클린 해군 공창Brooklyn Navy Yard의 6층짜리 화려한 건물 독 72⁷²Dock 테크 센터를 포함한 여러 신축 공사 프로젝트가 진행되기도 했다. 위워크가 조직 개편을 하는 동안 예정된 임대차 계약이 보류되거나 위워크가 임대료를 제때 지불하지 못하는 상황에 처하게 될 것이다. 그 결과, 임대료 인하에 대한 압박은 더욱 거세지고 지금과 같은 최악의 시기에 사무실 공실률이 증가할 것이다.

시애틀, 미니애폴리스, 뉴욕을 포함한 일부 도시는 앞서 언급한 여러 요소가 한데 맞물리면서 특히 더 큰 타격을 받게 될 것이다. 피닉스-스코츠데일Phoenix-Scottsdale, 마이애미, 워싱턴 D.C.를 포함한 다른 도시들은 사람들이 선택할 수 있는 다양한 옵션과 더 나은 경제 기반을 갖추고 있어 상대적으로 타격이 덜할 것이다. 언제나 그렇듯, 위치가 중요하다.

상업용 부동산 시장이 다시 활기를 찾기는 하겠지만 곧바로 시장이 회복되지는 않을 것이다. 장기 전망이 어떻든지 간에, 바닥이 보이기 전까지는 투자해 봐야 아무 소용이 없다. 바닥을 정확히 언제 칠지는 아무도 알지 못한다. 그러나 우리가 갖고 있는 충분한 정보에 따르면, 아무리 빨라도 2021년 말은 지나야 할 것이다. 임대료 재협상, 이전, 파산, 퇴출, 재택근무에 맞는 낮은 가격의 부동산 매물들이 시장에 나오려면 시간이 좀 걸릴 것이다. 상업용 부동산은 혹시 모를 투자 기회에 대비하며 상황을 예의 주시해야 하는 시장이다. 성급하게 시장에 뛰어들기보다는 인내심을 갖고 지켜보면서 적절한

때를 기다리면, 그에 상응하는 보상이 따를 것이다.

주거용 부동산은 상업용 부동산과 상황이 완전 딴판이다. 도시에서 교외 또는 준교외(교외보다 더 외곽인 지역을 말한다_옮긴이)로의 이주가 이제 막 시작됐다. 코로나19 확산(고밀도 지역에서의 상황이 더 심각하다), 재택근무 증가, 도시에서의 불안 증폭과 범죄 증가에 따른 움직임이다. 매력적인 주거지로 손꼽히는 지역의 저금리 주택 담보 대출 혜택에 폭동으로 피해를 입은 도시 지역의 높은 세율까지 생각하면 이주 결정을 내리기가 더 쉬워진다. 이 같은 추세를 만들어 내는 데에는 인구 통계도 한몫했다. 2021년 밀레니얼 세대 중 가장 나이가 많은 사람들은 마흔을 바라보지만, 밀레니얼 세대 전체의 평균 나이는 이제 막 서른에 접어들게 된다. 기존 주택에 대한 투자 기회는 한정돼 있다. 그러나 코로나19가 활개 치는 도시에서 멀리 떨어진 좋은 학교가 있고 세율도 낮아 매력적인 주거 지역에 들어설 신규 주택에 투자할 수 있는 기회를 통해서라면 꽤 괜찮은 수익을 기대할 수 있을 것이다. 금광 주식과 마찬가지로 투자자는 투자 상품을 내놓은 건설·개발업체들 중 전문적이고 경험이 풍부한 경영진이 사업을 운영하는 회사를 선택할 수 있어야 한다. 또 애리조나, 텍사스, 플로리다에 있는 거주 지역들에 대한 수요가 증가할 것으로 예상된다. 투자자들은 태평양 북서부, 로키산맥, 뉴잉글랜드의 산과 해안, 특히 개인 소득세를 부과하지 않는 워싱턴, 와이오밍, 테네시, 뉴햄프셔에 있는 매력적인 주거 지역들도 관심 있게 잘 살펴봐야 한다.

요약하자면, 아직 바닥을 치지 않은 상업용 부동산의 경우 2021년 말 선별적 투자 기회를 엿볼 수 있을 것이다. 현재 주거용 부동산은 실력을 갖춘 건설·개발 회사 경영진이 이끄는 사업, 그리고 구도심 밖의 세율과 주거비용이 낮은 주거 지역이라는 조건 하에 매력적인 투자 대상이 될 수 있다.

현금

현금은 모든 종류의 투자 자산 중 가장 저평가된 자산이라 할 수 있다. 투자자들은 현금을 과소평가하는 우를 범해서는 안 된다. 현금은 앞으로 2~3년간 가장 좋은 투자 성과를 낼 수 있는 자산 중 하나가 될 것이기 때문이다.

현금이 저평가되는 이유는 수익률이 낮기 때문이다. 수익률이 낮은 건 사실이다. 현금의 수익률은 거의 제로(0)에 가깝다. 그러나 그 사실만 생각하다가는 몇 가지 중요한 사실을 놓칠 수 있다. 명목 수익률은 제로일지 모르지만, 실질 수익률은 디플레이션 환경에서 꽤 높을 수 있다. 수익률이 제로인 현금 10만 달러를 은행에 넣어 둔다고 치면, 명목 수익률 역시 제로가 된다. 하지만 1년 동안 2%의 디플레이션을 겪을 경우, 실질 수익률은 2%가 된다. 현금의 액수는 그대로지만 현금의 구매력이 2% 상승(물가 하락, 즉 물가 상승률이 -2%)하면서 실질 수익률이 2%(명목 수익률-물가 상승률=실질 수익률, 즉 0-(-2)=2)가 된다. 디플레이션 환경에서 다른 자산들은 가치가 떨어질 가능성이 있는 반면, 현금은 한 자릿수의 낮은 수익률이기는 하지만 실제로 수익을 낼 수 있다. 이때 현금 보유는 승산이 있는 자산 배분 전략이 된다.

현금의 과소평가된 또 다른 장점은 바로 임의성(optionality, 어떤 일정한 제한을 받지 않고 하고 싶은 대로 할 수 있는 특성을 말한다_옮긴이)이다. 여러분이 투자를 할 경우 수익이 날 수고 있고 안 날 수도 있지만 어떤 경우든 투자 신탁을 중도에 해지하고 기존 자산을 재배분하려면 비용이 발생하기 마련이다. 최소한 중개 수수료나 매매 수수료를 지불하거나 아니면 중개 · 매매 수수료 모두 지불해야 할 수도 있다. 사모펀드, 부동산, 헤지 펀드 같은 비유동 자산에 투자할 경우, 몇 년간은 아예 투자를 철회하지 못할 수도 있다. 반면에 현금의 경우, 환매 수수료exit fee 같은 게 발생하지 않는다. 현금을 보유하고 있으면, 다른 투자자들이 간과했거나 예상치 못한 기회를 포착했을 때 민첩하게 대응하는 투자자가 될 수 있다. 현금은 전 세계 모든 종류의 자산을 매입할 수 있는 선택권을 부여한다. 임의성에는 투자자 대부분이 잘 이해하지 못하는 가치가 담겨 있다. 그 가치는 실제로 존재하며, 여러분이 보유하고 있는 현금에 가치를 더해 준다.

마지막으로, 현금은 전체 포트폴리오의 변동성을 줄여 준다. 현금의 명목 가치는 전 세계 어디서나 똑같다(단, 현금의 실질 가치는 앞서 설명한 바와 같이 변동을 거듭할 수 있다). 다각화된 포트폴리오에는 주식, 금, 채권을 포함한 변동성 자산이 포함돼 있다. 현금은 개별 자산의 변동성과 달리 포트폴리오의 변동성을 줄여 준다. 현금은 포트폴리오의 변동성을 높이는 레버리지와 정반대의 역할을 하는 셈이다. 오늘날 세상에는 이미 충분한 변동성이 존재한다. 현금은 포트폴리오의 수익률을 개선하고 투자자들이 밤잠을 설치지 않도록 도와준다.

요약하자면, 현금은 수익률 제로인 자산이 아니다. 현금은 디플레이션 환경에서 실질 수익률을 내고, 투자자가 민첩하게 투자할 수 있도록 해 주며, 포트폴리오의 변동성도 줄여 주니 일석삼조가 아닐 수 없다.

채권

미국 재무부 채권은 2년 만기 중기 국채부터 30년 만기 장기 국채까지 다양한 만기 채권으로 발행된다. 일반적으로 만기가 길수록 금리 변동에 따른 가격 변동성('듀레이션duration'이라고 부른다)이 커지므로 더 높은 수익률을 제공한다. 또 장기 채권일수록 금리가 내려가면 자본 이익이 발생하고 금리가 올라가면 자본 손실이 발생할 가능성이 커진다. 투자하기 가장 좋은 채권으로는 적절한 유동성, 보다 높은 수익률, 상당한 자본 이익 잠재력을 제공하는 5~10년 만기 채권을 꼽을 수 있다.

지난 10년간 점점 더 요란하게 들려오는 장기 채권에 대한 비판은 금리가 너무 낮아 더 떨어질 곳이 없을 정도라는 것이다. 채권의 약세론자들은 역사상 가장 큰 채권의 강세장이 이제 막을 내리고 새로운 초강세장이 시작되기 직전이라는 사실을 우리에게 떠들어 댔다. 또 채권을 팔아 치우고, 공매도를 하고, 주식을 사들이고, 상황을 즐기라고 조언했다.

적어도 2020년 3월까지 그들은 그렇게 외쳤다. 그러나 빌 그로스 Bill Gross, 제프 건들락Jeff Gundlach, 댄 이바신Dan Ivas-cyn을 포함한 유명한 채권 약세론자들의 판단은 완전히 틀린 것으로 판명됐다. 금리는 사상 최저치에 가까울 정도로 떨어졌지만, 재무부 중기 국채 시장에서는 전례가 없을 정도의 엄청난 자본 이익이 발생했다. 상대적으로 덜 알려진 채권 약세론자들 중 일부는 자금이 바닥나고 투자자들이 달아나면서 시장에서 퇴출됐다.

채권 약세론자들이 놓친 점은 무엇이었을까? 그들은 명목 수익률과 실질 수익률 사이의 중요한 차이를 제대로 이해하지 못했다. 우리는 역사상 가장 큰 채권 강세장 중 하나를 지켜봤다. 수익률이 0에 근접하면서 이제 그 파티는 끝날 것만 같았다. 그러나 실질 수익률은 낮지 않다. 오히려 꽤 높다. 이는 2018년 4분기와 2020년 1분기에 증시가 폭락에 이유 중 하나이기도 하다. 실질 수익률은 명목 수익률(여러분이 대중 매체를 통해 접하는 수익률이다)에서 인플레이션을 뺀 값이다. 나는 1980년 13% 금리로 돈을 빌렸다. 그럼 내가 고금리로 돈을 빌린 것일까? 전혀 그렇지 않다. 당시 인플레이션은 15%였고, 세율은 50%였다(나는 이자상환액 소득공제를 받았다). 따라서 세후 실질 금리는 마이너스(-) 8.5%였다(13(0.50)−15=-8.5). 은행이 내게 돈을 빌려주고, 빌려준 금액의 8.5%를 내게 더 지불한 셈이다. 고금리가 아니라 저금리다. 현재의 낮은 세율과 낮은 인플레이션을 적용해 세후 실질 금리를 계산하면 약 마이너스(-) 0.75%가 나온다. 내가 1980년 지불했던 마이너스(-) 8.5%보다 훨씬 높은 금리다.

그렇다면 금리가 지금보다 더 낮아질 수 있을까? 그렇다, 금리는 더 낮아질 수 있다. 그리고 더 낮아질 것이다. 낮은 금리는 마이너스 금리 개념이 작동하게 한다. 10년 만기 재무부 채권의 시장 금리는 연방준비제도가 제로 바운드zero bound를 유지하고 마이너스 연방기금금리 정책을 도입하지 않는다고 해도 마이너스 아래로 뚝 떨어질 수 있다. 유통 시장에서 플러스(+) 명목 수익률을 가진 재무부 채권을 구입하는 매입자가 매도자에게 이자보다 더 큰 금액의 프리미엄을 지불할 수 있기 때문이다. 그렇게 되면 채권 매입자는 자신이 지불한 프리미엄보다 적은 금액의 이자를 앞으로 지급받게 되는 셈이므로 만기 수익률이 마이너스가 된다. 매입자가 지불한 프리미엄은 곧 매도자의 자본 이익이다. 채권의 강세장은 오늘날과 같이 디플레이션 위협이 존재하고 실질 수익률이 너무 높아 경기를 부양하기 어려운 상황이 지속되는 한 계속 이어질 것이다. 채권의 강세장은 죽지 않았다. 그 강세장이 오래 지속되기를 바란다.

시장 상황, 정밀한 모델링, 정확한 예측, 자산군 점검에 대한 선행 분석과 요약은 디플레이션이나 인플레이션에 흔들리지 않고, 계속되는 위기 상황에서 부를 지키고, 경기 회복 속도가 빠르든 느리든 만족스러운 위험 조정 수익률을 가져다 줄 최적의 포트폴리오 자산 배분에 대한 가시성을 높여 준다. 최적의 자산 배분은 다음과 같다.

현금: 투자 가능한 자산의 30%

금: 투자 가능한 자산의 10%

주거용 부동산: 투자 가능한 자산의 20%

재무부 채권: 투자 가능한 자산의 20%

주식: 투자 가능한 자산의 10%

대체 투자: 투자 자산의 10%

몇 가지 유의 사항을 순서대로 나열하면 다음과 같다. 우선 현금 배분 비율은 임시적인 것으로 언제든 바뀔 수 있다. 그 시기가 2022년 말이 될 수도 있다. 투자자가 더 분명한 시야를 확보하면서 주식

(경기 회복세가 예상보다 좋을 경우), 금(인플레이션이 예상보다 빨리 발생할 경우), 상업용 부동산 시장에서 기회를 포착하게 되면 현금의 임의성을 적극 활용해 현금 자산을 재배분해야 할 상황이 올 수도 있다. 금과 재무부 채권은 '바이 앤 홀드'(buy and hold, 매수 후 장기 보유하는 투자 전략을 말한다_옮긴이) 범주에 가장 가깝다. 금값 상승은 5년 이상 지속될 것이므로 단기 변동성에 따라 재배분할 필요가 없다. 마찬가지로, 재무부 채권은 비대칭적 매매의 전형이라 할 수 있다. 금리가 내려갈 수는 있어도(내 예상은 그렇다), 오를 일은 거의 없기 때문에 (연준이 금리를 유지하겠다고 약속했다) 수익을 얻거나 부를 지킬 수 있을 것이다. 즉 손실을 입을 가능성이 낮다는 이야기다. 주식의 경우, 천연자원, 광산, 원자재, 에너지, 물, 농업, 방위 산업 관련주에 집중해야 한다. 강세장은 물론이고 약세장에서도 좋은 성과를 낼 진정한 경기조정형countercyclical 종목들이다. 부동산과 금은 인플레이션 헤지 (=대비책)고, 재무부 채권과 현금은 디플레이션 헤지다. 이 포트폴리오는 진정한 다각화를 실현하고, 부를 지키고, 충격을 견디며, 성장 잠재력을 극대화해 줄 것이다. 팬데믹, 불황, 폭동, 세계적 위협이 곳곳에 편재해 있는 시대에 안성맞춤인 포트폴리오다.

결론

정부는 경제 성장을 회복시킬 수 없다. 기업가와 위험을 감수하는 자들만이 경제를 다시 일으킬 수 있다. 미국 시민들은 코로나19 바이러스에 대한 공포를 이겨내고 다시 일터에 나가야 한다. (…) 금리는 바닥이고 휘발유 가격은 몇 년째 하락세를 유지하고 있다. 인플레이션은 여전히 소멸 직전에 있다. 사람들은 집에 갇혀 지내는 삶에 지쳐 있다. 그들은 돈을 벌고 쓰기 위해 일터로 다시 돌아가고 싶어 한다.

지금 우리에게 필요한 것은 자신감이다.

ㅡ빅터 데이비스 핸슨Victor Davis Hanson, 〈타운홀Townhall〉 (2020년 5월 14일)

밀접하게 얽혀 있는 코로나19 팬데믹과 신 대공황은 그동안 꾸준히 발생해 온 일련의 경제 공황과 붕괴의 연장선상에 있는 단순한 사건이 아니다. 사람들은 1929년 증시 붕괴와 대공황을 시작으로

1987년 10월의 플래시 크래시(flash crash, 증시가 순식간에 폭락하는 현상을 말한다_옮긴이), 1994년 테킬라 위기Tequila Crisis, 1998년 롱텀캐피털매니지먼트(LTCM) 위기, 2000년 닷컴 버블 붕괴, 2008년 세계 금융 위기로 이어지는 여러 경제 위기를 쉽게 나열할 수 있을 것이다. 그 과정에서 세계는 또 1957년 아시아 독감, 1968년 홍콩 독감, 2009년 신종 플루를 겪었다. 수많은 사건을 지겹게 관찰해 온 사람이라면 시장 붕괴나 팬데믹은 처음 있는 일이 아니고, 지금 우리가 겪고 있는 상황은 예전에도 볼 수 있었으며, 그때나 지금이나 다를 게 없다고 말할지도 모른다. 이 또한 지나갈 것이라고.

그건 잘못된 생각이다. 코로나19 위기와 경제 위기가 톱니바퀴 맞물리듯 하나로 얽혀 있는 지금 이 상황은 이전에 발생했던 위기와 다를 뿐 아니라 더 심각하다. 가장 분명한 차이점은 바로 두 위기가 동시에 발생했다는 점이다. 사실 잘못된 판단에 의해 시행된 코로나19 봉쇄가 경제 위기를 야기했다고 해도 과언이 아니다. 대공황 시기에는 팬데믹이 발생하지 않았다. 아시아 독감이 대유행하던 시기에는 시장 붕괴가 발생하지 않았다. 팬데믹 위기와 경제 위기가 순차적으로 발생했다면 모를까 동시에 발생한 적은 없었다. 현재 우리는 팬데믹과 불황을 동시에 겪는 것도 모자라 이제는 상황이 사회 혼란으로 확대될 기미까지 보이고 있다. 이는 단순한 우연이 아니다. 복잡계Complex system에 갑자기 큰 변화가 발생하면 그 상황이 촉매제가 돼 또 다른 복잡계도 격변을 겪게 된다. 우리는 2011년 3월 일본 후쿠시마에서 벌어진 사건을 통해서도 이를 확인했다. 당시 지진에 의해 쓰나미가 발생했고, 그로 인해 원자로의 노심이 녹아내리는 노심용융meltdown 사고가 발생하면서 결국 증시까지 붕괴됐다. 네 개의 복잡계가 각각 다른 복잡계와 연결되면서 그렇게 연쇄적 충돌을 일으켰다. 코로나19 팬데믹, 불황, 사회 불안으로 인해 비슷한 현상이 지금 일어나고 있다. 다른 점이 있다면 그 규모가 더 크고 통제할 수 없는 상황으로 계속 번지고 있다는 점이다. 범위와 규모의 차이가 위기 상황에 미치는 영향은 단순히 점진적으로 증가하지 않는다. 그 영향은 기하급수적으로 증가한다.

세계사를 들춰 보면 역사의 전환점들 발견할 수 있다. 전환점이 된 위기와 단순한 위기를 구별 짓는 특징은 사건 자체가 아니라 그 사건 이후에 발생한 상황에 있다. 1962년 쿠바 미사일 위기는 냉전 시대의 전환점이었다. 쿠바 미사일 위기 이후 군비 경쟁을 억제하기 위한 군비 통제 협정 시대가 열리면서 전과는 전혀 다른 냉전 상황이 전개됐다. 1987년 발생한 플래시 크래시는 전환점이라기보다는 단순한 위기에 불과했다. 당시 뉴욕증권거래소에 서킷 브레이커 제도를 도입한 것 말고는 별 변화가 없었다. 1973년 석유 파동은 세계

정치·경제의 전환점이 됐다. 석유 파동 이후 석유가 지정학적 무기로 부상하고 헨리 키신저의 페트로달러 체제(petrodollar, 석유 대금을 달러로만 결제할 수 있도록 하는 체제를 말한다_옮긴이)가 생겨났다. 2008년 세계 금융 위기는 왔다가 별 의미 없이 사라진 대규모 금융 위기였다. 월스트리트가 다시 투자자들에게 바가지를 씌우고 자산 거품을 부풀리며 정상 영업을 하는 데까지 오랜 시간이 걸리지 않았다.

2020년 코로나19 팬데믹과 불황은 우리 인류 역사의 전환점이다. 우리의 삶은 코로나19가 발생한 이후 완전히 달라졌다. 코로나19 팬데믹과 불황이 전 세계에 미친 영향을 제대로 파악하기 위해서는 앞으로 몇 년은 더 걸리겠지만, 이제 우리는 전과 같은 일상으로 돌아갈 수 없을 것이다. 불황은 단순한 경기 침체와는 그 차원이 다르다.

우리 앞에 닥친 이 새로운 전환점은 장단점을 모두 갖고 있다. 나쁜 점은 우리 주변 곳곳에 산재해 있다. 미국은 코로나19와 불황이 발생하기 전 이미 극심한 양극화 현상을 겪고 있었다. 지금은 그 현상이 더 심화됐다. 코로나19 바이러스 확산을 막기 위한 마스크 착용과 같은 문제는 과학자들에게 맡기고 미국 시민들에게 마스크 착용에 대한 명확한 정보를 전달해야 했다. 결국 그 문제는 정치적 문제로 비화됐다. 마스크 착용이 '과학'과 정부의 통제를 존중하는 태도로 인식되면서 진보의 상징이 됐고, 마스크 착용 거부는 복지 국가를 거부하고 '자유'를 우선시하는 태도로 인식되면서 보수의 상징이 됐다. 이 같은 분열은 봉쇄, 영업 재개, 대규모 통화·재정 부양책이라는 공공정책에 대한 논쟁으로까지 확대돼 영향을 미쳤다. 시애틀에서 애틀랜타에 이르는 여러 도시에서 불거져 나온 사회적 혼란은 코로나19 봉쇄 기간의 사회적 단절과 마찬가지로 새로운 문제의 원인이 되고 있다. 아이러니한 상황들도 심심치 않게 볼 수 있었다. 멕시코와의 국경 개방에 찬성하는 사람들은 로드아일랜드 주지사가 뉴욕 번호판을 단 차량을 검문하라는 지시를 경찰에 내리자 영문을 알 수 없는 갈채를 보내기도 했다. 로드아일랜드는 벽을 쌓아야 할지도 모르겠다. 물론 코로나19 바이러스는 벽을 쌓든 말든 신경도 안 쓸 것이다.

좋은 소식은 현재 우리가 처한 상황이 엄중하고 심각한 만큼 미국 시민들이 이데올로기가 아닌 국가의 안녕을 위해 힘을 모아 협력을 도모할 수 있는 기회가 될 수도 있다는 것이다. 제2차 세계대전에서 연합국이 승리하는 데에는 용감한 군대와 대담한 지도자를 포함한 수많은 요인이 있었다.

그러나 역사학자들이 이구동성으로 말하는 가장 결정적인 요인은 바로 미국의 산업 경제다. 사회주의자에 가까운 대통령이었던 루스벨트는 미국과 동맹국들이 독일군, 이탈리아군, 일본군을 거뜬히 제압할 수 있을 만큼의 충분한 함선, 비행기, 탱크, 폭탄, 그 외에 여러 전쟁용 무기를 생산해 내기 위해 헨리 포드나 헨리 키신저 같은 자본주의 우상들과 기꺼이 협력했다. 우리와 싸우는 적들은 사기가 떨어질 수밖에 없었다. 전쟁 기간 동안 미국인 모두가 하나로 똘똘 뭉쳤고, 어린 자녀를 둔 젊은 주부들까지 뒤뜰 텃밭 가꾸기 운동에 적극 동참하면서 대규모 농업 회사들은 전장에서 싸우고 있는 군인들에게 충분한 식량을 공급할 수 있었다. 정치는 전쟁이 끝나고 해도 늦지 않았다. 이렇게 모두가 한마음 한뜻으로 협력해 나가기 위해서는 양당 지도자들이 마음에 쌓아 둔 악감정이나 불만을 훌훌 털어낼 수 있어야 한다. 아직까지는 그럴 기미가 보이지 않는다. 그렇지만 지금의 이 위기는 생각보다 오래 지속될 것이고, 때가 되면 양당이 협치하는 모습을 볼 수 있을지도 모른다.

이 책에서 우리는 바이러스학, 코로나19 팬데믹의 원인, 코로나19 봉쇄의 실패, 불황의 깊이, 실패할 가능성이 큰 통화·재정정책 대응에 대해 자세히 살펴봤다. 또 사회 혼란이 가중되고 있는 현 상황을 고찰하고 이 같은 사회적 현상으로 인한 자신감 하락이 어떻게 불황을 더 깊고 넓게 악화시킬 수 있는지도 따져 봤다. 마지막으로 예측 분석 모델, 다각화, 상식을 기반으로 도출해 낸 최적의 포트폴리오를 통해 포스트 팬데믹 시기에 부를 지키고 번영할 수 있는 구체적인 방법을 제시했다. 세 가지 주제 모두 자산 관리사와 은행원들은 잘 다루지 않는 주제들이다.

미국과 전 세계가 겪고 있는 불황에 대한 해결책을 제시하기 전에 먼저 불황의 구체적인 원인부터 파악해야 한다. 오늘날 미국의 가장 심각한 경제 문제는 부채다. 미국의 부채 규모가 통화정책과 재정정책을 약화시키고 있다. 통화정책은 실패할 것이다. 부채에 대한 우려로 미국인들이 소비를 줄이고 저축을 늘릴 것이기 때문이다. 소비가 줄고 저축이 늘면 화폐유통속도가 하락하면서 화폐 발행 정책은 무용지물이 된다. 저금리도 도움이 되지 않는다. 개인적인 목표 달성을 위해 더 많은 예비적 저축precautionary saving을 하게끔 유도하기 때문이다. 재정정책 역시 같은 이유로 실패할 수 있다. 부채 수준이 상당히 높은 상황에서 미국인들은 채무 불이행, 세금 인상, 인플레이션을 떠올리게 될 것이다. 미래에 대한 불확실성이 증가하면 저축률도 증가한다. 미국 경제는 유동성 함정에 빠졌고, 1930년대에 겪었던 유동성 함정보다 상황이 더 심각하다.

미국은 부채를 갚는 데 필요한 돈을 계속 찍어낼 수 있기 때문에 미국이 채무를 불이행할 가능성은 없다. 세금 인상은 부채를 줄이는 데 도움이 될 수도 있지만, 세금이 경제 성장의 발목을 잡아 득보다 실이 더 많다. 1945~1980년 미국이 했던 방식처럼 부채 부담을 서서히 줄여 나가는 게 가능하기는 하지만, 그렇게 하려면 인플레이션이 필요하다. 부채는 명목상의 문제이고, 인플레이션이 증가하면 실질 성장은 낮아지지만 명목 성장은 높아진다. 일단 명목 부채가 지속 가능한 수준으로 줄어들면 실질 성장이 뒤따를 수 있다. 만약 금리보다 높은 인플레이션을 유도(=금융 억압)할 수 있다면, 부채 부담이 줄어들게 된다. 예컨대, 2% 금리에 인플레이션이 4%면, 35년 안에 실제로 부담해야 할 부채 금액이 반으로 준다. 연준은 금리를 조절하려 들 것이다. 연준은 인플레이션을 어떻게 유도하면 되는지 잘 모른다.

분명히 하자면, '국가 부채 상환'이 목적이 아니다. 그럴 필요가 전혀 없다. 미국의 국가 부채가 제로였던 마지막 시점은 1837년이었다. 국가 부채 상환이 아니라 국가 부채를 지속 가능한 수준으로 줄이는 게 필요하다. 부채의 실질 가치가 줄어들고 GDP 대비 부채 비율이 감소하기만 하면 부채의 명목 가치는 증가해도 괜찮다.

그럼 문제는 디플레이션으로 늘어나는 부채 부담이다. 새로운 불황에 대한 해결책은 무엇일까. 미국의 두 대통령이 그 해결책을 찾아냈다. 두 대통령은 바로 플랭클린 델라노 루스벨트 대통령과 리처드 닉슨 대통령이고, 그 해결책은 바로 다른 통화가 아닌 금에 대한 달러화 평가 절하다.

1933년 미국은 뱅크런(은행 고객들의 대규모 예금 인출 사태를 말한다_옮긴이)에 시달리고 있었고 미국 역사상 가장 극심한 디플레이션의 끝자락에 서 있었다. 1933년 3월 플랭클린 델라노 루스벨트가 대통령이 됐다. 루스벨트 대통령은 미국 시민들이 부를 지키기 위해 금을 사들이고 있다는 사실을 알고 있었다. 사람들이 금을 사들이느라 소비는 뒷전이었다. 오늘날 우리가 저축을 늘리고 소비를 줄이는 것과 비슷하다. 그때와 다른 점이 있다면 금괴가 달러로 바뀌었을 뿐이다. 루스벨트는 소유한 모든 금을 온스당 20.67달러로 미국 재무부에 가져다 팔 것을 요구하는 행정 명령을 발동했다. 오늘날 연준이 채권을 사들여 유동성을 공급하는 것과 마찬가지로 루스벨트는 금을 사들여 유동성을 공급했다. 그는 행정 명령만 내린 게 아니라 금 공개 시장에서 금을 계속해서 사들였다. 미국에서 매입할 금을 찾기 어려워지자 루스벨트는 외국의 금 딜러들을 통해 금을 매입했다. 그는 기회가 생길 때마다 금을 사들여 경제에 달러를 투입했다. 루스벨트는 또 금값을 서서히 올렸다. 루스벨트는 1933년 10월에서

12월 사이 미국 정부의 금 매입에 속도가 붙자 금 가격을 조금씩 올렸다. 애미티 슬래이스$^{Amity\ Shlaes}$는 자신의 책《포가튼 맨$^{The\ Forgotten}$ ^{Man}》에서 이렇게 이야기한다.

> 어느 날 아침, 루스벨트는 금값을 21센트 인상할 생각이라고 참모진에 말했다. 어째서 21센트죠? 참모진이 물었다. 루스벨트는 "행운의 숫자거든요. 3 곱하기 7은 21이죠."라고 답했다. 모겐소는 훗날 이렇게 적었다. "우리가 행운의 숫자 조합 같은 것으로 금값을 정했다는 사실을 사람들이 알았다면 아마 깜짝 놀랐을 것이다."[1]

당시 루스벨트는 다른 이들과 달리 금의 달러 가격을 인상해 달러화를 평가 절하할 수 있다는 사실을 알고 있었다. 금의 달러 가격을 올리면 경제적 변화가 연쇄적으로 발생한다. 달러화를 평가 절하하면 금값이 상승하고 다른 모든 것도 가격이 상승하게 된다. 루스벨트는 바로 그 점을 노렸다. 그는 인플레이션을 일으켜 디플레이션 고비를 넘겨야 했다. 인플레이션을 유도하기 위한 방법으로 금의 달러 가격을 올린 것이다. 루스벨트의 정책은 사실 금이 아닌 달러화를 겨냥한 정책이었다. 1933년 10월 22일 루스벨트는 국민과 소통하는 라디오 담화인 노변담화$^{Fireside\ Chat}$를 통해 달러화를 계속 조정해 나갈 계획이라고 밝혔다. 그 이야기를 들은 청취자들은 루스벨트의 금 몰수 정책이 계속될 것이라는 의미로 받아들였다. 당시 그 노변담화 방송이 끝나기도 전에 밀^{Wheat} 선물 가격은 40%나 상승했다. 루스벨트의 정책은 효과가 있었다. 물가가 상승하고 증시가 회복되면서 경기가 회복되기 시작했다(1938년 연준에 의해 다시 경기 회복이 좌절됐다). 루스벨트에게 디플레이션은 적이었고 인플레이션은 동지였다. 루스벨트는 은행과 연준의 반대에도 불구하고 금의 달러 가격을 인상해 인플레이션을 달성했다. 그는 1934년 1월 금의 달러 가격을 온스당 35달러로 고정시키면서 통화정책에 대한 그의 실험을 성공적으로 마무리했고, 그 고정 환율은 1971년까지 유지됐다. 1933년 3월에서 12월 사이 금의 달러 가격은 69.3%가 올랐다. 금의 무게로 값이 매겨지는 달러는 같은 기간 41%나 평가 절하됐다. 불과 9개월 만에 강력한 인플레이션 발생했다.

1971년 리처드 닉슨도 달러화를 평가 절하하기 위한 정책에 돌입했지만, 그가 퇴임하고 6년 후인 1980년까지 그 과정은 제대로 마무리되지 못했다. 닉슨은 루스벨트 때와는 다른 문제에 직면했다. 1971년에는 디플레이션이 심각한 문제가 아니었다. 당시 미국 달러화를 불신하게 된 교역 상대국들이 달러를 금으로 바꾸려는 움직임이 거세지면서 포트녹스(Fort Knox, 미국 정부의 금을 보관하는 금고가 있는 미 육군 기지다_옮긴이)에서 금이 대량으로 빠져나가고 있었다. 1971년 8월 15일 닉슨은 각국이 가지고 있는 달러를 미국 자산에 투자하는 것은 가능하지만, 달러를 금으로 바꾸는 태환 제도는 '일시적으로' 중단될 것이라고 발표했다. 루스벨트가 했던 것처럼 달러화를 평가 절하하고 새로운 금 고정 환율을 채택하려던 닉슨의 계획은 결국 실현되지 못했다. 교역 상대국들은 변동 환율제로 이행했고, 금 태환 제도는 재개되지 않았다. 1974년 미국인들은 1933년 이후 처음으로 다시 금을 소유할 수 있었다. 그렇게 정부의 금본위제가 아닌 개인의 금본위제 시대가 열렸다. 루스벨트는 자신이 목표한 인플레이션을 달성한 후 새로운 금본위제로 돌아왔고, 사실상 그 인플레이션 지니(genie, 소원을 들어주는 요정을 말한다_옮긴이)를 다시 병속에 집어넣었다. 1971년 이후, 금본위제는 영영 돌아오지 않았고, 인플레이션 지니는 제멋대로 날뛰었다. 1979년 인플레이션은 13.3%를 기록했다. 19080년 1월 금 가격은 온스당 800달러에 달했다. 금리를 18%로 인상하고 1981~1982년의 심각한 경기 침체를 겪고 나서야 비로소 인플레이션 지니를 다시 병속에 집어넣을 수 있었다. 인플레이션 지니는 그 이후로 보이지 않았다.

금을 이용한 루스벨트의 정책은 세심하게 통제되면서 성공작이 됐고, 닉슨의 정책은 임기응변식 대응이 되면서 엄청난 실패작이 됐다. 루스벨트는 경제 성장을 활성화해 미국이 불황에서 벗어날 수 있도록 도왔다. 닉슨은 초인플레이션 직전의 극심한 인플레이션과 1973년부터 1981년까지 세 차례에 걸쳐 발생한 경기 침체로 미국 경제에 혼란을 야기했다. 이러한 역사는 달러와 금의 관계에 개입하는 일이 마치 원자로의 제어봉을 작동하는 일과 비슷하다는 것을 보여 준다. 제어봉을 실수 없이 올바르게 작동하면, 원자로는 유용한 에너지원이 될 것이다. 그러나 제어봉을 잘못 작동했다가는 원자로의 노심이 녹아내리는 사고가 발생할 수도 있다.

달러화가 유로화나 엔화 대비 평가 절하될 수 있다고 제안하는 것은 말도 안 된다. 유로화 대비 달러화를 약화시키면 유로화 가치가 상승하게 될 것이고, 그렇게 되면 수출과 관광 상품의 가격 상승으로 유럽 경제가 타격을 입게 될 것이다. 엔화도 마찬가지다. 교역 상대국들의 보복은 시간문제일 뿐이다. 환율 전쟁은 효과가 없다. 환율 전쟁은 제로섬 게임보다 더 나쁜 네거티브섬negative-sum 게임이다. 진실은 모든 통화는 한 배를 타고 있다는 것이다. 모든 통화가 동시에 다른 통화 대비 평가 절하될 수가 없다. 수학적으로 불가능하다. 인플레이션을 유발하고 부채 부담을 줄이기 위해 여러 통화를 동시에 평가 절하하고 싶다면, 통화 가치를 두고 서로 경쟁하거나 보복하지 않을 객관적인 환율 기준이 필요하다. 그 객관적인 환율 기준은 바로 금이다.

경제학자들은 3세대에 걸쳐 금을 폄하해 왔다. 그래서 그들은 금이 얼마나 유용한 통화 수단이 될 수 있는지 잊어버렸다. 금본위제와 재량적 통화정책은 시행해서는 안 된다는 말은 아무 근거도 없는 유언비어에 불과하다. 미국은 1913년부터 1971년까지 그 두 가지를 다 시행했다. 금본위제가 대공황을 일으켰다거나 통화정책 대응을 제한했다는 주장 역시 거짓이다. 대공황 기간 중 본원 통화 공급량은 미국의 금(온스당 20.67달러) 비축량의 250%까지 허용됐다. 본원 통화 공급량이 100%를 넘긴 적은 한 번도 없었다. 다시 말해서, 당시 연준은 금본위제 하에서 본원 통화 공급량을 두 배로 늘릴 수 있었지만 그렇게 하지 못했다. 대공황 발생을 두고 금을 탓해서는 안 된다. 그 책임은 금이 아니라 연준에 있다.

게다가 오늘날 금의 달러 가격이 상승하는 데에는 새로운 금본위제가 따로 필요 없다. 연준은 미리 그 의도를 밝힌 뒤 꾸준히 가격이 상승하는 금을 매입해 유동성을 공급할 수도 있었다. 이는 재무부 채권 대신 금을 이용하는 간단하고 쉬운 공개시장운영open-market operation 정책이 될 수 있다. 금값이 오르면 달러화는 평가 절하되고 (다른 통화들도 마찬가지) 인플레이션은 시계태엽 감기듯 순조롭게 움직일 것이다. 인플레이션은 부채를 줄여 주고, 불황은 끝이 나고, 실질 성장은 회복되기 시작할 것이다. 그러나 이런 정책이 시행되기를 섣불리 기대해서는 안 된다. 미국의 중앙은행장들은 이러한 정책을 이해하지 못한다(러시아와 중국의 중앙은행장들은 구할 수 있는 모든 금을 열심히 사들이고 있다). 중앙은행이 움직이기만을 기다릴 필요는 없다. 오늘 여러분이 직접 금을 매입하면 된다. 만약 미국이 금값을 올리기로 한다면, 여러분이 승자다. 미국이 금값을 올리지 않는다고 해도 미국의 엄청난 부채와 달러화의 신용 하락으로 어차피 금값은 오르게 돼 있다. 이러나 저러나 여러분이 승자다.

코로나19 팬데믹은 서서히 잦아들 것이다. 물론 일부가 예상하는 것만큼 그렇게 빨리 사라지지는 않을 것이다. 더 치명적인 2차 파도가 발생할 가능성도 있다. 그런 안타까운 일은 일어나지 않도록 기도하자. 불황도 차츰 물러나겠지만, 곧바로 사라지지는 않을 것이다. 성장률은 더딘 회복세를 지속할 것이고, 실업률은 계속 높은 수준을 유지할 것이다. 사회생활이 다시 가능해지겠지만, 전과 같은 일상으로 돌아가기는 어려울 것이다. 익숙해지기는 하겠지만, 아무튼 전과는 다를 것이다. 사회 혼란은 더 심해져 미국이 그 혼란을 통제하고 바로잡기 위해서는 어려운 결정을 내려야 하는 상황에 직면하게 될 수도 있다.

한 가지 확실한 것은 미국이 더 오래 지체할수록, 더 어려운 결정을 내려야 할 것이라는 점이다. 자연스럽게 사라지지 않을 요인은 바로 부채 부담이다. 부채는 디플레이션으로 이어져 그 부담이 더 악화될 것이다. 그에 대한 해결책은 디플레이션 고비를 넘기기 위해 인플레이션을 이용하는 것이다. 루스벨트는 그 방법을 우리에게 보여 줬다. 그의 해법은 금이었다. 오늘날 우리가 취할 수 있는 해법도 결국은 금이다.

감사의 말

이 책은 내가 이미 출간한 책들보다 훨씬 더 빨리 완성됐고, 최근 몇 년간 비슷한 주제로 출간된 책들과 비교해도 책을 완성하는 데에도 생각보다 오랜 시간이 걸리지 않았던 것 같다. 그렇다고 내가 이 책을 집필하면서 필요한 절차를 무시했다거나 책의 완성도를 희생했다는 뜻은 아니다. 내 사전에 그런 일은 없다. 포트폴리오 출판사 내외 관계자들로 구성된 우리 팀은 마치 촌각을 다투는 미식축구에서 2분 안에 터치다운을 하기 위한 투미닛 드릴two-minute drill 훈련을 수행하듯 완벽하게 협력했고, 그 덕분에 이렇게 순조롭게 완성될 수 있었다. 최선을 다해 득점에 성공한 팀에 깊은 감사를 전한다.

이 책을 펴낸 발행인 아드리안 자크하임Adrian Zackheim, 편집장 니키 파파도풀로스Niki Papadopoulos, 보조 편집자 킴벌리 메이룬Kimberly Meilun

을 포함한 포트폴리오와 펭귄 랜덤 하우스 팀의 아낌없는 지원에 고마운 마음을 전한다. 그들의 헌신적 노고, 내 사업 매니저이자 미디어 고문인 알리 리카즈^{Ali Rickards}의 지원, 내 편집자 윌리엄 리카즈^{William Rickards}의 지원이 한데 어우러져 훌륭한 결과물이 나올 수 있었다. 다른 책들과 마찬가지로 이 책 역시 탁월한 에이전트 멜리사 플래시먼^{Melissa Flashman}의 추진력이 없었다면 세상에 나오지 못했을 것이다.

운 좋게도 나는 분석 연구, 뉴스, 기술 업무와 관련된 다양한 자료를 적극 공유해 주는 기자, 소셜 미디어 지인, 동료, 친구들로 구성된 네트워크를 갖고 있다. 그들이 아니었다면 아마 많은 정보를 놓쳤을 것이다. 내가 이 책을 쓰고 있다는 소식이 알려지자 그들은 방대한 정보를 내게 전해 주며 지원을 아끼지 않았다. 진심으로 고마운 일이다. 아트 산텔리^{Art Santelli}, 래리 화이트^{Larry White}, 크리스 웨일런^{Chris Whalen}, 데이브 다보스 놀란^{Dave Davos Nolan}, 트레이더스테프^{TraderStef}, 벨리나 차카로바^{Velina Tchakarova}, 마리엠 자데^{Maryam Zadeh}, 크리스 블라시^{Chris Blasi}, 테리 리카드^{Terry Rickard}, 스티븐 사지 길포일^{Stephen Sarge Guilfoyle}, 로니 스토퍼를^{Ronnie Stoeferle}, 마크 발렉^{Mark Valek}에게 감사를 전한다.

코로나19 시기에 책을 쓰는 일은 단순히 전망 좋고 조용한 공간만 있다고 해서 순조롭게 진행되지 않는다. 코로나19 봉쇄는 세상을 너무 조용하고 외롭게 만들었다. 특히 사회적 상호 작용이 감소하고 있다는 것을 설명할 때에는 사회적 상호 작용이 더 절실하게 와 닿는다. 여러 가족 구성원 간의 상호 작용은 대가족이 축복인 이유 중 하나일 것이다. 세상과 격리된 채 살 수 있을는지는 몰라도 사람과 떨어져 살 수는 없다. 책 쓰기는 마라톤처럼 오랜 인내를 필요로 한다. 내 아내 앤Ann, 아들 스콧Scott과 며느리 도미니크Dominique, 손주 토머스Thomas, 사무엘Samuel, 제임스James, 그리고 피파Pippa, 딸 알리Ali와 사위 롭Rob(알리와 롭의 반려묘 플리니Pliny와 레오Leo), 아들 윌Will과 며느리 애비Abby(윌과 애비의 반려견 올리Ollie와 리즈Reese)의 사랑과 도움이 없었다면 끝까지 버티며 이 책을 완성하지 못했을 것이다. 가족들이 곁에서 물심양면으로 지원해 주고 또 영상 통화를 통해 따뜻한 격려와 응원을 보내 줘 끝까지 완주할 수 있었다. 가족 모두에게 사랑을 전한다.

마지막으로 이 책에서 오류가 발견된다면, 그 책임은 전적으로 내게 있다.

주석

~~~~~~

서문

1 이 신종 호흡기 바이러스의 학명은 사스코로나바이러스-2(SARS-CoV-2)이고, 이 바
  이러스에 감염돼 유발된 질병의 학명은 코로나19COVID-19다. 공식 명칭의 의미는 세
  계보건기구(WHO)의 웹 페이지 "코로나바이러스 감염증(코로나19)과 그 질병을 유
  발하는 바이러스 명칭"에 설명돼 있다. www.who.int/emergencies/diseases/novel-
  coronavirus-2019/technical-guidance/naming-the-coronavirus-disease-(covid-
  2019)-and-the-virus-that-causes-it.

2 존 M. 배리의《대 인플루엔자The Great Influenza: The Story of the Deadliest Pandemic in History》
  (New York: Penguin Books, 2018)를 참조하기 바란다. 이 설명의 기초가 되는 바이러
  스의 구성 요소와 행동 양식에 대한 자세한 내용을 다룬다.

3 존 M. 배리,《대 인플루엔자》, pp.98~99.

4 존 메이너드 케인스,《고용 이자 및 화폐의 일반 이론The General Theory of Employment,
  Interest, and Money》(New York: Harvest/Harcourt, 1964), p.249.

5 Sino Biological, "Hong Kong Flu (1968 Influenza Pandemic)," no date, www.
  sinobiological.com/research/virus/1968-influenza-pandemic-hong-kong-flu 참고.
  Eric Spitznagel, "Why American Life Went On as Normal During the Killer Pandemic
  of 1969,"New York Post, May 16, 2020, https://nypost.com/2020/05/16/why-life-
  went-on-as-normal-during-the-killer-pandemic-of-1969/ 참고.

1장

1 Betsey McKay and Daniela Hernandez, "Coronavirus Hijacks the Body from
  Head to Toe, Perplexing Doctors," Wall Street Journal, May 7, 2020, www.wsj.
  com/articles/coronavirus-hijacks-the-body-from-head-to-toe-perplexing-

doctors-11588864248.

2   Bill Gertz, "Wuhan lab 'most likely' coronavirus source, U.S. government analysis finds," The Washington Times, April 28, 2020, www.washingtontimes.com/news/2020/apr/28/wuhan-laboratory-most-likely-coronavirus-source-us/.

3   Josephine Ma, "Coronavirus: China's First Confirmed Covid-19 Case Traced Back to November 17," South China Morning Post, March 13, 2020, www.scmp.com/news/china/society/article/3074991/coronavirus-chinas-first-confirmed-covid-19-case-traced-back.

4   따로 명시하지 않는 한, 1장에 언급된 일일 확진자 및 사망자에 관한 모든 자료의 출처는 "존스홉킨스 대학교(JHU) 시스템 과학·공학 센터(CSSE)의 코로나19 대시보드"임을 밝힌다. https://gisanddata.maps.arcgis.com/apps/opsdashboard/index.html#/bda7594740fd40299423467b48e9ecf6.

5   Derek Scissors, "Estimating the True Number of China's COVID-19 Cases," American Enterprise Institute, April 2020, www.aei.org/wp-content/uploads/2020/04/Estimating-the-True-Number-of-Chinas-COVID-19-Cases.pdf.

6   Steve Watson, "US Intel Officials Believe 45,000 Corpses Were Incinerated in One Fortnight in Wuhan," Summit News, April 28, 2020, https://summit.news/2020/04/28/us-intel-officials-believe-45500-corpses-were-incinerated-in-one-fortnight-in-wuhan/.

7   Kristine A. Moore et al., "The Future of the COVID-19 Pandemic: Lessons Learned from Pandemic Influenza," Center for Infectious Disease Research and Policy, University of Minnesota, April 30, 2020, www.cidrap.umn.edu/sites/default/files/public/downloads/cidrap-covid19-viewpoint-part1_0.pdf.

8   Moore et al., "Future of the COVID-19 Pandemic," p.3.

9   Roy M. Anderson et al., "How Will Country-Based Mitigation Measures Influence the Course of the COVID-19 Epidemic?" The Lancet 395, no. 10228 (March 21-27, 2020): 395.

10   Moore et al., "Future of the COVID-19 Pandemic," p.6 참고.

11   Marina Medvin, "Israeli Professor Shows Virus Follows Fixed Pattern," Townhall,

April 15, 2020, https://townhall.com/columnists/marinamedvin/2020/04/15/israeli-professor-shows-virus-follows-fixed-pattern-n2566915와 Isaac Ben-Israel, "The End of Exponential Growth: The Decline in the Spread of Coronavirus," Times of Israel, April 19, 2020, www.timesofisrael.com/the-end-of-exponential-growth-the-decline-in-the-spread-of-coronavirus/ 참고.

12 heri Fink, "Hospitals Move into Next Phase as New York Viral Peak," New York Times, May 20, 2020, www.nytimes.com/2020/20/nyregion/hospitals-coronavirus-cases-decline.html.

13 Lizhou Zhang et al., "The DG614G Mutation in the SARS-CoV-2 Spike Protein Reduces SI Shedding and Increases Infectivity," bioRxiv (preprint, not peer reviewed), June 12, 2020, www.biorxiv.org/content/10.1101/2020.06.12.148726v1.full.

14 Sarah Kaplan and Joel Achenbach, "This Coronavirus Mutation Has Taken Over the World. Scientists Are Trying to Understand Why," Washington Post, June 29, 2020, www.washingtonpost.com /science/2020/06/29/coronavirus-mutation-science/.

15 중국이 코로나19 발생에 대한 정보를 은폐하고, 관련 정보를 폐기하고, 코로나19 바이러스 확산을 정확하게 알리기 위해 노력한 이들을 처벌하거나 위협하고, 외부 전문가와의 협력을 거부한 것에 대한 전반적인 내용은 다음 자료를 통해 확인할 수 있다. "The Origins of the COVID-19 Global Pandemic, Including the Roles of the Chinese Communist Party and the World Health Organization," House Foreign Affairs Committee Minority Staff Interim Report, June 12, 2020, www.hsdl.org/?view&did=840477.

16 Stephanie Hegarty, "The Chinese Doctor Who Tried to Warn Others About Coronavirus," BBC News, February 6, 2020, www asia-china-51364382.

17 William Davis, "How China's Coronavirus Cover-Up Happened," Daily Caller, April 19, 2020, https://dailycaller.com/04/19/coronavirus-china-activities-timeline-trump-cover-up/.

18 Kieran Corcoran, "An Infamous WHO Tweet Saying There Was 'No Clear Evidence' COVID-19 Could Spread Between Humans Was Posted for 'Balance' to Reflect Findings from China," Business Insider, April 18, 2020, www.businessinsider.com/who-no-transmission-coronavirus-tweet-was-to-appease-china-

guardian-2020-4.

19   Rachael Rettner, "Coronavirus Outbreak Is 'Public Health Emergency of International
      Concern,' WHO Declares," Live Science, January 30, 2020, www.livescience.com/
      who-coronavirus-outbreak-emergency-international-concern.html.

20   "Coronavirus: US to Halt Funding to WHO, Says Trump," BBC News, April 15, 2020,
      www.bbc.com/news/world-us-canada-52289056.

21   Tom Howell and Dave Boyer, "Trump Pulls U.S. Out of World Health Organization,
      Slaps Penalties on China over Hong Kong Action," Washington Times, May 29, 2020,
      www.washingtontimes.com/news/2020/may/29/trump-pulls-us-out-world-health-
      organization-slaps/.

22   Robert G. Webster, "Wet Markets-a Continuing Source of Severe Acute Respiratory
      Syndrome and Influenza?" The Lancet 363, no. 9404 (January 17, 2004): 234-36,
      www.ncbi.nlm.nih.gov/pmc/articles /PMC7112390/.

23   Shi Zehngli-Li et al., "A SARS-like Cluster of Circulating Bat Coronaviruses Shows
      Potential for Human Emergence," Nature Medicine 21, no. 12 (November 9, 2015):
      1508-13, www.ncbi.nlm.nih.gov/pmc/articles/PMC4797993/.

24   Declan Butler, "Engineered Bat Virus Stirs Debate over Risky Research," Nature,
      November 12, 2015, www.nature.com/news /engineered-bat-virus-stirs-debate-
      over-risky-research-1.18787.

25   JoshRogin, "State Department Cables Warned of Safety Issues at Wuhan Lab
      Studying Bat Coronaviruses," Washington Post, April 14, 2020, www.washingtonpost.
      com/opinions/2020/04/14/state-department-cables-warned-safety-issues-wuhan-
      lab-studying-bat-coronaviruses/.

26   Lee Brown, "Wuhan Lab Admits to Having Three Live Strains of Bat Coronavirus on
      Site," New York Post, May 24, 2020, https://nypost.com/2020/05/24/wuhan-lab-
      admits-to-having-three-live-strains-of-bat-coronavirus/.

27   DavidIgnatius, "How Did Covid-19 Begin? Its Initial Origin Story Is Shaky,"
      Washington Post, April 2, 2020,www.washingtonpost.com/opinions/global-opinions/
      how-did-covid-19-begin-its-initial-origin-story-is-shaky/2020/04/02/1475d488-
      7521-11ea-87da-77a8136c1a6d_story.html.

28   Tom Cotton, "Coronavirus and the Laboratories in Wuhan," Wall Street Journal, April 21, 2020, www.wsj.com/articles/corona virus-and-the-laboratories-in-wuhan-11587486996.

29   Chaolin Huang et al., "Clinical Features of Patients Infected with 2019 Novel Coronavirus in Wuhan, China," The Lancet 395, no. 10223 (January 24, 2020): 497-506, www.thelancet.com/journals/lancet /article/PIIS0140-6736(20)30183-5/fulltext#fig1.

30   Gu Liping, "Official: Wuhan Seafood Market May Be the Victim of Coronavirus," Ecns.com, May 26, 2020, http://www.ecns.cn/news/politics/2020-05-26/detail-ifzwqsxz6424882.shtml.

31   Kristian G. Andersen et al., "The Proximal Origin of SARS-CoV-2," Nature Medicine 26 (April 2020): 450, www.nature.com /articles/s41591-020-0820-9.pdf.

32   Bill Gertz, "Coronavirus Origins in Lab Not Ruled Out by Scientific Studies," Washington Times, April 21, 2020, www.washingtontimes.com/news/2020/apr/20/coronavirus-origins-lab-not-ruled-out-scientific-s/.

33   Sharri Markson, "Coronavirus May Have Been a 'Cell-Culture Experiment' Gone Wrong," Sky News, May 24, 2020, www.skynews .com.au/details/_6158843835001.

34   B. Sørensen, A. Susrud, and A. G. Dalgleish, "Biovacc-19: A Candidate Vaccine for Covid-19 (SARS-CoV-2) Developed from Analysis of Its General Method of Action for Infectivity," Quarterly Review of Biophysics, May 28, 2020, www.cambridge.org/core/services/aop-cambridge-core/content/view/DBBC0FA6E3763B0067CAAD8F3363E527/S2633289220000083a.pdf/biovacc19_a_candidate_vaccine_for_covid19_sarscov2_developed_from_analysis_of_its_general_method_of_action_for_infectivity.pdf.

35   David Nikel, "Controversial Coronavirus Lab Origin Claims Dismissed by Experts," Forbes, June 7, 2020,www.forbes.com/sites/davidnikel/2020/06/07/norway-scientist-claims-report-proves-coronavirus-was-lab-made/#7769e43c121d.

36   Li-Meng Yan et. al., "Unusual Features of the SARS-CoV-2 Genome Suggesting Sophisticated Laboratory Modification Rather Than Natural Evolution and Delineation of Its Probable Synthetic Route," Rule of Law Society & Rule of Law Foundation,

Zenodo, September 14, 2020, https://zenodo.org/record/4028830#.X21UKi2ZN-j. 리처드 프레스턴의 《냉장고 속 악마The Demon in the Freezer》(New York: Random House, 2002)에는 옌리밍 박사가 제시한 유형의 치명적인 유전자 조작이 얼마나 쉽게 이뤄질 수 있는지 설명하는 오싹한 내용이 자세히 담겨 있다.

37   Sharri Markson, "Coronavirus NSW: Dossier Lays Out Case Against China Bat Virus Program," Daily Telegraph, May 3, 2020, www.dailytelegraph.com.au/coronavirus/bombshell-dossier-lays-out-case-against-chinese-bat-virus-program/news-story/55add857058731c9c71c0e96ad17da60.

38   Minnie Chan and William Zheng, "Meet the Major General on China's Coronavirus Scientific Front Line," South China Morning Post, March 3, 2020, www.scmp.com/news/china/military/article/3064677/meet-major-general-chinas-coronavirus-scientific-front-line?mod=article_inline.

39   FuYing, "Shape Global Narratives for Telling China's Stories," China Daily, April 4, 2020, https://global.chinadaily.com.cn/a/202004/21/WS5e9e313ba3105d50a3d178ab.html.

2장

1   Centers for Disease Control and Prevention, "Travelers Prohibited from Entry to the United States," updated June 15, 2020, www.cdc.gov/coronavirus/2019-ncov/travelers/from-other-countries.html 참고.

2   Michael J. Reitz, "What's Wrong with Gov. Whitmer's Stay-at-Home Order," Mackinac Center for Public Policy, April 15, 2020, www.mackinac.org/whats-wrong-with-gov-whitmers-stay-at-home-order.

3   New York State Department of Health, "Advisory: Hospital Discharges and Admissions to Nursing Homes," March 25, 2020, http://www.hurlbutcare.com/images/NYSDOH_Notice.pdf.

4   New York State Department of Health, "Advisory: Hospital Discharges and Admissions to ACFs," April 7, 2020, https://coronavirus.health.ny.gov/system/files/documents/2020/04/doh_covid19_acfreturnofpositiveresidents_040720.pdf.

5   Bernard Condon, Jennifer Peltz, and Jim Mustian, "AP count: Over 4,500 Virus Patients Sent to NY Nursing Homes," ABC News, May 22, 2020, https://abcnews.go.com/Health/wireStory/ap-count-4300-virus-patients-ny-nursing-homes-70825470.

6   존 M. 배리,《대 인플루엔자The Great Influenza: The Story of the Deadliest Pandemic in History》(New York: Penguin Books, 2018), pp.358-59.

7   Helen Branswell, "Why 'Flattening the Curve' May Be the World's Best Bet to Slow the Coronavirus," Stat, March 11, 2020, www.statnews.com/2020/03/11/flattening-curve-coronavirus/.

8   존 M. 배리,《대 인플루엔자Great Influenza》, pp.460-61.

9   Hoover Institution, "Dr. Jay Bhattacharya: His New MLB COVID-19 Study and the Dilemma of the Lockdown," Uncommon Knowledge with Peter Robinson, May 11, 2020, www.youtube.com/watch?v=289NWm85eas&feature=youtu.be.

10   Jo Kahn, "We've Never Made a Successful Vaccine for a Coronavirus Before. This Is Why It's so Difficult," ABC News, April 16, 2020, www.abc.net.au/news/health/2020-04-17/coronavirus-vaccine-ian-frazer /12146616.

11   Quan-Xin Long et al., "Clinical and immunological assessment of asymptomatic SARS-CoV-2 infections," Nature Medicine, June 18, 2020, https://doi.org/10.1038/s41591-020-0965-6, and Marina Pollán et al., "Prevalence of SARS-CoV-2 in Spain (ENE-COVID): A Nationwide, Population-Based Seroepidemiological Study," July 6, 2020, www.thelancet.com/journals/lancet/article/PIIS0140-6736(20)31483-5/fulltext.

12   Adam Payne, "Coronavirus Herd Immunity May Be 'Unachievable' After Study Suggests Antibodies Disappear After Weeks in Some People," Business Insider, July 7, 2020, www.businessinsider.com/coronavirus-antibodies-study-herd-immunity-unachievable-spain-2020-7.

13   미국 질병통제예방센터(CDC)의 "COVID-19 Pandemic Planning Scenarios" (2020년 7월 10일 업데이트), www.cdc.gov /coronavirus/2019-ncov/hcp/planning-scenarios.html 참고.

14   Rabail Chaudhry et al., "A country level analysis measuring the impact of government

actions, country preparedness and socioeconomic factors on COVID-19 mortality and related health outcomes," EClinicalMedicine published by The Lancet, July 21, 2020, https://www.thelancet .com/journals/eclinm/article/PIIS2589-5370(20)30208-X/fulltext.

15   Audrey Redford and Thomas K. Duncan, "Drugs, Suicide and Crime: Empirical Estimates of the Human Toll of the Shutdown," American Institute for Economic Research, March 28, 2020, www.aier.org/article/drugs-suicide-and-crime-empirical-estimates-of-the-human-toll-of-the-shut-down/.

16   Andrew Mark Miller, "California Doctors Say They've seen More Deaths from Suicide Than Coronavirus Since Lockdowns," Washington Examiner, May 21, 2020, www.washingtonexaminer.com/news/california-doctors-say-theyve-seen-more-deaths-from-suicide-than-coronavirus-since-lockdowns.

17   Alexandra Kelley, "Fauci: Why the Public Wasn't Told to Wear Masks When the Coronavirus Pandemic Began," The Hill, June 16, 2020, https://thehill.com/changing-america/well-being/prevention-cures/502890-fauci-why-the-public-wasnt-told-to-wear-masks.

18   Lisa Lerer, " 'It's a Pandemic, Stupid,' " New York Times, June 25, 2020, www.nytimes.com/2020/06/25/us/politics/tom-frieden-coronavirus.html.

19   Paul Krugman, "How Many Will Die for the Dow?" New York Times, May 21, 2020, www.nytimes.com/2020/05/21/opinion/trump-coronavirus-dow.html.

20   Robert J. Glass et al., "Targeted Social Distancing Designs for Pandemic Influenza," Emerging Infectious Diseases 12, no. 11 (November 2006): 1671-81, https://www.cdc.gov/eid/article/12/11/06-0255_article.

21   "Coronavirus: Prof. Neil Ferguson Quits Government Role After 'Undermining' Lockdown," BBC News, May 6, 2020, www.bbc.com politics-52553229.

22   Centers for Disease Control and Prevention, "Interim Pre-pandemic Planning Guidance: Community Strategy for Pandemic Influenza Mitigation in the United States-Early, Targeted, Layered Use of Non-pharmaceutical Interventions," February 2007, www.cdc.gov/flu/pandemic-resources/pdf/community_mitigation-sm.pdf.

23   Eric Lipton and Jennifer Steinhauer, "The Untold Story of the Birth of Social

주석

Distancing," New York Times, April 22, 2020 www.nytimes.com/2020/04/22/us/ politics/social-distancing-coronavirus.html.

24   Noreen Qualls et al., "Community Mitigation Guidelines to Prevent Pandemic Influenza-United States, 2017," Morbidity and Mortality Weekly Report 66, no. 1 (April 21, 2017): 1-34, www.cdc.gov /mmwr/volumes/66/rr/rr6601a1.htm.

25   Centers for Disease Control and Prevention, "Frequently Asked Questions: Pandemic Flu and the Updated Community Mitigation Guidelines," August 3, 2017, www.cdc. gov/nonpharmaceutical-interventions/tools -resources/faq-pandemic-flu.html.

26   Thomas V. Inglesby et al., "Disease Mitigation Measures in the Control of Pandemic Influenza," Biosecurity and Bioterrorism: Biodefense Strategy, Practice, and Science 4, no. 4 (2006), https:// pubmed.ncbi.nlm.nih.gov/17238820/.

27   Laura Spinney, Pale Rider: The Spanish Flu of 1918 and How It Changed the World (New York: Public Affairs, 2017): pp.281-84.

3장

1   Bernadette Hogan, "Almost 90 Percent of NYC Bars and Restaurants Couldn't Pay August Rent," New York Post, September 21, 2020, https://nypost.com/2020/09/21/ almost-90-percent-of-nyc-bars-and-restaurants-couldnt-pay-august-rent/.

2   Hannah Miller and Christina Cheddar Berk, "JC Penney Could Join a Growing List of Bankruptcies During the Coronavirus Pandemic," CNBC, May 15, 2020, www. cnbc.com/2020/05/15/these-companies-have-filed-for-bankruptcy-since-the- coronavirus-pandemic.html.

3   "Determination of the February 2020 Peak in U.S. Economic Activity," National Bureau of Economic Research, June 8, 2020, www.nber.org/cycles/june2020.html.

4   "Sharpest Monthly Contraction in World Trade on Record," Capital Economics, June 25, 2020, www.capitaleconomics.com/clients/publications/global-economics/global- trade-monitor/sharpest-monthly-contraction-in-world-trade-on-record/.

5   Martin Crutsinger, "IMF Downgrades Outlook for Global Economy in Face of Virus,"

Associated Press, June 24, 2020, https://apnews.com/2be55cbdf80ca8049655570c6f756027.

6   Dana Rubinstein and Christina Goldbaum, "Pandemic May Force New York City to Lay Off 22,000 Workers," New York Times, June 24, 2020, www.nytimes.com/2020/06/24/nyregion/budget-layoffs-nyc-mta-coronavirus.html.

7   Agence France-Presse, July 18, 2020, www.france24.com/en/20200718-barcelona-back-under-lockdown-as-virus-cases-surge.

8   Andrew Van Dam, "If a business is still closed at this point in the crisis, it's probably permanent," Washington Post, July 23, 2020, https://www.washingtonpost.com/business/2020/07/23/permanent-business-closures-yelp/.

9   Patrick McGeehan, "A Million Jobs Lost: A 'Heart Attack' for the N.Y.C. Economy," New York Times, July 7, 2020, https://www.nytimes.com/2020/07/07/nyregion/nyc-unemployment.html.

10   "A Call for Action and Collaboration," Partnership for New York City, July 2020, https://pfnyc.org /research/a-call-for-action-and-collaboration/, p.4.

11   Kimberly Amadeo, "U.S. GDP by Year Compared to Recessions and Events," The Balance, March 13, 2020, www.thebalance.com/us-gdp-by-year-3305543; and "Annual Gross Domestic Product and Real GDP in the United States from 1930 to 2020," Statista, June 2, 2020, www.statista .com/statistics/1031678/gdp-and-real-gdp-united-states-1930-2019/.

12   "UCLA Anderson Forecast Says U.S. Economy Is in 'Depression-Like Crisis' and Will Not Return to Pre-recession Peak Until 2023," UCLA Anderson Forecast, June 24, 2020, www.prnewswire.com/news-releases/ucla-anderson-forecast-says-us-economy-is-in-depression-like-crisis-and-will-not-return-to-pre-recession-peak-until-2023-301082577.html.

13   Òscar Jordà, Sanjay R. Singh, and Alan M. Taylor, "Longer-Run Economic Consequences of Pandemics" (Federal Reserve Bank of San Francisco Working Paper 2020-09, June 2020), www.frbsf.org /economic-research/files/wp2020-09.pdf.

4장

1   Stephanie Kelton, The Deficit Myth: Modern Monetary Theory and the Birth of the People's Economy (New York: Public Affairs, 2020).

2   Georg Friedrich Knapp, The State Theory of Money (1924; repr., Eastford, CT: Martino Fine Books, 2013).

3   Kelton, Deficit Myth, p.161.

4   Stephanie Kelton, "Learn to Love Trillion-Dollar" New York Times, June 9, 2020, www.nytimes.com/2020/06/09/opinion deficit-coronavirus.html.

5   Kelsey Snell, "Here's How Much Congress Has Approved for Coronavirus Relief So Far and What It's For," NPR, May 15, 2020,www.npr.org/2020/05/15/854774681/congress-has-approved-3-trillion-for-coronavirus-relief-so-far-heres-a-breakdown.

6   존 메이너드 케인스,《고용, 이자 및 화폐의 일반 이론The General Theory of Employment, Interest, and Money》(1936; repr., New York: Harcourt, 1964).

7   Carmen Reinhart and Kenneth Rogoff, "Debt and Revisited," VOX CEPR Policy Portal, August 11, 2010, https://voxeu.org/article/debt-and-growth-revisited.

5장

1   《캐서린 앤 포터 단편집》, p.321.

2   스페인 독감이 당시 예술과 문학에 미친 영향에 대한 더 자세한 내용은 로라 스피니 Laura Spinney의《페일 라이더Pale Rider: The Spanish Flu of 1918 and How It Changed the World》(New York: Public Affairs, 2017, pp.261~271)와 패트리샤 클리퍼드Patricia Clifford 의〈Why Did So Few Novels Tackle the 1918 Pandemic?〉(Smithsonian, November 2017, www.smithsonianmag.comculture/flu-novels-great-pandemic-180965205/) 참고.

3   로라 스피니의《페일 라이더》와 캐서린 아놀드의《팬데믹 1918Pandemic 1918》(New York: St. Martin's Griffin, 2018).

4   캐서린 아놀드, 《팬데믹 1918》, p.13.

5   캐서린 아놀드, 《팬데믹 1918》, p.13.

6   존 M. 배리, 《대 인플루엔자The Great Influenza: The Story of the Deadliest Pandemic in History》 (New York: Penguin Books, 2018), pp.378~388.

7   Karl A. Menninger, "Influenza and Schizophrenia: An Analysis of Post-influenzal 'Dementia Precox,' as of 1918 and Five Years Later," American Journal of Psychiatry 5, no. 4 (April 1926): 469, https://ajp.psychiatryonline.org/doi/pdf/10.1176/ajp.82.4.469.

8   로라 스피니, 《페일 라이더》, p.265.

9   Neo Poyiadji et al., "COVID-19-Associated Acute Hemorrhagic Necrotizing Encephalopathy: CT and MRI Features," Radiology, March 31, 2020, https://pubs.rsna.org/doi/10.1148/radiol.2020201187.

10   Eugene Rubin, "Effects of COVID-19 on the Brain," Psychology Today, April 30, 2020, www.psychologytoday.com/us/blog/demystifying-psychiatry/202004/effects-covid-19-the-brain.

11   Nicole LaNeve, editor, "Drug and Alcohol Use Increase During COVID-19," Recovery Village, May 29, 2020, www.therecoveryvillage.com/drug-addiction/news/drug-alcohol-use-rising-during-covid/.

12   Sarah L. Hagerty and Leanne M. Williams, "The Impact of COVID-19 on Mental Health: The Interactive Roles of Brain Biotypes and Human Connection," Brain, Behavior, & Immunity-Health 5 (May 2020), www.ncbi.nlm.nih.gov/pmc/articles/PMC7204757/.

13   Christine Vestal, "Fear, Isolation, Depression: The Mental Health Fallout of a Worldwide Pandemic," Stateline, Pew Charitable Trusts, May 12, 2020, www.pewtrusts.org/en/research-and-analysis/blogs/stateline/2020/05/12/fear-isolation-depression-the-mental-health-fallout-of-a-worldwide-pandemic.

14   코로나19 바이러스의 신경학적 영향을 분석하는 연구 분야의 주요 내용이 궁금하다면, 이 기사를 참고하기 바란다. Megan Molteni, "What Does Covid-19 Do to Your Brain?" Wired, April 15, 2020, www.wired.com/story/what-does-covid-19-do-to-

your-brain/.

15   Raphael Satter, "To Keep COVID-19 Patients Home, Some U.S. States Weigh House
      Arrest Tech," Reuters, May 7, 2020, www.reuters.com/article/us-health-coronavirus-
      quarantine-tech/to-keep-covid-19-patients-home-some-u-s-states-weigh-house-
      arrest-tech-idUSKBN22J1U8.

16   Victor Davis Hanson, "Not-So-Retiring Retired Military Leaders," National Review,
      June 7, 2020, www.nation/06/not-so-retiring-retired-military-leaders/.

17   Bill Gertz, "Antifa Planned Anti-government Insurgency for Months, Law
      Enforcement Official Says," Washington Times, June 3, 2020, www.washingtontimes.
      com/news/2020/jun/3/antifa-planned-anti-govern insurgency-george-f/.

18   Daniel Henninger, "Progressives to Cities: Drop Dead," Wall Street Journal, July 22,
      2020, www.wsj.com/articles/progressives-to-cities-drop-dead-11595458490.

19   Branko Milanović, "The Real Pandemic Danger Is Social Collapse," Foreign Affairs,
      March 19, 2020, www.foreignaffairs.com/print/node/1125708.

20   제임스 리카즈,《애프터매스Aftermath: Seven Secrets of Wealth Preservation in the Coming Chaos》
      (New York: Portfolio, 2019), pp.289~291.

6장

1   H. G. 웰스,《우주 전쟁》, pp.184~185.

2   Gregory Zuckerman and Mischa Frankl-Duval, "Individuals Roll the Dice on
      Stocks as Veterans Fret," Wall Street Journal, June 9, 2020, www.wsj.com/articles/
      individuals-roll-the-dice-on-stocks-as-veterans-fret-11591732784.

3   그레이엄 앨리슨,《예정된 전쟁Destined for War: Can America and China Escape Thucydides's
      Trap?》(Boston: Mariner Books, 2018) 참고.

4   Priscilla DeGregory, "Valentino Sues NYC Landlord to Get Out of 5th Ave Lease
      Amid Pandemic," New York Post, June 22, 2020, https://nypost.com/2020/06/22/
      valentino-sues-nyc-landlord-to-get-out-of-5th-ave-lease/.

결론

1   애미티 슬래이스Amity Shlaes, 《포카튼 맨The Forgotten Man: A New History of the Great Depression》(New York: Harper Perennial, 2008), p.148.

옮긴이 이정미

호주 시드니 대학교에서 금융과 경영정보시스템을 공부했다. 읽고 쓰기를 좋아해 늘 책을 곁에 두고 살다가 바른번역 소속 번역가로 활동하고 있다. 글 쓰는 번역가가 되는 게 꿈이며, 옮긴 책으로는 《디자인은 어떻게 세상을 만들어가는가》, 《누구나 죽기 전에 꿈을 꾼다》, 《레고북》, 《25분 회의》, 《실버 필라테스 교과서》, 《현금 없는 사회》 등이 있다.

신 대공황

초판 1쇄 발행 2021년 1월 25일
초판 2쇄 발행 2021년 2월 16일

지은이 제임스 리카즈
옮긴이 이정미

발행인 양원석 **편집장** 최혜진 **책임편집** 송보배
디자인 데시그 이하나 **해외저작권** 박성아
영업마케팅 윤우성, 박소정, 조아라, 김보미

펴낸 곳 (주)알에이치코리아
주소 서울시 금천구 가산디지털2로 53, 20층(가산동, 한라시그마밸리)
편집 문의 02-6443-8893 **도서 문의** 02-6443-8800
홈페이지 http://rhk.co.kr
등록 2004년 1월 15일 제2-3726호

ISBN 978-89-255-8920-6 (03320)